本书受云南师范大学"十二五"学科建设项目一级学科博士点应用经济学—重点学科建设（0440020502051601l）资助出版

兼顾发展权与可持续性的怒江流域开发模式研究

Jiangu Fazhanquan Yu Kechixuxing De Nujiangliuyu Kaifa Moshi Yanjiu

蔡定昆　著

中国社会科学出版社

图书在版编目（CIP）数据

兼顾发展权与可持续性的怒江流域开发模式研究/
蔡定昆著. —北京：中国社会科学出版社，2017.12
ISBN 978 - 7 - 5203 - 1573 - 9

Ⅰ.①兼…　Ⅱ.①蔡…　Ⅲ.①怒江—流域开发—
可持续性发展—研究　Ⅳ.①F127.74

中国版本图书馆 CIP 数据核字（2017）第 288615 号

出 版 人	赵剑英	
责任编辑	卢小生	
责任校对	周晓东	
责任印制	王　超	

出　　　版	中国社会科学出版社	
社　　　址	北京鼓楼西大街甲 158 号	
邮　　　编	100720	
网　　　址	http://www.csspw.cn	
发 行 部	010 - 84083685	
门 市 部	010 - 84029450	
经　　　销	新华书店及其他书店	

印　　　刷	北京明恒达印务有限公司	
装　　　订	廊坊市广阳区广增装订厂	
版　　　次	2017 年 12 月第 1 版	
印　　　次	2017 年 12 月第 1 次印刷	

开　　　本	710×1000　1/16	
印　　　张	14.5	
插　　　页	2	
字　　　数	216 千字	
定　　　价	60.00 元	

前　言

经济发展是人类永恒的追求，生存权和发展权也都属于天赋人权。但经济发展必须同其他因素协调推进，即同时尊重经济规律、自然规律和社会规律。我国《国民经济和社会发展第十一个五年规划纲要（2006—2010 年）》将国土空间划分为优化开发、重点开发、限制开发和禁止开发四类主体功能区。怒江流域总体上属于限制开发区。而其中的怒江州自 2000 年全面退耕还林和 2003 年申报"三江并流"世界自然文化遗产以来，全州 58.3% 的区域被纳入自然保护区。这部分区域更是属于禁止开发区。怒江流域，尤其是核心区的怒江州主体功能区的重新定位，使这些地区的环境保护和可持续发展问题得到了高度重视，但经济发展问题却相对重视不够，地方经济发展的产业支撑体系至今未能有效健全。以 2008 年为例，怒江州财政自给率仅有22.8% 左右，农民人均纯收入 1488 元，50% 的农民群众没有解决温饱。怒江流域的居民为保护环境而客观上牺牲了经济发展，但贫穷的格局依旧未能改变，他们迫切需要发展经济和改善生活。

怒江流域具有丰富的动植物资源，是生命物种的基因库、自然地貌的博物馆；具有丰富的矿产资源和水电资源，是国家重要的战略能源基地和有色金属基地；具有灿烂的民族文化和极高品位的自然和人文景观，是文化的富矿和旅游的天堂。怒江流域具有经济开发的优越条件，但怒江流域更是我国的生态高地和环境脆弱区。限制开发区的区域功能定位是该流域难以绕过的坎。因此，大规模的经济开发，尤其是经济发展与生态环境保护的矛盾在怒江流域表现尤为尖锐。

经过 20 世纪 80 年代末以来的酝酿，2003 年 7 月《怒江中下游水电规划报告》终于完成。同年 8 月，国家发改委主持召开了《怒江中下游水电规划报告》评审会，通过了怒江中下游水电开发方案。此举一石激起千层浪。包括学界、媒体、当地居民及各级政府部门在内的社会各方，以及下游国家的政府和民间组织都纷纷卷入"怒江要不要建坝"的激烈讨论中来。在 2010 年全国"两会"上，怒江州政府给云南代表团的每个代表递上一份关于怒江水电开发的建议，期望通过"两会"平台，获取国家对怒江水电开发的首肯与支持，更希望纳入国家"十二五"规划。但关于怒江流域开发与保护的争论至今未达成共识。梳理和对比不同的观点，我们发现"开发派"与"保护派"观点纷争的背后，其实深藏着复杂的生态经济学问题。诸如当生态保护成为优先目标，经济发展受到环境约束的情况下，流域区的发展权（包括地方财政收入、居民经济收入和生活水平）怎么保障？如何建立和形成兼顾人的发展权与经济社会可持续性发展的开发模式？如何建构适应经济开发与生态保护协调的流域开发制度与模式？这些模式的运行机制和实现途径如何？这些问题都值得深入研究。

本书正是通过怒江流域发展权与可持续性兼顾模式的探讨，对上述理论和实际问题进行深入研究，期望对相关的环境经济理论与实践做出一些贡献。

本书研究有以下三个方面的创新：

在选题上，本书以生态经济矛盾极富典型性的怒江流域为例，探讨了发展权与可持续性兼顾的开发模式。对相关生态经济理论研究和实践发展有启发和借鉴意义。

在研究视角上，本书从环境公平与可持续性视角分析了怒江流域的生态地位，从经济公平与发展权视角分析了怒江流域经济发展状况，从而深刻地揭示了怒江流域面临经济发展与生态保护的双重困境；并从兼顾发展权与可持续性的角度系统地提出了怒江流域开发模式。

在研究方法上，本书对怒江流域生态系统类型应用了 GIS 分析方法；对怒江开发与保护的分析采用了博弈论分析方法；对怒江流域经济发展与环境保护的冲突分析采用了 SPSS 分析方法；对怒江流域开发模式生态旅游采用 SWOT 分析方法；对该流域循环经济发展模式采用技术分析的方法等。

目　录

第一章　导论 ……………………………………………… 1

　　第一节　问题的提出、研究目的与意义 ……………… 1
　　第二节　研究现状述评 ………………………………… 3
　　第三节　研究思路与分析框架 ………………………… 14
　　第四节　主要内容与结构安排 ………………………… 15
　　第五节　研究方法、技术路线、创新点与不足 ……… 17

第二章　研究范畴与理论基础 …………………………… 20

　　第一节　研究范畴 ……………………………………… 20
　　第二节　理论基础 ……………………………………… 28

第三章　基于环境公平与可持续发展视角的
　　　　　怒江流域生态地位评估 ……………………… 47

　　第一节　怒江流域的生态现状 ………………………… 47
　　第二节　怒江流域的生态影响
　　　　　　——以流域森林生态系统为例 ……………… 52
　　第三节　怒江流域的生态破坏 ………………………… 59

第四章　经济公平与发展权视角下的怒江流域经济发展 … 66

　　第一节　怒江人民的生存环境与经济发展 …………… 66
　　第二节　怒江流域经济贫困与落后的原因分析 ……… 72
　　第三节　尊重怒江流域的经济公平与发展权 ………… 77

第五章　怒江流域经济发展与环境冲突的实证分析 ············ 83

　　第一节　模型选择与实证分析 ·················· 83

　　第二节　怒江流域开发与保护博弈分析 ············ 90

　　第三节　为化解两难困境所做的努力 ············· 96

第六章　破解经济发展与环境保护两难的国内外经验 ·········· 100

　　第一节　国外经验 ······················ 100

　　第二节　国内经验 ······················ 109

　　第三节　对怒江流域的启示 ·················· 114

第七章　兼顾发展权与可持续性的怒江流域开发模式选择 ······ 119

　　第一节　开发模式概述 ···················· 119

　　第二节　开发模式选择 ···················· 121

　　第三节　开发模式评价 ···················· 174

第八章　配套政策与措施 ···················· 178

　　第一节　建立生态特区 ···················· 178

　　第二节　健全生态补偿与生态转移制度 ············ 183

　　第三节　加强税收调节：资源税和环境税 ··········· 190

　　第四节　加强民间环保组织的培育与扶持 ··········· 197

　　第五节　实行最严格的环评制度 ··············· 201

　　第六节　实行生态移民 ···················· 205

　　第七节　加强国际环境合作 ·················· 207

参考文献 ····························· 210

后　记 ····························· 224

第一章 导论

第一节 问题的提出、研究目的与意义

一 问题的提出

怒江流域具有丰富的自然资源和人文资源，同时又是我国的生态高地和环境脆弱地区，在国家的主体功能区体系中属于限制开发地区。因而大规模的经济开发，尤其是工业开发可能会给本已十分脆弱的生态环境造成更大的压力与破坏。但这并不构成怒江流域不开发和继续受穷的理由，因为生存权和发展权都是人类的基础权利，生活在怒江流域的人们也不例外。而现实状况却是怒江流域仍然处于极度贫穷与落后状态。以2008年为例，怒江流域的怒江州，该州财政自给率仅为22.8%左右，农民人均纯收入仅为1448元，50%的农民未解决温饱。事实清楚地表明，怒江流域为环境保护做出了贡献。

原国务委员宋健有句经典名言："贫穷才是最大的污染。"如果怒江流域长期这样贫穷和落后，其生态环境保护与可持续发展战略也难以落到实处。因此，在生态环境保护的优先目标约束下，我们也需要探讨流域经济发展问题。诚然，经济发展与环境保护存在矛盾与冲突，但这种矛盾与冲突并非不可调和。恰当的开发模式或许能够协调或者减轻经济开发与环境保护的矛盾。

鉴于此，本书将以"兼顾发展权与可持续性的怒江流域开发模式"为选题，探讨怒江流域在保护环境的前提下开发流域资源，促进流域经济发展和适合和谐的思路、模式与对策。之所以做如此选择，

一是基于本人多年来对该问题的浓厚兴趣和一定的研究基础。二是本人来自怒江流域，对该地区经济发展与环境保护的矛盾感同身受。三是作为环境经济学专业的博士生，探讨环境保护与经济发展的矛盾及解决之道，是专业要求和责任使然。

二 研究目的与意义

当前，怒江流域正面临显赫的生态地位与深度的经济贫困的矛盾胶着格局，经济开发与生态保护的矛盾在这里显得特别突出。那么，在生态如此敏感、环境极其脆弱的怒江流域，能否找到恰当、有效的经济开发模式，或者有没有能够兼顾发展权与可持续性的经济开发模式呢？这正是本书要回答和解决的问题。

从研究目的上不难看出，该项研究具有多重意义：

（一）理论意义

本书针对怒江流域的客观实际，运用发展权理论、经济公平理论、环境公平理论、生态与经济协调发展等理论研究怒江流域开发模式问题，从而丰富和发展了流域开发理论内涵，进一步拓展流域经济学研究视野，且对国内甚至国际上其他类似地区的开发都有理论指导意义。

（二）实践意义

针对国家要生态、地方要发展、人民要生存的矛盾，本书总结梳理了国内外破解经济发展与环境保护困境的做法和经验；提出了兼顾发展权与可持续性的怒江流域开发模式，不仅有利于本流域自身经济发展和生态环境保护，为怒江流域如何实现持续、协调、全面发展提供一种全新的发展思路，也为怒江流域经济社会发展战略以及相关公共政策的制定提供科学依据和理论支持，而且对其他类似地区解决生态与经济的矛盾有启迪和借鉴意义。

（三）政治与社会意义

怒江是我国重要的国际河流之一，流经西藏、云南，为中国、缅甸、泰国多国河流。怒江流域下游有世界上最不发达的国家，流域开发与保护的成功与否对下游其他国家和地区的生态环境保护有着重要的影响。同时，也是影响中国与周边国家政治经济关系的重要因素；怒江流域是我国傈僳族、怒族、独龙族、白族等少数民族的发源地，是他们赖以生存的家园。怒江流域生态保护与经济建设的成功与否，对维护我国民族团结、边疆稳定和国家安全都具有重要的社会意义。

第二节　研究现状述评

国内外关于经济发展与环境保护关系的研究，理论上主要有经济决定论、环境至上论（"零增长"理论）、经济与环境协调论等。就怒江流域而言，有保护论、开发论和兼顾论三派。这些理论和思想也相应地体现在实践中。

一　关于环境保护与经济发展矛盾及协调的理论研究与实践探索

（一）关于"可持续不发展"（即牺牲经济环保环境）问题

1. 在理论研究方面

20 世纪 70 年代初期，罗马俱乐部提出"增长极限"认为，经济增长受不可再生自然资源的制约而不可长期持续，因此出于环境保护的目的应该认为降低经济增长的速度。在政策与实践层面，该学派主张经济"零增长"，即用停止经济社会发展来求得生态环境的良好。这被认为是环境至上论最经典的理论代表。显然，这是一种过于极端的学说，在理论上可能站不住脚，在实践中更是行不通。主要原因在于以放弃经济增长来谋求环境保护将会丧失环境保护的物质基础，最终背离可持续发展的目标。"零增长"是可持续经济发展的必要条件，但不是充分条件。虽然《增长的极限》所表达的发展观过于悲观，但却警告人类要从人与自然和谐的角度看到发展。

20 世纪 70 年代末，一些经济学家如 Dasgupta 和 Heal（1979）、西蒙和卡恩（Simon and Kahn）等开始认识到经济增长与环境质量的关系是一种相互促进和谐的关系，经济增长能够在不损害环境的情况下实现。他们认为，伴随经济增长，当环境和自然资源处于稀缺的状态时，价格机制将发挥作用，从而迫使生产者和消费者寻求缓解环境压力的替代物品投入经济增长，同时技术进步将直接使自然资源利用效率提高和污染物排放减少，资源的循环利用也将缓解经济增长的环境压力。另外，贝克曼（Beckerman，1992）认为，伴随着经济增长，人们对环境质量的需求相应增加将必然导致更加严格的环境保护措施。巴勒特（Barlett，1994）甚至认为，过于严格的环境保护将会损害经济增长，最终将会损害环境本身。

国内的"环境至上论"者认为，保护环境和资源是人类生存的前提条件，而经济发展与环境保护之间是不可调和的关系。财富（经济）的增长必然加重对生态破坏与环境剥夺。为了保护环境就必须作出经济上的牺牲和物质上的放弃。他们要求限制生产，停止向自然索取，以实现均衡发展。

2. 在实践探索方面

一百年前，罗斯福总统在环保主义先驱的协助下，建立了世界上第一个国家公园——黄石公园。1996 年，美国总统克林顿政府动用国库 6500 万美元收购了计划采矿的私人土地，有效地解除金矿对黄石公园的威胁；号称世界第一大峡谷的美国科罗拉多大峡谷，在 100 年前人们也曾有过关于筑坝的争论，最终这个峡谷因其壮观和美丽而被划为国家公园，从而避免了被层层大坝割断的命运。1979 年，经济学家对美国私人部门进行研究表明，生产率增长速度下降的 16% 可归因于环保法规。1990 年，美国巴伯瑞和麦克钦对美国五类制造业的调查研究表明，导致美国 1960—1980 年年生产率增长速度下降的原因中，10%—30% 可归因于减少污染而增加的投入。保护环境的投资争夺了经济发展的有限资金，使经济增速下降。[1] 20 世纪 70 年代，瑞典为了保护环境而禁止使用含铅的汽油。[2]

在国内的实践中，神农架保护区具有代表性。神农架拥有 2618 平方千米的森林，这里每年向大气释放 300 多万吨氧气，消化 30 多

---

① 黄金川、方创林：《城市化与生态环境交互耦合机制与规律性分析》，《地理研究》2003 年第 3 期。

② 李小云等：《环境与贫困：中国实践与国际经验》，社会科学文献出版社 2005 年版，第 12 页。

万吨二氧化碳、100 多万吨灰尘和近 200 万吨有毒气体。同时，林区每年蓄水 30 多亿立方米，相当于丹江口水库年平均蓄水量的 1/4。这对周边地区都是看不见的给予。经过对绿色 GDP 的权威估算，神农架的绿色 GDP 是 236 亿元，是全国人均的 30 倍。这样的"绿色首富之区"、绿色 GDP 第一的地方，经济 GDP 却低得可怜，甚至在全国、全省排倒数第一。同样的案例还见于像浙江的钱江源——开化县。在浙江生态版图上，开化举足轻重；在浙江经济版图上，开化却无足重轻。① 为了大家共同的绿色环境，我守着绿水青山，却放弃了金山银山，你分享了纯净的水、清新的空气，同时你拥有了金山银山。2003 年，四川省都江堰管理局拟在都江堰建设杨柳湖水库，此举将大大破坏都江堰地区的生态环境，最终通过专家论证，民主表决的方式阻止了杨柳湖水库的建设。② 2009 年 6 月 11 日，环保部叫停因未通过环境影响评价，擅自筑坝截流金沙江中游正在施工的鲁地拉和龙开口两座电站，被叫停的水电站总装机容量 396 万千瓦，年发电量之和预计 178 亿度，按照 2008 年的耗能水平计算，349 克标准煤可以发 1 度电，两座水电站推迟一年造成的能源损失相当于燃烧 621 万吨标准煤，多排放了 1200 万吨二氧化碳。③ 侯伟丽（2005）研究指出，"对于发展中国家而言，经济增长仍然是发展的基础，是人们摆脱贫困和增进福利的根本手段，简单地通过限制经济增长来保护生态环境是不可行的，也是难以让人接受的"。④ 2007 年贵阳市要在红枫湖、百花湖、阿哈水库即"两湖一库"规划建设一个"城连水，水连城"的美妙新城。时任贵阳省委书记李军在充分调研的基础上，指出环境保护难的关键在于行政手段和法律手段的错位。在充分吸收和借鉴国外环境整治经验的基础上，在国内贵阳首家成立了环境保护法庭。李军对下属说："你们为了保护生态，掉了几个 GDP，我不会罚，但为了几个 GDP，

---

① 徐迅雷：《生态保护需要制度安排》，《浙江经济》2009 年第 11 期。
② 汪永晨：《救救都江堰》，《人民政协报》2003 年 7 月 29 日第 B02 版。
③ 李伟：《金沙江两水电叫停事件——水电困局》，《三联周刊》2009 年第 23 期。
④ 侯伟丽：《中国经济增长与环境质量》，科学出版社 2005 年版，第 31 页。

把我几缸水污染了，我要重罚！我们不是不要 GDP，而是体现生态文明的 GDP，要包含体现幸福指数在内的全面 GDP。"[1] 最后，青海省的三江源区为保护环境做出了巨大的牺牲。[2]

（二）关于"发展不可持续"问题

国内外的理论研究都一致关注片面追求经济增长导致生态破坏、环境污染和资源耗竭等问题。这方面的研究已经非常成熟，在此不做回顾与评述。

英国的泰晤士河，投入了 300 亿英镑和 100 年时间，日本琵琶湖投入了 180 亿美元和 35 年时间。戴利（2001）认为，"经济系统是整个地球生态系统中的一个子系统，而地球生态系统是有限的、非增长的，在物质上是封闭的，因此经济系统的增长会达到极限，并停止增长，根本无法持续下去"。[3] 对发展经济有利于环境生态可持续的观点：经济增长总体上有利于环境，其支持者断言，在北美、欧洲和日本的过去 20 年内的环境改善中，经济本身就是一种重要的要素，其论点是建立在倒"U"形模式之上。

我国为了发展经济，对环境造成了不可挽回的经济损失，云南的滇池，周边企业 20 来年的时间里创造了几十亿元的产值，但是，治理费已经花去 50 亿元，至今难以解决，截至 2009 年年底，滇池治理累计投资 169.04 亿元，预计今后要花至少 490 亿元和更长的时间。淮河流域小造纸厂创造了不到 500 亿元的产值，但要把淮河水治理到较低标准五类水，至少需要花费 3000 亿元和 100 年时间。[4] 四川的木里"最后的香格里拉"，正被最后的淘金疯狂所困扰。30 千米的水洛

---

① 曹勇：《生态书记》，《南方周末》2009 年 10 月 8 日第 10 版。

② 三江源区是长江、黄河和澜沧江的发源地，位于全球海拔最高、面积最大、隆起时间最晚、地壳最厚的青藏高原腹地——青海省南部。其被称为"中华水塔"，既是我国生态系统最敏感、最脆弱的区域，也是中国乃至整个亚洲最重要的生态功能区之一。按长江、黄河和澜沧江的流域面积计算，三江源区面积为 31.81 万平方千米。辖区共有 117 个乡镇。

③ 赫尔曼·E. 戴利：《珍惜地球——经济学、生态学、伦理学》，商务印书馆 2001 年版，第 78 页。

④ 曹勇：《生态书记》，《南方周末》2009 年 10 月 8 日第 10 版。

河，因富含砂金而闻名，也因淘金而伤痕累累，狭小的河床被翻得底朝天，轰隆隆的机械开采声中，外来的淘金者与下游建设水电站争分夺秒，赶在金矿淹没前，最后捞一把，对外来的淘金者而言，当地居民持欢迎的态度，因为外来的淘金者给当地居民带来十几万元甚至几十万元不等的补偿款，看来水洛乡的居民，因金而富，但他们并不知道，代价正在付出。① 历经多年围海造地"阵痛"之后，苦于发展空间逼仄的中国沿海地区，正在竞相尝试一种全新的填海方式——人工岛。山东烟台龙口区，耗资 100 亿元，将荒山移入海中，以形成总面积 40 万平方千米的人工岛，被称为现代版"精卫填海"，让世人质疑能否复制成迪拜棕榈岛泡沫？是否会成为第二个被淹没的图瓦卢？② 这种填海方式忽视了资源的利用效率和生态环境价值，不仅带来了自然岸线缩减、海湾消失、岛屿数量下降、自然景观破坏等一系列问题，也造成了近海岸海域生态环境破坏、海水动力条件失衡，以及海域功能严重受损。在开工的号角响起后，究竟能否抵住巨大的发展诱惑和经济利益驱动，当下经济发展了，生态环境能否持续？

　　实践中，发达国家已经基本走完"发展不可持续"，即牺牲环境保经济的道路，转而寻求可持续发展之路。而发展中国家，包括中国还远未结束这个进程。这方面的研究和实践正在进行。鉴于事例太多，以至于随处可见，因而不用对经济至上、GDP 优先的实践案例进行列举。

　　（三）关于"可持续性与发展权兼顾"，或可持续发展问题

　　1. 关于生态经济协调的理论研究

　　在处理生态与经济的关系上，主要有两种观点：一种是悲观论，以威廉·福格特为代表，其主要观点认为，人口增长、资源耗费、生态破坏，经济发展已超出了地球在稳态状态下的承载度，若经济继续增长，最终会导致人类社会的崩溃。另一种是乐观论，以科林·克拉克为代表，其主要观点认为，只有经济增长，才能提高资源的利用效

---

　　① 吕宗恕：《最后的香格里拉，最后的淘金疯狂》，《南方周末》2008 年 12 月 24 日第 C9 版。

　　② 吕明合：《千亿诱惑人工造岛湖》，《南方周末》2008 年 12 月 24 日第 C10 版。

率，开发新资源，改善生态环境，使人类真正成为自然界的主人，经济增长虽然会带来经济危机，但经济增长是唯一能使人类毁灭的途径。尽管两种观点存在差异，但两者还是存在一些共同的观点：其一生态危机是必须引起足够密切重视的问题，其二是人类的命运掌握在人类自己的手中，重视生态经济问题，人类社会将继续存在与繁荣；忽视生态经济问题，人类社会迟早将陷入灾难之中。[①] 国外对生态与经济协调的研究是伴随生态经济学科的建立而展开的。1935 年英国生态学家阿瑟·乔治·坦斯利（A. G. Tansley）提出了"生态系统"的概念，为后来生态与经济协调的研究奠定了理论基础。美国经济学家肯尼斯·鲍尔丁（Kenneth Boulding）和生态学家 H. T. 奥德姆关于生态经济协调的理论最具代表性。鲍尔丁认为，经济系统与生态系统的相互作用构成了一个生态经济系统，生态系统的运行机制是"稳定型"，而经济系统的运行是"增长型"的。这样经济系统对自然需求的无止境性就与生态系统中资源供给的相对稳定性之间产生了矛盾。在此基础上提出了生态与经济协调理论。国内生态经济学著作的问世和刊物的创办，为研究生态与经济的关系奠定了坚实的基础。1980 年著名经济学家许涤新的《生态经济学》问世以来，刘国光、王如松、陈大珂、姜学民、马传栋、刘思华、王松霈、严茂超、陈德昌、蓝盛芳、欧阳志云等专家学者也在生态经济协调方面进行了大量的研究，为生态经济理论研究的深化和具体化做出了重要贡献。聂华林、高新才、杨建国在 2006 年编著的《发展生态经济学导论》一书中提出了实现生态与经济协调发展模式的关键是实现生态化发展[②]，即经济增长和经济发展与生态发展融合为一个完整的有机体系，实现生态与经济、人与自然在更高的社会经济发展水平上的和谐统一。

---

① 胡代光、高鸿业：《西方经济学大辞典》，经济科学出版社 2000 年版，第 1125 页。

② 生态化的概念最初是由苏联学者首创的。其含义是根据社会和自然的可能性，把生态因素渗透到人类的全部生产、生活行为中去，最优化地处理人与自然的关系，变"征服自然"为"自然和谐"。生态化发展的基本框架是"技术—产业—制度"，具有网状发展的路径，即它是以生态技术创新为发端，逐步形成部门产业生态化的规模生产，最终以制度的形式确立生态化的主导地位，并使之成为人们价值取向与行为选择的标准。参见聂华林、高新才、杨建国《发展生态经济学导论》，中国社会科学出版社 2006 年版，第 158 页。

2. 关于生态经济协调模式实践

国外生态与经济协调模式的研究是在伴随生态与经济关系研究理论升华的基础上，并付诸实践探索。国外学者多采用过程模拟的方法对生态经济进行整合研究。其中，较有影响的模型以马里兰帕特克胜特流域的生态经济模型（PLM）和佛罗里达州的埃瓦格雷德的生态经济模型（ELM）为典型代表。这些模型从景观角度出发，借助 GIS 和 RS 技术实现从小区域到整个流域的耦合过程，成功解决生态系统内部过程模拟的尺度问题。PLM 和 ELM 模型的研制成功为复杂的生态与经济协调的研究提供一个可供参考的标准。国内关于流域生态与经济协调模式的探索以黑河流域生态经济研究最具代表性。程国栋（2002）在系统总结国际上关于流域尺度生态经济研究状况、进展和黑河流域相关研究的基础上，提出了以水资源可持续利用研究为纽带的黑河流域生态经济综合研究框架。[①]徐中民、张志强等（2003）在总结前人有关生态经济研究的基础上，以黑河流域为背景，编著了一本权威系统的生态经济学著作《生态经济学理论方法与应用》，为我国生态与经济协调模式研究架起了一座桥梁。[②]周立华、王涛等（2005）以黑河流域为例，提出了黑河流域生态经济协调发展的系统耦合模式：农牧业耦合、农牧业与农产品加工业耦合、流域生态经济系统与系统外的耦合。[③]朱永华等（2005）从水资源、生态环境、人口与经济的关系出发，探讨了与水相关的生态环境承载力的内涵、指标体系，提出了时间序列与最优化理论相结合计算生态环境承载力的量化模型。[④]陈晓景、董黎光（2006）认为，"中国流域生态环境问题的出现是现行流域立法理念背离流

---

① 程国栋：《黑河流域可持续发展的生态经济学研究》，《冰川冻土》2002 年第 4 期。

② 徐中民、张志强等：《生态经济学理论方法与应用》，黄河水利出版社 2003 年版，第 25 页。

③ 周立华、王涛等：《内陆河流域的生态经济问题与协调发展模式》，《中国软科学》2005 年第 1 期。

④ 朱永华等：《海河流域与水相关的生态环境承载力研究》，《兰州大学学报》2005 年第 4 期。

域生态系统本质特性的直接结果,在可持续发展精神的指导下,流域立法应选择流域综合法的立法模式"。① 张贵友、张震(2012)基于广德县的调研,提出通过转变发展方式,实现了经济社会发展与生态环境保护的互相促进的模式。② 赵莺燕、于法稳(2015)运用修正后的生态足迹模型,对青海省2001—2012年生态经济协调性进行了定量研究,提出实现青海省经济与生态协调发展的途径。③ 乔旭宁、王林峰等(2016)利用NPP估算模型测算生态系统的NPP价值;构建生态经济协调度模型对其生态经济系统协调程度进行评估,定量权衡生态与经济之间的关系,为河南省淮河流域生态经济可持续发展提供决策支持。④

二 针对怒江流域开发与保护专门研究与实践探索

有关开发与保护的争论。2003年8月14日,由云南省怒江州完成的《怒江中下游流域水电规划报告》通过国家发展和改革委员会主持评审后。社会各方人士听说要在怒江上建坝,此时一石激起千层浪,引发了怒江开发与保护的大讨论,主要形成了三派:⑤ 开发论、保护论、兼顾论。其观点如下:

(一)开发论者主要是当地和电力部门

如2003年9月,怒江州绝大多数人民代表和政协委员再次提出加快怒江水能资源开发的意见,在232位人民代表中,"认为加快开发的有205人,同意开发的有26人,不同意开发的有1人;192位政

---

① 陈晓景、董黎光:《流域立法新探》,《郑州大学学报》2006年第3期。

② 张贵友、张震:《经济发展与生态保护互促模式的形成与经验——基于广德县的调研》,参见于法稳、胡剑锋《生态经济与生态文明》,社会科学文献出版社2012年版,第402—411页。

③ 赵莺燕、于法稳:《青海省经济与生态环境协调发展评价研究》,《生态经济》2015年第8期。

④ 乔旭宁、王林峰等:《基于NPP数据的河南省淮河流域生态经济协调性分析》,《经济地理》2016年第7期。

⑤ "三派"这里把支持怒江流域开发的专家、学者、云南省政府、怒江州政府、怒江人民归为开发论;把反对怒江流域开发的专家、学者、非政府组织等归为保护派;把既要开发又要保护兼顾的专家、学者、政府等观点归为兼顾论。同时,兼顾论在某种程度上可以归入开发论之中。

协委员中，认为加快开发的有 160 人，应该开发的有 30 人，不应开发的有 2 人"。①

他们赞同开发的主要理由是：

第一，有利于地方经济发展。怒江全部梯级开发后每年可创造产值 340 多亿元，直接财政贡献可以达到 80 亿元，其中，地税年收入可以增加 27 亿元，仅怒江州每年地方财政就将增加 10 亿元。而 2002 年怒江全州地方财政收入仅为 1.05 亿元。虽然怒江中下游水电开发的确不是解决当地群众贫困和经济发展的唯一最佳途径，但是，怒江地区生存条件的恶劣超出了一般人的想象，水电开发，至少是迄今为止一条可实现的对怒江州社会经济发展具有重要作用的途径。如云南省发改委和水利电力系统的代表则认为，怒江建坝是有效扶贫、怒江建坝与世界自然遗产不矛盾。蔡其华等（2004）认为，怒江干流水能资源丰富，开发条件较好，各项开发指标优越，是我国尚待开发的大型水电基地之一。

第二，有利于生态保护。怒江水电开发可以实现以电代柴。为此，怒江流域每年可节约 50 万立方米燃料用木材。电力部门认为，水电是一种清洁能源，开发水电适应我国能源战略的需求。而且，怒江水电开发选择了对当地生态和自然景观影响最小的方案，不会对流域内的景观与生态造成较大影响。

第三，增加就业。据推算，怒江中下游水电站将可带来 44 万个长期就业机会。

第四，有利于移民问题的解决。如欧志明（2004）认为，"建坝能够改善流域内的生存条件，移民群众和非移民群众的生活水平能得到提高"。② 怒江人口密度很低，怒江水坝工程中要搬迁的移民数量不算多，移民问题的妥善解决有一定的基础。

何祚庥院士（2005）在考察怒江后也认为，"水电开发刻不容

---

① 张长浩、韩燕：《给你开发怒江的理由——访全国人大代表欧志明》，《中国电力报》2004 年 3 月 14 日第 1 版。

② 同上。

缓。建怒江电站有三大目的：扶贫、向国家输送电能、保护生态。国家应先开发云南的水电，云南应该首先开发怒江水电。怒江人民要脱贫，生态要保护，水电开发刻不容缓"。① 省内专家更是一致认为，"怒江州的唯一出路在于开发怒江。怒江要发展，出路只有一条，就是开发怒江得天独厚的水能资源，带动流域地区实现跨越式发展"。②

（二）保护论

保护论的声音主要来自环境学界和云南省外的专家及一些实际部门。

何大明第一次提出反对怒江建坝的六大"尖锐"理由很有代表性：第一，包括怒江在内的"三江并流"是在久远的地球演化过程中形成的独特的自然资源，并已于今年被联合国列入世界自然遗产名录，该遗产的保护十分重要，我们应该信守对世界遗产的承诺。第二，怒江天然大峡谷具有多重不可替代的重大价值。第三，怒江是我国与东南亚淡水鱼类区系最为重要的组成部分。第四，怒江中下游所处的横断山区，怒江等大河沿断层发育，新构造运动活跃。在其高山峡谷区修建干流大型电站，必须关注水土流失、滑坡、泥石流和可能的地震灾害的危害，工程的经济寿命可能远较预期设计的小。第五，怒江大峡谷干流电站将产生大量生态移民。第六，怒江州的贫困是多种原因造成的，不可能依靠修建大型水电站脱贫。③

陈昌笃教授认为，怒江是"三江并流区"，④ 是世界自然文化遗产的组成部分之一。这里有世界上不可多得的生态资源宝库，其生态系统的原始性和多样性举世罕见，是全球各国人民的财富，开发会破

---

① 张瑞芳、王永刚：《何祚庥、陆佑楣、司马南等赴怒江考察时呼吁——徐荣凯等与专家座谈》，《云南日报》2005 年 4 月 10 日第 1 版。

② 李福寿：《怒江的出路就在"怒江"》，《光明日报》2004 年 3 月 18 日。具体参见郑义《水电开发是怒江的必然选择》，《中国县域经济报》2010 年 1 月 25 日第 7 版。水博：《水电开发是抢救和保护怒江流域脆弱生态环境的唯一选择》，《云南电业》2006 年第 2 期。

③ 周斌：《理性看待怒江水电开发》，《经济日报》2005 年 4 月 27 日第 16 版。

④ "三江并流"是指怒江、澜沧江、金沙江在云南省境内三江并流而得名。

坏其完整性，造成生物多样性的损失。

"绿色家园""云南大众流域""自然之友"等非政府组织更是通过媒体和网络，开展讲座、论坛等形式，积极向公众宣传怒江大坝的情况，投入到怒江保卫战的行列。

（三）兼顾论

云南大学党承林认为，"既要讲兽道，也要讲人道"。[1][2] 即只有发展才能摆脱贫困，不管人道和人的生存权利，那么这种保护对于人类又有什么意义？郭薇（2003）认为，"保护和发展同等重要，不能只讲发展，保护要与发展同样受到重视，并且保护要有措施"。[3] 徐锭明（2004）通过实地考察调研后认为，"怒江水电开发，失误不得，也耽误不得"。[4] 水利部长江委员会（2005）认为，"怒江开发能使老百姓脱贫致富，能有效进行生态环境保护"。[5]

三 研究评述

通过国内外关于经济发展与环境保护矛盾及协调的理论研究与实践探索的梳理，理论上说，从经济决定论、环境至上论（"零增长"理论）到经济与环境协调论。这些理论探索，使人们对经济发展与环境保护关系内在深层次问题，从思想认识上得到厘清，经济发展与环境保护并非不可调和。"可持续不发展"即牺牲经济保环境或"发展不可持续"即牺牲环境保经济无论在理论上或实践中都站不住脚。这是可持续性两个极端在理论上的表现。经济发展与环境保护矛盾的争论与探索，为生态与经济协调理论的问世提供了"土壤"。生态与经济协调理论的提出为环境保护与经济发展提供了理论支持并付诸实践探索。综观国内外生态与经济协调先后提出先经济发展后环境保护的模式、先保护环境后发展经济的模式以及经

---

① 黄一琨、闫婷、栾国磊：《怒江工程再博弈》，《经济观察报》2004 年 11 月 22 日。
② 张田勘：《"兽道"与"人道"》，《记者观察》2004 年第 9 期。
③ 邵文杰：《小鱼能否胜大坝》，《光明日报》2004 年 1 月 12 日。
④ 罗晖：《怒江水电开发失误不得，也耽误不得》，《科技日报》2004 年 10 月 28 日。
⑤ 水利部长江委员会：《正确处理保护与开发的关系 合理开发怒江流域水能资源》，《人民长江报》2005 年 3 月 5 日第 3 版。

济与生态环境协调发展的模式。在实践中，把生态（环境）保护与经济发展协调发展的模式放在不并行的位置，没有论及兼顾经济发展与环境保护可持续发展的模式。

可见，无论是国外还是国内，从理论阐释到模式实践，都缺少兼顾模式。仅关注到水电模式，在生态与经济协调方面，水电模式未必是兼顾可持续性和发展权的模式。在以往的理论研究和实践中，对其他模式关注不够。

四 需要进一步探究的问题

需要进一步探讨的问题，概括地说，主要有以下三个方面：

（1）在主体功能区格局下，生态保护成为首先目标，在经济发展受到环境约束下，流域区的发展权，即地方财政利益、百姓的经济利益怎么保障？

（2）流域开发制度如何适应经济开发与生态保护协调的需要？

（3）有没有兼顾发展权和可持续性的开发模式？这些模式的运行机制和实现途径如何？

第三节 研究思路与分析框架

本书针对兼顾发展权与可持续性的怒江流域开发模式研究这一核心问题，通过环境保护与经济发展关系一般研究与实践的梳理分析。从以下三个方面展开讨论。一是理论铺垫。二是基于发展权与经济公平视角，对怒江流域生态地位进行分析评估。三是借鉴国内外破解经济发展与生态环境保护的先进经验，在对怒江流域开发启示的基础上探寻怒江流域开发模式。总的思路遵循提出问题、分析问题、解决问题的思路。

基于这一思路，本书的体系框架概括如图1-1所示。

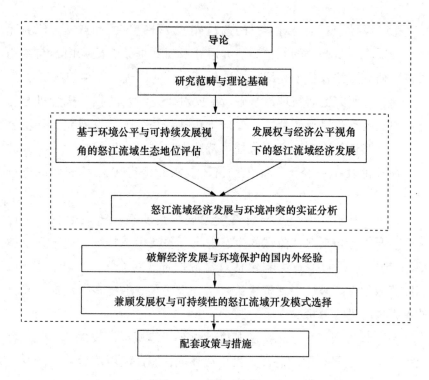

图 1-1 本书研究框架

第四节 主要内容与结构安排

本书针对兼顾发展权与可持续性的怒江流域开发模式研究这一核心问题，重点探讨了以下几个问题：一是首先从理论上探讨了如何实现发展权与可持续性的统一，为全书的研究奠定理论基础。二是通过基于环境公平与可持续发展视角的怒江流域生态地位评估、发展权与经济公平视角下的怒江流域经济发展现状的分析和怒江流域经济发展与环境冲突的实证分析。三是通过破解经济发展与环境两难的国内外经验梳理分析，以期为怒江流域环境友好型经济开发模式提供启示。最后是探寻怒江流域的开发模式及其配套政策与措施。全书的结构分为八大部分，主要内容如下：

　　第一章导论。主要对本书的选题背景及研究目的和意义、研究述评、尚需进一步探究的问题、研究思路及研究框架、研究内容与结构安排、研究方法及技术路线、主要创新点等问题进行介绍与分析。

　　第二章研究范畴与理论基础。主要对研究涉及的相关概念进行界定，对主要理论进行阐释。主要概念包括经济公平、发展权、环境公平、可持续性等。主要理论包括可持续发展理论、发展权理论、人的二重性理论及循环经济、绿色经济、低碳经济等生态经济理论进行分析。

　　第三章基于环境公平与可持续发展视角的怒江流域生态地位评估。主要内容包括怒江流域的生态现状（包括生态特征、生态系统类型）；怒江流域的生态影响包括对流域内部、对全国、对国际影响；怒江流域的生态破坏包括资源破坏、环境污染、生物多样性损失、自然灾害情况进行分析。

　　第四章经济公平与发展权视角下的怒江流域经济发展。主要内容包括"资源诅咒"下的怒江人民生存环境；怒江流域落后的经济发展水平；低层次的产业结构；粗放的经济增长模式；怒江流域经济贫困与落后的原因分析；尊重怒江流域的发展权与经济公平的论述。

　　第五章怒江流域经济发展与环境冲突的实证分析。主要内容包括怒江流域经济发展与环境冲突两难的模型选择和实证分析；怒江流域开发与保护博弈分析；为化解两难困境所做的努力。

　　第六章破解经济发展与环境保护两难的国内外经验。国外包括美国密西西比河流域、英国莱茵河流域、澳大利亚墨累河、亚马孙河流域的开发模式与经验；国内包括黑河流域、太湖流域的开发模式与经验。梳理其开发模式及经验，以期为怒江流域环境友好型经济开发模式的形成提供思路与借鉴。

　　第七章兼顾发展权与可持续性的怒江流域开发模式选择。主要内容包括有机农业开发、生态旅游开发、循环经济模式、低碳经济与碳汇贸易、异地开发模式、生物产业开发、清洁能源开发：基于水电支柱产业的怒江流域开发模式的探讨、其他特色产业。

　　第八章配套政策与措施。主要内容包括基于主体功能区格局下怒江流域核心区建立生态特区；生态补偿与生态转移制度；税收制度：资源和环境税；民间环保组织的培育与扶持；最严格的环评制度；生态移民；国际环境合作制度等。

第五节　研究方法、技术路线、创新点与不足

一　研究方法

（一）定性与定量研究相结合

本书在对怒江流域自然环境（生态）、经济格局、社会格局特征研判的基础上，准确把握怒江流域生态保护与经济发展的现实困境。利用 GIS 软件对怒江流域的生态格局进行了空间分析，利用 SPSS 软件，对怒江流域经济发展与生态保护的冲突作了实证分析。

（二）理论分析与实证研究相结合

本书在发展权与可持续性统一理论探讨的基础上，遵循"现有理论—问题分析—解决问题"的思路，针对怒江流域开发与保护的现实困境。构建了兼顾发展权与可持续性的怒江流域开发模式。

二　研究技术路线

基于研究思路、研究内容、研究方法。本书的研究技术路线如图 1 - 2 所示。

三　可能的创新点与不足

（一）可能的创新点

在选题上，生态与经济的矛盾一直是环境经济学研究的主题，而怒江流域正是生态与经济矛盾尖锐的地区，本书选择该流域进行研究，从理论层面探讨了发展权与可持续性统一，并从实践层面提出发展权与可持续性兼顾的开发模式。因此，本书对深化相关生态经济理论研究和实践发展有启发和借鉴意义。

在研究视角上，本书对怒江流域的生态地位进行了评估。这类型的研究成果很多，但本书的评估视角是环境公平和可持续发展，这在

相关的研究中存在新颖性。有关怒江流域经济发展水平低下的研究成果汗牛充栋，但本书同样以一种较新的视角即经济公平和发展权，不仅描述了落后的经济发展水平和极端贫困穷的当地居民生活，且对怒江流域经济结构、发展模式也进行了深入的分析。对贫穷与落后的原因的分析也较全面、深刻。

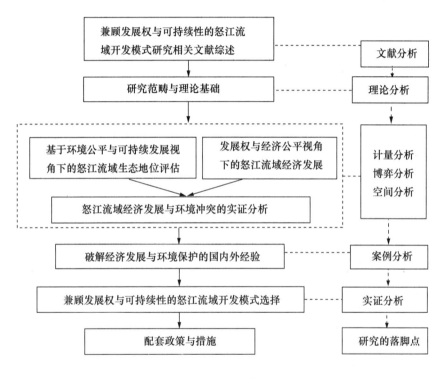

图 1－2　研究技术路线

在研究方法上，本书对怒江流域生态系统类型应用了 GIS 分析方法；对怒江开发与保护的分析采用博弈论的分析方法；对怒江流域经济发展与环境保护的冲突分析采用了 SPSS 分析方法；对怒江流域开发模式生态旅游采用 SWOT 分析方法；对该流域循环经济发展模式采用技术分析的方法等多种方法的综合运用。从而深刻揭示了怒江流域面临经济发展与生态保护的双重困境，并从兼顾发展权与可持续性的角度系统地提出了怒江流域开发模式。

（二）研究不足

本书从理论和实践层面上探讨了兼顾发展权与可持续性的怒江流域开发模式，但该问题是一个涉及面广且复杂的课题。由于自身学识有限，尽管论文的研究具有一定的现实性和开拓性，但仅是初步的，无论是理论的完善，还是对策的思考，均需要今后做出进一步的努力。本书的研究不足之处在于没有对怒江流域经济发展空间差异和生态环境空间格局进行定量分析和 GIS 空间刻画，提出的开发模式有待于今后的实践进一步检验和修正。

第二章　研究范畴与理论基础

第一节　研究范畴

一　怒江流域

怒江发源于我国青藏高原唐古拉山南麓西藏自治区——那曲地区安多县境内,位于东经91°10′—100°15′、北纬23°5′—32°48′之间。河源段称那曲,流经西藏加玉桥后称怒江,在贡山县茶畦陇附近进入云南省,河流全长2018千米,在云南省境内长547千米,干流河道直,水流湍急,流经泰国、从莫塔马湾汇入印度洋安达曼海。怒江—萨尔温江全长3200多千米,北向南贯穿滇西、从潞西县出境,入缅甸后称萨尔温江,流经中国、缅甸。在中国境内干流呈带状,六库以上多为羽状排列的细小支流汇入。云南境内较大的支流有苏帕河、勐波罗河、南卡河等。怒江流域总面积32.5万平方千米。在中国境内4.26万平方千米,包括西藏境内的察隅县面积共8.71万平方千米,在云南省境内的19个县区占全省总面积的22.1%。流经云南省迪庆、怒江、大理、保山、德宏和临沧6个州市。按县域内集水面积大的河流确定归属,主要包括怒江州的贡山、福贡、泸水三县,保山市的龙陵、施甸、昌宁,以及支流南汀河、南卡河流域的临沧市的临沧、镇康、耿马、沧源、普洱市的西盟、勐连等19个县区(见表2-1)。

表2-1　　　　　　　中国怒江—萨尔温江流域内县（市）面积

地（州）名称	县（市）名称	县市总面积（平方千米）	在流域区内面积（平方千米）	占市县总面积（%）
西藏	察隅县	31659	103330	32.6
怒江州	贡山县	4263.0	2408.0	56.0
	福贡县	1781.0	1781	100
	泸水县	3852.0	3697	96
大理州	云县	4628.0	697	15
保山地区	保山市	4758	4077	86
	昌宁县	3796	2262	60
	施甸县	1998	1998	100
	龙陵县	2802	2143	76
临沧地区	凤庆县	3335	497	15
	云县	3669	765	21
	永德县	3155	3008	95
	临沧县	2538	1264	50
	镇康县	2586	2586	100
	耿马县	3716	1325	36
	沧源县	2431	959	39
思茅地区	西盟县	1328	1328	100
	孟连县	1899	920	48
德宏州	潞西市	2932	589	20
合计	19	87126	42616	48.91

资料来源：何大明、冯彦等：《中国西南国际河流水资源利用与生态保护》，科学出版社2007年版，第45页；《西藏统计年鉴（2007）》，经整理而得。

本书所涉及的范围包括西藏境内的察隅县、云南省怒江州四县、保山市所辖一区四县、普洱市所辖孟连县和西盟县、临沧市所辖一区七县、大理州所辖云县、德宏州所辖潞西市等20个市县区。

二　发展权

关于发展权，目前尚无权威定义。如何定义发展权，是构建发展权理论体系的先决条件，也是系统揭示发展权的主体、属性、内涵和实现方式的基础性条件。为了理解发展权的含义，本书从哲学的层面上来理解发展的内涵，由此推演出发展权的内涵。根据辞海的解释，发展是指事物由小到大、由简到繁、由低级到高级、由旧质到新质的运动变化过程。这个过程具有目标指向性，应该符合人的需求的变化。① 发展是一个动态变化的过程，任何事物的发展都是主体与客体的相互对立统一。发展既是指世间客观事物和现象的进化过程，也是指作为主体的人的发展过程，包含物的发展和人的发展。发展权作为一个法律概念，从人权角度来讲，发展权是发展的主体和客体赋权的过程。

1986 年 12 月 4 日联合国大会第 41/128 号决议通过的《发展权利宣言》第 1 条第 1 款把发展权定义为："发展权利是一项不可剥夺的人权，由于这种权利每个人和所有各国人民均有权参与、促进并享受经济、社会、文化和政治发展，在这种发展之中，所有人权和基本自由都能获得充分实现。"该定义中的发展权至少包含两项内容：一是参与、决策发展的权利。二是享受发展成果的权利。然而，这一定义的内涵和外延极不明确，如何界定发展权及发展权究竟包含哪些内容，目前尚没有法律上的直接依据。

自 20 世纪 70 年代发展权的概念提出②，不同的学者从不同角度对发展权的概念与内涵进行了诠释。郝明金认为，"发展权是一项人权，是每个人和所有人民享有的权利"。③ 汪习根认为，"发展权是关于发展机会均等和发展利益共享的权利"。④ 姜素红认为，"发展权是参与和享有发展进程及其结果的权利"。⑤ 李冬雷把发展权定义为，"发展权是指人的个体和人的集体参与，促进并享受其相互

---

① 潘玉君、武友德等：《区域可持续发展概念的试定义》，《中国人口·资源与环境》2002 年第 4 期。

② 发展权的概念：1970 年联大人权委员凯巴·姆巴耶在《作为一项人权的发展权》的演讲中首次提出：发展权是一项人权，因为没有发展人类就不能生存。

③ 郝明金：《论发展权》，《山东大学学报》1995 年第 1 期。

④ 汪习根：《法治社会的基本人权——发展权法律制度研究》，中国人民公安大学出版社 2002 年版，第 60、22 页。

⑤ 姜素红：《论发展权的实现途径》，《河北法学》2006 年第 3 期。

之间在不同时空限度内得以协调、均衡、持续地发展的一项基本人权"。① 梁新明认为，"发展权是个人、民族和国家积极、自由和有意义地参与政治、经济、社会和文化的发展，并公平享有发展所带来的利益的基本权利"。② 胡腾认为，"发展权即指人们寻求并获得发展的权利"。③

我们认为，发展权既是一项个人权利，同时也是一项国家或民族的集体权利，个人的发展同国家和民族的发展是不可分割的。在社会主义市场经济条件下，发展主体享有发展机会均等与发展利益共享的权利。具体来说，发展权是区域内各民族为发展主体的一项集体人权，是指各民族有决定自己经济发展模式、发展道路的选择权，有对其经济资源的控制与配置权，并且为促进其经济发展享有接受外部援助的权利。

三 经济公平

不同的学者从不同的角度对经济公平进行了定义，对经济公平的定义也存在差异。李海林从天赋人权和劳动量两个角度对经济公平下了定义，认为"天赋人权的经济公平，是指社会在现有财富生产能力的基础上，将一种物质生活待遇无差别地给予它的每一个人；劳动量的经济公平，是指在劳动面前人人平等，个人生活消费品实行各尽所能按需分配"。④ 胡平生认为，"经济公平是指人们在经济活动过程中，根据某一标准对某一经济行为所进行的管理评价"。⑤ 经济过程一般包括四个环节，即生产、交换、分配与消费。李剑把经济公平定义为，"任何一个经济主体在以一定的物质利益为目的的活动中，都能

---

① 李冬雷：《发展权在欧洲联盟的发展》，硕士学位论文，吉林大学，2007 年，第 4 页。

② 梁新明：《试论发展权及其实现》，硕士学位论文，山东大学，2008 年，第 4—6 页。

③ 胡腾：《我国少数民族的发展权略论》，《西南民族学院学报》（哲学社会科学版）2002 年第 7 期。

④ 李海林：《经济公平分类及其相互关系》，《北京工商大学学报》（社会科学版）1990 年第 S1 期。

⑤ 胡平生：《试论经济公平与社会公平问题》，《内蒙古财经学院学报》1996 年第 4 期。

实现建立在价值规律上的利益平衡"。① 陈仕伟认为，"经济公平就是指社会成员共同占有和享有社会财富。社会财富是社会成员共同创造的。因而社会财富就应该为社会成员共同占有和享有，而不应该为某部分人或某个阶级单独占有和享有"。② 侯旭平认为，"经济公平是指在人们生产过程中，实现经济收入与分配的基本均衡与合理，即以社会必要劳动为基础，实现等量劳动的交换"。③

本书认为，在社会主义市场经济条件下，作为参与经济建设的主体都有权力机会均等地参与经济活动，并共享经济发展成果，履行同样的义务。

四　可持续性

"可持续性"一词源于生态学，最初产生于对可再生资源如渔业、林业利用的分析。当鱼类捕捞量低于其自然增长量时，就是生态学意义上的可持续。可持续性的最基本的、必不可少的情况是保持自然资源总存量不变或比现有水平更高。皮尔斯、特纳认为可持续性是指在维持动态服务和自然质量的约束条件下，它是经济发展净收益的最大化。④ 国际自然保护同盟认为，"可持续性是指使用一种有机生态系统或其他可再生资源在其可再生能力（速度）的范围内"。⑤ 斯梅尔·萨拉格丁认为，"可持续性系指留给后代人不少于当代人所拥有的机会"。⑥ 对于机会可以"使用资本"这个概念来表示。从经济学的角度讲，保持人均资本拥有量不变或使其更多，就意味着为后代人提供了不少于我们所拥有的机会。

---

① 李剑：《经济公平与经济法的作用》，硕士学位论文，西南政法大学，2002 年，第 13 页。

② 陈仕伟：《什么是公平》，《团结》2005 年第 6 期。

③ 侯旭平：《正确认识市场经济条件下的经济公平》，《舟山学刊》2005 年第 3 期。

④ 胡涛等：《中国的可持续发展研究——从概念到行动》，中国环境科学出版社 1995 年版，第 9—14 页。

⑤ John P. Holdren, Gretchen C. Ddily , Paul R. Ehrlich , The Meaning of Sustainablity: Biogeophysical Aspects, Defining And Measuring Sustainability, The gephysical Foundations1 New York，1996，pp. 1 – 17.

⑥ Ismail Sergeldin Sustainabilty and the Weealth of Nation-First Steps in an Ongoing Journey , March 12，1996，p. 12.

为更加深入地理解可持续性的核心内涵，萨拉格丁扩大了对资本的理解，引入包括人造资本、自然资本、人力资本和社会资本四种类型的资本，从而将可持续性定义为，"我们留给后代人的以上四种资本的总和不少于我们这一代人所拥有的资本总和"。同时他认为，对于自然资源来说，可持续性意味着"保持其资产至少不将其消耗至某一极限，任何基于消耗自然资本的消费都不应看作是收入，而应看作是对自然资本的损耗"。潘玉君等认为，"可持续性是从时间坐标来思考问题时所使用的概念。指出以某种恰当的时间尺度来度量的某事物的某特征在某一时间范围内的变化或变化趋势的不变性"。①

本书的定义是：可持续性是指在人类在特定的时空尺度上以及支配这一生存空间的生物、物理、化学定律所规定的限度内环境资源对人类福利需求的承载力。

五　环境公平

环境公平也称生态正义或绿色正义，自20世纪80年代美国学者约翰·罗尔斯在其《正义论》一书中从环境法的角度阐释了正义理论，提出并从理论上阐释这一概念以来。环境公平的概念在全球范围内广为传播。诸多学者基于自己的学科背景和研究领域，从不同的视角对环境公平进行了定义。

（一）经济学视角的环境公平

靳乐山认为，环境公平是指每个人享有其健康和福利等要素不受侵害的环境的权利，任何个人或集团不得被迫承担和其行为结果不成比例的环境污染后果。② 吕力认为，"环境公平要求在保证社会总的环境净福利为正的情况下，均匀分配各地区、各社会群体所承担的环境风险和环境成本，对少数环境受损群体进行补偿，并考虑代际的公正及可持续发展"。③ 赵海霞、王波等认为，"环境公平是充分考虑代际

---

① 潘玉君、武友德等：《区域可持续发展概念的试定义》，《中国人口·资源与环境》2002年第4期。

② 靳乐山：《关于环境污染问题实质的探讨》，《生态经济》1997年第3期。

③ 吕力：《论环境公平的经济学内涵及其与环境效率的关系》，《生产力研究》2004年第11期。

公正和区域可持续发展，在保证社会总环境净福利为正且不下降的前提下，确保地区间社会经济产出占用的环境成本或承担的环境风险均等化，使生活在不同区域的人们享有大体相等的环境净福利"。①

（二）政治学视角的环境公平

张长元认为，"环境问题和'环境利益'表里相依，其表层是环境问题，其里层是环境利益。对环境利益的分配和对环境问题责任的'分摊'必然产生环境公平问题"。②

（三）伦理学视角的环境公平

王忠武从环境道德规范建设角度提出设置环境公平规范，即强调对环境资源享用的机会和利益的平等性的规范，主要包括两个方面的规定性：代内人类环境利益的公平和代际人类环境利益的公平。③ 朱玉坤认为，"所谓环境公平，是指人人都应享有清洁环境之益而不受不利环境之害的权利，也有保护和促进环境改善的义务，主张权、责、利相对称"。④ 李培超、王超认为，"环境公平的含义是要求建立可持续发展的环境公正义原则，实现人类在环境利益上的公正，期望每个人都能在一个平等的限度上享受环境资源与生存空间"。⑤ 环境公平是指在对环境资源的利用过程中，人们对其权利和义务（责任）、所得与投入的一种道德评价。

（四）社会学视角的环境公平

洪大用认为，"所谓环境公平实际上有两层含义。第一层含义是指所有人都应有享受清洁环境而不遭受不利环境伤害的权利，第二层含义是指环境破坏的责任应与环境保护的义务相对称"。⑥

（五）法学视角的环境公平

文同爱、李寅铨认为，"环境公平是指环境资源的使用和保护上

---

① 赵海霞、王波等：《江苏省不同区域环境公平测度及对策研究》，《南京农业大学学报》2009 年第 3 期。

② 张长元：《环境公平释义》，《中南工学院学报》1999 年第 3 期。

③ 王忠武：《论当代环境道德建设的方法论原则》，《福建论坛》2000 年第 2 期。

④ 朱玉坤：《西部大开发与环境公平》，《青海社会科学》2002 年第 6 期。

⑤ 李培超、王超：《环境正义刍论》，《吉首大学学报》（社会科学版）2005 年第 4 期。

⑥ 洪大用：《环境公平：环境问题的社会学视点》，《浙江学刊》2001 年第 4 期。

所有主体一律平等，享有同等的权利、负有同等的义务，从事对环境有影响的活动时，负有防止对环境的损害并尽力改善环境的责任。除有法定和约定的情形，任何主体不能被人为加给环境费用和环境负担任何主体的环境权利都有可靠保障，受到侵害时能得到及时有效的救济，对任何主体违反环境义务的行为予以及时有效的纠正和处罚"。[①]钱水苗认为，"环境公平是指在环境资源的利用、保护，以及环境破坏性后果的承受和治理上所有主体都应享有同等的权利、负有同等的义务"。[②] 亚历山大·基斯在 2000 年出版的《国际环境法》一书中，强调环境公平包含两方面的含义：一是主张在分配环境利益方面当代人之间的公平；二是主张代际尤其是今天的人类与未来的人类之间的公平。

从环境公平的基本概念可以看出，环境公平要求当代人与后代人在环境资源的使用和分配方面享有同等的机会和权利。代际公平是实现可持续发展的核心内容之一，代际公平是指当代人和后代人在利用自然资源、享受清洁环境、谋求生存与发展上权利均等。其实质是自然资源利益上的代际分配问题。

本书的定义：环境公平是指在一定的时空范围内，作为参与经济活动主体[③]都平等地拥有、使用和开发环境资源的机会与权利，并承担相应的责任。环境公平强调机会的均等，即所有权和使用权的均等。具体来讲，一是任何主体的环境权利都有可靠保障，当其环境权利受到侵害时，都能得到及时有效的补偿；二是任何主体从事对环境有影响的活动时，都负有防止对环境的损害并尽力改善环境的责任；三是任何违反环境义务的行为都将被及时纠正和受到相应处罚。[④]

---

① 文同爱、李寅铨：《环境公平、环境效率及其与可持续发展的关系》，《中国人口·资源与环境》2003 年第 4 期。

② 钱水苗：《环境公平应成为农村环境保护法的基本理念》，《当代法学》2009 年第 1 期。

③ 这里的主体是当代人和未来世代人。

④ 马边防、梁贞：《环境问题新视角：环境公平》，《黑河学院学报》2011 年第 5 期。

第二节　理论基础

一　发展权与经济公平理论

（一）发展权的基本要素

1. 发展权的主体

关于发展权的主体归属问题有三种观点。第一种观点认为，"个人是发展权的享有者"[①]，因而否定国家和民族的集体发展权；第二种观点认为，"只有社会、集团或集体才是发展权的主体，不能将它视为一项抽象的个人权利"；[②] 第三种观点认为，"发展权不应仅仅解释为一项个人权利，也应是一项集体权利。因为国家在政治、经济和社会方面的进步能促进个人的发展，而个人的发展又能促进国家的发展"。[③] 汪习根认为，"发展权是个人的人权，当个人作为孤立的个体被有机联结而成为一个集体后，该集合体便以其相对独立性而成为发展权的特有主体"。[④]

我们认为，发展权主体是一个涵盖国家、民族、特定区域、特定团体和所有个人的复合体。在发展权主体归属问题上，应该坚持集体人权和个人人权的统一，个人是发展权的基本主体，集体主体是个人发展权外在表现和内在载体。

2. 发展权的客体

发展权的客体是指发展权赖以存在的载体和权利所指的对象。具

---

① Keba M. Baye, Le droit au developement come undroit de l'home. Revue des droits del'homme 5 （1972）, p. 530. Cited in Africa Human Rights and the Global system. Green Wood Press, 1994, p. 108.

② Karel Vasak, A 30 - year Struggle, UNESCO Courier, Novermber 1977, Cited in Karelde Vey Mestdagh, The Right to Development; From Evolving Pinciple of Legal Right, in International Commission of Jurists, Development, Human Right and the Rule of law. New York: Pergamon Press, 1981, p. 148.

③ Michael Niemann, Regional Integration and the Right to Development in Africa. Africa Human Rights and the Global System, Greenwood Press, 1994, pp. 108 - 109.

④ 汪习根：《发展权主体的法哲学分析》，《现代法学》2002 年第 1 期。

体来说，发展权的客体就是指发展权所包含的发展利益要素是什么。作为发展权客体的利益，实质上是指基于主体的发展可以和应该获得的利益，是主体之间形成的自由发展主张以及对该主张的承诺与满足关系所指称的利益，即因发展所获得的利益和在利益主张中所依赖的发展。以"发展"为核心内容的发展权，归结起来说，既是物质发展权和精神发展权的统一，又是政治、经济、文化和社会发展权的有机统一。

（二）发展权的来源及表现

1. 发展权的来源

现代意义上的发展权，其概念最初由非洲国家提出。其产生的历史背景是第二次世界大战后，亚非拉等广大发展中国家纷纷从帝国主义的殖民枷锁和桎梏中摆脱出来，实现了政治上的自由，要求民族独立，走经济发展自主之路。而广大发展中国家成立之初，面临经济发展的主要任务，以实现经济的发展，从而巩固政治上的独立自主。发展中国家为争取民族的独立、巩固政治上的统一，先后经历孕育阶段（1945—1969 年）、萌芽阶段（1969—1972 年）、法定化阶段（20 世纪 70 年代）和成熟阶段（20 世纪 80 年代至今）。①

（1）孕育阶段。发展权思想脱胎于集体人权观的母腹中。1945 年联合国大会通过的《联合国宪章》蕴含了发展权思想，并指出联合国应促进"较高之生活程度、全民就业及经济与社会发展"。20 世纪 60 年代，国际社会对发展中国家的经济发展给予了特别的关注。为了推动人权的实现、制定具体的发展策略，国际人权会议在 1968 年通过《德黑兰宣言》。1969 年联大第 254（ⅩⅩⅣ）号决议宣布了《社会进步与发展宣言》，首次较为系统地对发展权内容进行了规定。但未提及发展权的概念。

（2）萌芽阶段。发展权利的主张最早是由非洲提出来的。1969 年，阿尔及利亚正义与和平委员会发表了一份关于《不发达国家发展

① 胡永平：《民族发展权的法律保障制度研究》，硕士学位论文，石河子大学，2007 年，第 5—8 页。

权利》的报告，首次使用了"发展权利"四个字。而第一次明确提出"发展权"概念并尝试给发展权下一个定义的，则是塞内加尔第一任最高法院院长、人权国际协会副主席、联大人权委员会委员凯巴·姆巴耶。1970 年他在斯特拉斯堡人权国际协会开幕式上发表一篇题目为"作为一项人权的发展权"的演讲，他指出发展权是一项人权。至此，发展权概念被正式提出，并立即受到了广大发展中国家的强烈支持和联大一系列国际文书的确认。

（3）法定化阶段。20 世纪 70 年代，自发展权被国际社会广泛认可以来，国际法律文件对发展权的明确规定使发展权进入法定化的阶段。1977 年，第 33 届联大人权委员会通过第 4（XXXⅢ）号决议，首次在联大人权委员会系统内得到发展权是一项人权的首肯。以此为基础，联合国人权委员会于 1979 年 3 月 2 日以第 4（XXXV）号决议和第 5（XXXV）号决议重申发展权是一项人权，并指出："发展机会均等"。为使发展权的研究和保护工作全面系统地展开，同年 11 月 23 日，以第 34/36 号决议通过《关于发展权的决议》，该决议的颁布，标志着国际社会对发展权的确定和认可。

（4）成熟阶段。20 世纪 80 年代发展权思想体系由萌芽走向成熟。1981 年非洲统一组织率先把发展权写进《非洲人权和民族权宪章》区域性的国际人权条约里。随后，历经国际社会特别是广大发展中国家的广泛协商和不断努力，最终于 1986 年 12 月 4 日，联大以第 41/128 号决议通过了《发展权利宣言》。《发展权利宣言》第一条第一款规定"发展权利是一项不可剥夺的人权"。这标志着发展权思想体系由萌芽走向成熟。

2. 发展权的表现

（1）根据发展权主体的不同，可以把发展权划分为国家发展权、区域发展权和个人发展权。

国家发展权提出的历史最为悠久，也是理论资源最丰富的部分。国家的发展权意味着国家（主要是欠发达国家）向其他国家和国际组织以及由这些组织和其他（如跨国公司和个人）共同构成的国际社会网络提出的赋予其正常的发展机会和发展能力的要求。从政治视角看，为建立国际政治新秩序，保障发展权的实现，每个国家都有权根据本国的国情选择自己的政治、经济和社会制度；世界各国尤其是大国必须严格遵守不干涉他国内政的原则；国家之间应当相互尊重，求同存异，和睦相处，平等相待，互利合作；国际争端应通过和平方式合理解决，而不应诉诸武力以武力相威胁；各国不论其大小强弱都有权平等地参与协商解决世界事务。从经济视角来看，促进发展权的实现需要建立国际经济新秩序。

关于区域发展权，从权利的角度分析，就是不同的地区应当具有相同或相似的发展权利，应当通过国家资源的分配手段赋予其发展的方略和模式。作为人民的权利且作为人权，相应的义务应该是相关人民所属或政府而不是由其他国家或政府来承担。这些义务涉及国家或政府对其领土范围内的不同人民所采取的政策和法律以及这些政策和法律的执行等事项。只有在这种意义上，人民的发展权才具有单独存在的意义。区域参与决策机制、信息共享机制、交流机制的广泛树立和发挥，是实现区域发展权的先决条件。

个人发展权。所有的权利，归根结底，如果不能为人民服务，则这种权利的意义是值得怀疑的。所以，发展权首先也必须是个人的权利。个人的基本人权分为生命权、健康权、安全权和发展权。所有的权利都有一系列的具体内涵，通过一系列的具体措施予以保障。个人发展权的具体内容包括在不歧视的基础上保障劳动、就业、休息、受教育等的权利。在运用人权视角解决发展问题时，要充分考虑参与、责任、免受歧视、赋权和联系人权标准五个指导原则。

（2）根据发展权客体的不同，可以把发展权分为经济发展权、政治发展权、社会发展权、文化发展权。[①] 经济发展权是主体自主决定其发展方向和发展道路，获得发展所必需的物质技术手段，以及运用所获物质技术手段去创造并享受满足发展需要的物质资料的权利的总和，在发展权中居于主导地位，最终制约发展权其他内容的实现；政

① 姜素红：《论发展权与当代中国法制改革和创新》，硕士学位论文，湖南师范大学，2003年，第5—8、15—17页。

治发展权是主体享有充分行使独立主权，决定政治发展的道路、方向和政治发展模式以及获得一般政治权利的充分实现的权利的总和；社会发展权是指人类通过社会发展而享有的医疗、卫生、保健、劳动保障、环境保护和环境美化、宗教信仰诸方面得以充分发展的权利，其范围相当广泛；文化发展权是指权利主体通过发扬强化、吸收、离析、取代、丧失、共轭等方式发展本国家、本民族特有的文化内蕴和文化形态的权利；生存发展权是指有生命的自然人，都有生存下去并不断发展自己的肉体组织和精神健康的权利，以及各国和各民族拥有在本国生存时空范围内，发展本国和本民族的生存能力并提高生存质量的发展权利。

综上所述，经济发展权、政治发展权、社会发展权、文化发展权作为发展权的有机构成部分，它们之间存在内容相互影响和互动的统一关系。具体来讲，首先，经济发展权是发展权的主导和核心。即保障经济发展权，可以为发展权其他内容的实现提供物质基础。其次，政治发展权是发展权实现的前提。即政治发展权的保障能为发展权其他内容的实现提供稳定的环境。最后，文化和社会发展权是发展权的重要目的和衡量发展权实施程度的重要标准。总之，经济发展权的实现是人类社会发展的重要物质前提，其目的是要实现人类的全面发展。文化和社会发展权实际上是经济发展权的提升和目的。

（三）经济公平理论

1. 经济公平的含义

经济公平在任何社会，只能是指人们在享受社会经济福利上的平等，关涉的是社会经济生活的最终结果。经济公平包含起点公平，是指在市场经济的竞争应该在同一起跑线上，即竞争的规则必须公平，这是社会主义公平中最具有决定意义的一环。过程公平是指个人或群体在社会活动中，能获得发挥自身能力的机会平等以及在公平的原则和操作下公平竞争，就是要给每个人以公平的机会和条件。起点公平和过程公平强调的都是机会的公平。结果公平可以分为绝对结果公平和相对结果公平两类。绝对结果公平是指社会成员之间的收入不按贡献而是按人头来分配，追求平均，社会成员之间收入差距很小，是一种平均主义。就相对结果公平来说，它包含两个方面的内容：一是就同一个个体而言，其产出、贡献与所得是否匹配、相称；二是就不同个体而言，他们之间的收入差距是否在一定的范围之内。

2. 经济公平的理论依据是机会均等

经济公平问题产生的根源是资源的稀缺性和人存在天赋、能力等方面的差异。一种经济公平的形式是否可取，在于它是否有利于经济的发展和社会的稳定。经济公平是一种价值判断，它关注的是社会经济关系，并贯穿于整个经济活动过程，其涉及资源的占有、规则约束，成果分配，涉及对象是两个或两个以上的利益主体。经济公平遵循公平竞争经济伦理原则，即公平竞争经济伦理原则是以承认主体地位平等、机会均等，否定任何特权为前提，它主张参与经济活动的人在市场面前一律平等，享有同等的权利，履行同样的义务，面对同等的条件，具有发挥自己才能的同等的机会；反对特权，反对强迫，反对垄断；在等价交换原则下，由市场主体根据自己的判断自愿买卖，自由进出市场。

3. 经济公平度量

经济公平的度量一般可以用洛伦兹曲线、基尼系数等来度量，这里采用起点公平过程公平、结果公平来度量。起点公平即机会均等，过程公平即等价交换，结果公平即等量劳动获得等量报酬、等量资本获得等量收益等含义。起点公平主要包括资源产权的公平性（所有权、经营权、分配权）和经济主体的平等性（国家、企业、集体）；过程公平性主要包括竞争规则的公平性（行为规范、行动准则、法律、法规）；结果公平主要从两个方面来衡量：一是 GDP 总量（第一产业、第二产业、第三产业及其他产业产值）；二是人均 GDP（居民储蓄率、消费净支出和恩格尔系数）。

二　可持续性理论

（一）可持续性内涵及外延的拓展

随着人们对可持续性概念的理解深化，可持续性概念从生态可持续性经济可持续性和社会可持续性三个方向发展。

1. 生态可持续性

生态可持续性意味着保持生态系统的稳定，即尽量减少对生态系统的压力。比如 Munasinghe 和 Shearer 指出，"（生态）可持续性应该包括以下含义：生态系统应该保持一种稳定状态"。① 可持续的生态系统是一个可以无限地保持永恒存在的状态，保持生态系统资源能力潜力。

2. 经济可持续性

经济可持续性包括两层意思：一是经济系统运行状态良好；二是这种状态能持续长久。经济可持续性首先必须有经济上的增长，它不仅重视增长数量，而且要求不断地改善质量。要保证经济发展的可持续性，就必须优化资源配置，节约资源，降低消耗，提高效率，改变传统的生产消费方式，建立经济与资源、环境、人口、社会相协调的、可持续的发展模式。

巴伯·可纳布尔（Barber Conable）曾经说过一句精彩的话："和谐的生态就是良好的经济。"② 在可持续发展理论看来，可持续的经济是建立在生态可持续性基础上的、良好发展的经济。经济的持续性是指不超越资源和环境的承载力的可以延续的经济增长过程，是实现可持续发展的主导。

3. 社会可持续性

过去，人们一般认为，持续性在很大程度上是一种自然的状态或过程。事实上，人类关于可持续发展的思考也的确是从自然资源的使用极限等问题开始的。但是，人类经过深刻的反思之后，认识到不可持续性却往往是社会行为的结果。这样，可持续发展就不再是一个单纯的自然资源利用的问题，而是一个必须从社会持续性的角度加以考虑的问题。社会可持续性是使社会形成正确的发展理论，促进知识和技术效率的增进，提高生活质量从而实现人的全面发展的能力，是可

---

① 徐玉高、侯世昌：《可持续的、可持续性与可持续发展》，《中国人口·资源与环境》2000 年第 1 期。

② 张坤民：《可持续发展论》，中国环境科学出版社 1997 年版，第 24 页。

持续发展的动力和目标。

三者之间的关系可以概括为：生态持续是基础，经济持续是核心，社会持续是目的。

（二）可持续性分类：强可持续性和弱可持续性

根据可持续能力的高低，可持续性一般分为弱可持续性和强可持续性。

1. 强可持续性

经验和事实证明，自然资本和其他资本之间是不可能完全替代的，比如，在自然资源耗尽的时候，人造资本、人力资本再多，也是无法发展的。要实现真正的可持续发展，自然资源（尤其是关键性的自然资源）的存量必须保持在一定的极限水平上，否则就是不可持续的发展路径（布兰查德、费希尔，1998）。强可持续性的发展路径不仅要求在代与代之间保持总资本的存量水平，而且还必须在代与代之间维持自然资本的存量水平，即要求不减少的环境资本存量（Qizibash，2001），个别极端的甚至排除自然资本和人造资本之间的替代，要求同时保持自然资本和人造资本的存量水平（United Nations Statistical Office，1992）。由于某些自然资源与其他资源之间不存在替代性，人类还必须对某些重要的自然资源进行特别的维持，对他们的使用不能超越他们的替代极限以及再生能力（李志清，2003）。

2. 弱可持续性

判断弱可持续性的标准是：当代人转移给后代人的资本存量不少于现有存量（Solow，1974）。资本总存量是生产资本（人造资本）存量、自然资本（环境资本）存量和人力资本存量三者之和。只要后代人所能利用的资本总存量不少于当代，就意味着发展是可持续的，而前提条件是自然资本与其他资本之间是可以完全替代。

（三）可持续性的伦理道德基础

1. 人类与自然环境之间的道德关系

环境伦理的产生，源于工业化造成的严峻的生态环境危机的深刻反思。陈俊（2015）认为，"环境伦理是基于对人类生存危机的关注和对濒临失衡的地球的关注而形成的一种伦理类型，是建立在一定环境价值观基础上的、以自然环境为媒介的人类环境道德行为规范和行为准则的总和"。① 环境伦理关系说认为，环境伦理的研究对象是人与自然之间的关系，这揭示了环境伦理与传统人际伦理的区别，把环境伦理、人与自然环境的关系纳入传统伦理道德规范的调整范围，拓展了传统人际伦理的适用范围。

西方环境伦理流派概括起来。主要有两大学派：② 一是人类中心主义学派。该学派以伦理学为依据，从人的社会性出发，考察人与自然的关系。其基本观点为：人类是万物的主宰，所有价值的来源和万物的尺度。人关心自然生态环境，主要是由于它涉及人类生存、社会发展和子孙后代的利益。人类保护自然生态环境，归根结底是为了保护人类自己。人类不仅对自然有开发和利用的权利，而且对自然有管理和维护的责任和义务。二是自然中心主义学派。该学派以生态学为依据，从人的自然性出发，考察人与自然的关系。其基本的观点是：把伦理学的视野从人扩大到一切生命和自然界；认为生命和自然不仅具有外在价值，而且具有内在价值；包括人在内的生物物质之间的合作关系是一种权利与义务的关系，人类在生物圈中仅仅是普通的一员，人类基于人类生存和生态系统的动态平衡原则，主动适应、支配补偿和改造自然界。

2. 可持续发展伦理观的核心是公平与和谐

只有公平，才能实现和谐，其最终目标是实现社会、生态与经济持续。可持续发展的环境伦理整合了诸多环境伦理观点，吸取了人类中心主义与非人类中心主义的理论的合理成分，避免其理论的缺陷，超越了两者。以人与自然和谐统一的整体价值观为理论基础，以与之相适应的社会道德原则为基本内容，以关注人类的可持续发展为目的，从而在不同层面上指导人类对环境的保护，达到生态、经济与社会的可持续发展。环境伦理反对以牺牲环境来获取人类的利益，而代之以对自然的尊重，而生态价值正是环境伦理的核心。

---

① 陈俊：《环境伦理基本理论问题探究》，《中学政治教学参考》2015 年第 1 期。
② 赵媛、郝郦莎：《可持续发展案例教程》，科学出版社 2006 年版，第 74 页。

3. 环境伦理的价值取向与基本原则

价值取向和基本原则包括：对自然索取最小化，达到资源化的最大利用，从而大大减少了人类对自然资源的索取与资源争夺过程中的相互冲突，有利于社会和谐发展；环境污染最小化，即对自然伤害最小化，体现了尊重自然的原则与生态补偿原则；生态价值的增值与生态安全，这是它最根本的伦理原则。环境伦理道德规范要求当代无论是穷人与富人、穷国与富国都享有平等的发展权和自然环境受益权。要求人类对自然资源的利用要遵循节制与适度原则，同时要合理生产与消费。

（四）可持续性的两个极端

1. 可持续不发展

环境主义者对自然的看法是非人类中心主义的，其理论依据是生态学。他们认为，生物界的物种之间具有相互依赖性，任何环节的变化或缺损都会造成生态系统的剧烈变动，严重时甚至导致生态系统的崩溃。人类作为一个物种链条上的一个普遍环节，他完全依赖于自然界而存在。因此，人类只有将自然界当作目的并维护自然界存在的利益，才能实现自己生存的利益。

非人类中心由注重个体的生物中心主义发展为注重整体性、系统性的生态中心主义就是其理论的一大进步。为了保护资源，保护环境，环保主义者认为，对生态环境资源就不能多开发，开发多了必然破坏资源，危及人类赖以生存和发展的生物圈层。主张宁可降低经济发展速度，也要控制资源开发。这种方式虽然保护了环境，但与经济增长完全脱离，对社会生活质量的提高没有促进作用，也就失去了保护的意义。

2. 发展但不可持续

王宏广（1995）在论述可持续发展的基本内涵时认为，"增长不等于发展，发展不等于可持续，可持续发展不等于供求平衡"。[①] 传统

---

① 胡涛、陈同斌：《中国的可持续发展研究：从概念到行动》，中国环境科学出版社1995年版，第148—160页。

的发展观是指经济的增长，而经济增长是以牺牲资源环境为代价的，经济的增长超过了资源环境的承载力，导致生态环境的不可持续。这种有增长无发展的经济发展模式，是人类中心主义的集中表现。

人类中心主义的理论基础是达尔文的生物进化论，物竞天择、适者生存。即每个物种和任何动植物个体都必然将自己或自己的类视为中心和目的，而将其他自然存在物看作是手段和工具。资源环境是社会经济发展的基础，经济发展超过资源环境的可承受能力达到其阈值，引起自然生态系统扰动，破坏其生态系统自净化和运行的机能，使其系统超负荷运转，最终导致整个生态系统失去平衡，那么这种经济的发展模式违背了发展的原意。

三 发展权与可持续性的统一

可持续发展认为，经济系统和生态系统是相互兼容的，经济发展和环境保护不是彼此对立的，人类在经济发展的同时应该保护生命的生态基础，协调物质生产与环境生产之间的关系，建设一个生态上可持续的经济系统。发展权作为人的一项基本人权，经济发展是发展权的核心。作为社会发展的经济主体的人，其经济是人类个体发展和社会整体进步的动力。可持续发展要求满足所有人的基本需求，提高人的生活质量，同时保护生命的自然基础。因此，就经济发展而言，可持续发展要求遵循增长原则、质量原则和高效性原则。[①] 可持续发展理论不是"零增长"理论；相反，认为经济增长是发展的重要组成部分。增长性原则要求把经济增长视为生态与社会可持续发展的驱动力，通过经济增长实现社会财富的增长和生活质量的提高。这里财富的增长可以理解为自然资本、人造资本和人力资本的总和。质量性原则要求经济的发展既要能改善人类生活质量，又要能保护生命的自然基础。可持续发展认为，经济系统和生态系统是相互兼容的，经济发展和环境保护不是彼此对立的，人类在经济发展的同时应该保护生命的生态基础，协调物质生产与环境生产之间的关系，建设一个生态上可持续的经济系统。同时，树立人在生态经济系统中的双重主体地

---

① 龚胜生、敖荣军：《可持续发展基础》，科学出版社 2009 年版，第 39 页。

位，确定人在自然界的地位，建立起人与自然协同进化的原则。他要求经济的发展要以保护环境为基础，与资源和环境的承载能力相协调，即在发展中要保护环境，保护生命支持系统，保护地球生态的完整性。

（一）统一基础：人的二重性理论

从生态经济学的视角来看，生态经济系统是一个以人（个体、群体）为主体，以生态（资源、环境）为基础，以经济（生产、消费）为中心的多功能符合系统。其核心问题是生态进化演替与经济进化增长，关键是人口—经济—生态三者之间的关系，它包括人类自身系统、人类经济系统和人类生态系统三个相互关联的子系统。而人类自身系统是以人的生理和心理活动为基础，以生态主体和经济主体为主导的特殊能动系统。人的双重主体地位是由人的双重性即人的自然属性和社会属性所决定的。人作为生态行为主体，他是生态系统中的消费者，处于生态食物链的顶端，主宰着生态系统的演替；他作为经济行为的主体，是经济系统中的生产者，他创造物质财富，主宰着经济系统的发展。人的这种既是生态主体又是经济主体的双重主体地位，决定了他既要进行经济物质的生产和消费，也要进行生态物质的生产和消费，以满足自身的双重需求。

人的双重主体地位，决定了人在生态经济系统中具有生态和经济的双重协调统一功能，通过自然资源与经济资源的有机组合和生态与经济的双重转换机制，把两者协调统一起来，从而表现出人在经济生态系统中的双重结构关系：一方面，人口—资源—环境构成最基本的人类生态结构关系；另一方面，人口—生产—消费构成最基本的人类经济结构关系。通过这两个方面的相互交织和相互结合，构成最基本的人类经济生态系统的机构关系，即人口—生产—消费—资源—环境的生态经济整体转化关系。这就要求人必须从生态与经济的统一需求出发，把人口、资源、环境的生态发展过程和人口、生产、消费的经济发展过程作为一个有机结合的整体，通过生态食物链和经济交换链的交互作用，实现其生态经济整体功能，达到对资源的合理开发利用，对环境的合理保护改造，以提高人类的生活质量，改善人类的生存环境。

简言之，人的双重性，即人的自然属性和社会属性。作为生态行为主体，人是生态系统中的消费者，处于生态食物链的顶端，主宰着生态系统的演替；作为经济行为主体，人是经济系统中的生产者，他创造物质财富，主宰着经济系统的发展。人的双重主体地位决定了人在生态经济系统中具有生态和经济的双重协调统一功能，即通过自然资源与经济资源的有机组合和生态与经济的双重转换机制，把两者协调统一起来。

（二）统一机制①

1. 自然动力机制

自然动力是指直接参与生态经济系统运行或对生态经济系统构成影响的一切自然因素或自然条件所形成的促进生态经济协调发展的力量。自然动力是人类赖以生存的基本条件，是自然界的再生能力，是一种自我调节机制。自然动力机制的核心是自然生产力。自然生产力就是由自然形成的各种自然要素相互作用所产生的一种对人类经济活动的作用能力。自然生产力包括两层含义：一是各种自然因素及其相互关系本身就具有的对人类来说是有价值的生产能力；二是各种自然因素及其相互关系的运动所形成的对社会生产过程的助推器作用，是一种条件性的生产能力。自然生产力作为社会生产力的物质承担者，是维系生态系统和经济系统正常运转的原动力。

2. 经济动力机制

谋求生存和发展是人类的生物进化本能，而人类生存发展的最基本条件是要有可供人类生存发展的以物质资料为主要内容的经济利益。这个常识表明，经济利益有其自然基础，追求经济利益是不以社会经济形态为转移的人类必然动机和行为，这种以人类自身需要为目的，对于经济利益的追求，构成生态经济持续协调发展的经济动力。谋求生存和发展是人类的生物进化本能，而人类生存发展的最基本条件是要有可供人类生存发展的以物质资料为主要内容的经济利益。这

---

① 陈池波：《论生态经济的持续协调发展》，《长江大学学报》（社会科学版）2004 年第 1 期。

个常识表明，经济利益有其自然基础，追求经济利益是不以社会经济形态为转移的人类必然动机和行为，这种以人类自身需要为目的，对于经济利益的追求，构成生态经济持续协调发展的经济动力。生态经济持续协调发展的经济动力机制，既表现为由生存和发展的客观需要所引起的追求经济利益的动机，又表现为在该种动机驱使下的生态经济行为，即生态经济系统的现实矛盾运动过程。关于行为、动机与需求之间的关系，心理学的研究表明：动机支配着人们的行为，而动机又由于某种需要而引起。不同的历史阶段、不同的社会形态，其需求的内容是不尽相同的，由此而萌发的动机以及在动机驱使下的行为也是不尽相同的。需要说明的是，作为生态经济持续协调发展经济动力机制的需求，是人类生存与发展的全面需求，它不仅包括对物质文化的需求，而且还包括生态需求、绿色需求，如洁净的空气、水和无污染的食物，无污染、无噪声的生活空间，优良的人工或自然植被环境，数量充足、质量精良的环境资源和生态景观等。生态需求作为一种社会需求是伴随着现代生产力的发展而逐步产生的。很显然，这种兼容了生态需求与物质文化需求的人类全面需求，是生态经济持续协调发展最强劲的经济推动力。

3. 知识经济和现代科技为这种统一提供了新手段

经济合作与发展组织（OECD）1996 年对知识经济的内涵进行了界定，认为知识经济是建立在知识和信息的生产、分配和使用之上的经济。知识经济的本质是以智力资源的占有和配置为主，而且人的智力或智力劳动对经济发展起着决定作用。知识经济为生态经济的可持续发展提供了现实途径，即它能够创造可持续发展的生产模式、消费方式、生活方式和相应的知识体系和技术。邓小平同志提出"科学技术是第一生产力"。同时，科学技术是一把"双刃剑"，科学技术既能改造世界又能毁灭世界。即科学技术具有二重性。一方面，它能够帮助人类促进经济的发展，解决各种生态环境之间的问题；另一方面，它又确实不断地给人类带来了新的生态环境问题，从而造成经济发展和生态环境之间新的"失衡"和"失调"。从人类本身所具有的"理性"的和"物质"的本质力量和潜能来看，人类是能够在发展经济的"动态"过程中保持与生态环境的"平衡"，从而实现经济和生态环境的"协调"发展的。① 反观人类的生存环境，造成人类不可持续的原因之一是科学技术的发明和应用。从认识层面看，科技是解决环境的必要前提。科技揭示自然发展的规律，为人与自然和谐相处提供认识前提；从实践层面看，科技的发展为环境保护提供实用技术。科技是人与自然关系的中介和桥梁，离开行之有效的科技手段，任何环境问题的解决将寸步难行。要实现人与自然的和谐相处，必须摒弃传统的科技观，实现科技观的生态化转向，树立生态科技观。因为是建立在征服自然的基础之上的，是一种人类中心论的科技观，导致科技的工具理性膨胀，价值理性失落。传统的科技观是以人为唯一向度的单向度。而科技观生态科技观，以协调人与自然之间的关系为最高准则，以不断解决人类社会发展与自然环境发展之间的矛盾为宗旨，以生态建设和环境保护为目标。把生态科技观落到实处，就是要进行绿色科技的创新与进步。绿色科技是环境保护的助推器。它是一种可以维持人类社会经济持续发展的科学技术体系，它强调自然资源的合理开发、综合利用和保值增值，强调发展清洁生产方式和无污染的绿色产品，提倡文明的、适度的消费生活方式。

人类在经济发展过程中，知识经济要求加强经济运行过程中智力资源对物质资源的替代，实现经济活动的知识化转向。科学技术术作为知识经济发展的第一推动力，牵动经济发展不是靠大量消耗自然资源的制造业，而是以信息、文化、科技为主体的"软资源"，同时开发尚未利用的自然资源来取代已经耗竭的稀缺自然资源，这就最大限度地减轻了对环境的污染和资源的破坏。② 一个国家或地区经济发展的可持续能力取决于生态环境要素禀赋③，即环境损害修复能力：包

---

① 陈清水：《论经济和生态环境的协调发展》，《黎明职业大学学报》1999 年第 2 期。

② 钟声、程涛：《知识经济问题研究综述》，《教学研究》1998 年第 8 期。

③ 环境要素禀赋是指一个国家或地区的生态环境质量、环境消纳并转化废物的能力同生态环境的自净能力以及生态系统作为一个整体所呈现出来的各种环境要素的总体状况等。参见王玉婧《环境成本内在化、环境规制及贸易与环境协调》，经济科学出版社 2010 年版，第 101 页。

括生态潜力、环境对污染的自净能力、环境技术禀赋和生态服务功能四个方面。

经济发展是发展权的核心。解决经济发展和生态环境之间的矛盾，归根结底必须依靠科学技术的发展。但是，发展科学技术又必须以一定的经济实力为基础。没有一定的经济实力基础，发展科学技术就是缘木求鱼，水中花镜中月。这是由经济发展所引起和造成的生态环境恶化问题，往往只能通过新的科学技术的发展运用才可能加以解决；而新的科学技术的研制开发、制造使用都需要相当人力、物力和资金的投入，没有一定的经济投入，就不可能有科学技术的发明、改进和发展，也就难以解决生态环境的恶化问题。因此，经济实力是科学技术发展的基础和关键。科技即是科学与技术的合并，科学偏重于理论认识，而技术则重于在理论的指导下实践。科技实现人的向度和生态环境向度的有机统一。即科技的运用不仅从人类物质和精神生活的健康与完善出发，注重人的生活的价值与意义，还要与生态环境相容，有利于保护我们的生态环境。① 总之，科技支撑经济发展和生态环境保护，人才聚集并成为科技创新实施的主要力量、经济的发展与环境的友好和谐、设备的先进性或再造性，为发展权与可持续的统一提供了新手段。

（三）统一模式

1. 循环经济模式

循环经济是一种以解决环境恶化和经济发展之间的矛盾为目标的全新的经济发展模式，以生态学为指导，主张以最小的资源消耗和环境代价实现国民经济的持续增长，追求经济效益、生态效益和社会效益三者的统一。循环经济通过资源的有效利用和生存环境的改善来体现的。它所倡导的是一种建立在物质不断循环利用基础上的经济发展模式，它要求把经济活动按照自然生态系统的模式，组织成一个"资源—产品—再生资源"的物质反复循环流动的过程，使在整个经济系

---

① 黄红：《实现科学技术与环境保护的双赢》，《清远职业技术学院学报》2009 年第 3 期。

统以及在生产和消费过程中基本上不产生或者只产生很少的废弃物。冯之俊等（2003）认为，循环经济倡导的是一种与整个生态系统和谐的经济发展模式。在这个模式中，构筑在生物圈所提供的资源与服务基础之上的经济系统只能作为生态系统的一种特殊情况。基于生态学原理和规律的循环经济将经济系统视为生态系统的一个特殊模式。循环经济要求以"减量化、再使用、再循环"为社会经济活动的行为准则（"3R"原则）。冯之俊等认为，"3R"原则构成了循环经济的基本思路，但他们的重要性不是并列的，只有减量化原则才具有循环经济第一法则的意义。① 孟耀认为，循环经济还应当包括资源和环境的再生化，于是循环经济的原则描述为"减量化（reduce）、再利用（reuse）、资源化（resource）和再生化（regenetation）"的"4R"原则。②

2. 绿色经济模式

"绿色经济"一词来源于美国经济学家皮尔斯于 1989 年出版的《绿色经济蓝皮书》。皮尔斯主张从社会及生态条件出发，建立一种"可承受的经济"。经济发展必须是自然环境和人类自身可以承受的，不会因盲目追求生产增长而造成社会分裂和生态危机，不会因为自然资源耗竭而使经济无法持续发展。绿色经济实施绿色分配，如保证最低收入人群的基本生活消费和费用支出；生态经济则将人类看成是具有最高级智慧的生物，通过人类与环境的相互创造、依存和协同进化的关系达到人类经济系统的可持续发展。③ 绿色经济，实际上就是生态经济，实质是经济的可持续发展。赵弘志（2003）等认为，绿色经济就是达到可持续发展经济、可持续发展生态和可持续发展的社会的经济。刘思华认为，"绿色经济就是以生态经济为基础，知识经济为主导的可持续发展的实现形态和形象体现，是环境保护和社会全面进步的物质基础，是可持续发展的代名词，其本质是以生态协调为核心

---

① 冯之俊等：《循环经济是个大战略》，《光明日报》2003 年 9 月 22 日。
② 孟耀：《绿色投资问题研究》，东北财经大学出版社 2008 年版，第 108—109 页。
③ 英姿：《生态经济与循环经济》，《求索》2007 年第 5 期。

的可持续性经济学"。① 邹进泰、熊维明认为，"绿色经济是一个国家或地区在市场竞争和生态竞争中形成了能够发挥比较优势、占有较大国内外市场份额，并成为国民经济主导或支柱的绿色产业、绿色产品和绿色企业"。② 李向前、曾莺认为，"绿色经济就是充分利用现代科学技术、以实施生物资源开发创新工程为重点，大力开发具有比较优势的绿色资源，巩固提高有利于维护良好生态的少污染、无污染产业，在所有行业中加强环境保护，发展清洁生产，不断改善和优化生态环境，促使人与自然和谐发展，人口、资源和环境相互协调、相互促进、实现经济社会的可持续发展的经济模式"。③ 张兵生认为，"绿色经济是以生态文明为根本取向，以生态资本为基础要素的可持续经济"。④ 绿色经济是以市场为导向，以传统产业经济为基础，以经济与环境的和谐为目的而发展起来的一种新的经济形势，是产业经济为适应人类环保与健康需要而产生出来的一种发展状态；是以经济与环境和谐为目标，将环保技术、清洁生产工艺等众多有益于环境的技术转化为生产力，并通过有益于环境或与环境无对抗的经济行为，实现经济的持续增长；是以维护人类生存环境、合理保护资源与能源、有益于人体健康为特征的经济，是一种平衡式经济。⑤

3. 低碳经济模式

2003 年英国前首相布莱尔在《我们的能源未来——创建低碳经济》白皮书中首次提出低碳经济概念以来，对低碳经济是一种经济形态还是一种发展模式，或两者兼而有之，学术界和决策者尚未有明确的认识。国家环保部周生贤认为，"低碳经济是以低耗能、低排放、低污染为基础的经济模式"。⑥ 庄贵阳认为，"低碳经济实质是高能源

① 刘思华：《绿色经济学》，同心出版社 2004 年版，第 3 页。
② 邹进泰、熊维明：《绿色经济》，山西经济出版社 2003 年版，第 9 页。
③ 李向前、曾莺：《绿色经济》，西南财经大学出版社 2001 年版，第 35 页。
④ 张兵生：《绿色经济学探索》，环境科学出版社 2005 年版，第 180 页。
⑤ 张叶：《绿色经济的起源》，《中国水利报》2004 年 4 月 17 日。
⑥ 张坤民、潘家华、崔大鹏：《低碳经济论》，中国环境科学出版社 2008 年版，第 45 页。

效率和清洁能源结构问题，核心是能源技术创新和制度创新"。① 冯之俊、牛文元认为，"低碳经济是绿色生态经济，低碳产业、低碳技术、低碳生活和低碳发展等经济形态的总称，低碳经济的实质在于提升能源的高效利用、推行区域的清洁发展、促进产品的低碳开发和维持全球的生态平衡"。② 方时姣认为，"低碳经济是经济发展的碳排放量、生态环境代价及社会经济成本最低的经济，是一种能够改善地球生态系统自我调节能力的可持续性很强的经济"。③ 我们认为，低碳经济，指在可持续发展理念指导下，通过技术创新、制度创新、产业转型、新能源开发等多种手段，尽可能地减少煤炭石油等高碳能源消耗，减少温室气体排放，达到经济发展与生态环境保护"双赢"的一种经济发展模式。发展低碳经济，既要积极承担环境保护责任，完成国家节能降耗指标的要求；又要调整经济结构，提高能源利用效益，发展新兴工业，建设生态文明。这是摒弃以往先污染后治理、先低端后高端、先粗放后集约的发展模式的现实途径，是实现经济发展与资源环境保护"双赢"的必然选择。低碳发展，重点在低碳，目的在发展。

---

① 庄贵阳：《中国低碳经济发展的途径与潜力分析》，《国际技术经济研究》2005 年第 3 期。

② 冯之俊、牛文元：《低碳经济与科学发展》，《中国软科学》2009 年第 8 期。

③ 方时姣：《绿色经济视野下的低碳经济发展新论》，《中国人口·资源与环境》2010 年第 4 期。

第三章 基于环境公平与可持续发展视角的怒江流域生态地位评估

第一节 怒江流域的生态现状

一 怒江流域生态特征

怒江流域地势西北高、东南低,自西北向东南倾斜的特点,决定其地形、地貌的复杂性。地形地貌呈现出高原、高山、深谷、盆地等类型。由于地处低纬度、高海拔,中国境内整个流域可分为青藏高原区(上游)、横断山区纵谷区、云贵高原区。在上游青藏高原区,怒江两岸是5500—6000米的高山,属于高原地貌,现代冰川发育,气候寒冷干燥,植被以荒漠草甸为主。怒江从青藏高原流出进入藏东南横断纵谷山区,南北高山海拔在5000—5500米以上,主要是雪山和冰川。植被类型以森林草甸为主。云贵高原区,主要是在怒江州六库以南,两侧山势渐低,在3000米等高线以南为山丘、盆谷、坝子等地形,坝子地形主要分布在保山以南地区,植被类型主要分布在热带雨林和常绿阔叶林。本书对怒江流域生态现状进行评估,主要从生态系统的角度进行评价。

二 怒江流域生态系统类型

怒江流域生态系统类型从荒漠草甸、森林草甸到热带雨林和常绿阔叶林。特殊的地质条件、特殊的地理位置造就了怒江流域特殊的生态系统。目前,怒江流域在海拔约1600米以下现存植被主要为茂密的高禾草丛和油桐、核桃、旱冬瓜林或青冈;在海拔1500—2200米的区域，主要是以高原为主的常绿阔叶林，海拔 2200—2600 米的区域为湿性常绿阔叶林，保存较好。土壤水分条件较好的沿沟两侧和坡脚多出现台湾杉林，海拔 2600—3100 米的区域为云南铁杉、冷杉、落叶松林带，海拔 3000—3800 米的区域为云、冷杉带，海拔 3700—4000 米左右的区域为高山杜鹃灌丛。垂直带谱及群落类型的组成，都兼具有云南中、西部植被与东喜马拉雅南翼山地中上部之间的过渡性的特点，是生物多样性保护的关键地区（见表 3 - 1）。

表 3 - 1　　　　　　　　怒江流域怒江峡谷生态系统构成

生态系统类型	面积（平方千米）	占本区面积比例（%）
灌木林	595.07	6.66
果木林	1.39	0.02
寒温性阔叶林	91.15	1.02
寒温性针叶林	1053.38	11.78
农地	961.46	10.75
暖性阔叶林	1323.85	14.81
暖性针叶林	1251.79	14.00
水域	40.69	0.46
温凉性阔叶林	1410.11	15.77
温凉性针叶林	1680.36	18.80
竹林	530.57	5.93

资料来源：云南省发展和改革委员会、云南省西部大开发领导小组办公室、云南省怒江傈僳族自治州人民政府：《云南省怒江州中长期发展规划》（2007—2020），第 33 页，经整理而得。

三　怒江流域的生态评估

（一）评价标准

评价一个地区生态环境的敏感程度，通常采用生境敏感性指标来度量。对怒江流域生态价值（生态地位的评估）主要从生态系统的类型的角度来评价，而生物多样性正是怒江流域生态系统类型多样的集中体现。生物多样性包括三个层次，即遗传多样性、物种多样性和生态系统多样性。在三个生物多样性保护的层次中，生态系统多样性是遗传多样性和物种多样性的载体。

（二）评价方法

根据云南省的生态特征和生物多样性的分布规律，以植被类型为主要表征的生态系统多样性是生境敏感性在地域上的具体体现。因此，按照国家保护总局的要求和根据云南省的实际情况，云南省的生境敏感性评价，主要根据生态系统类型中物种丰富度，以及国家与省级保护对象的分布数量进行评价。评价标准与分级根据国家环境总局对生境敏感性评价的编制规范，以物种保护为依据的生境敏感性评价的标准与分级（见表3-2和表3-3）。

表3-2　　　　　　　生物多样性的生境敏感性评价标准

国家与省级保护物种	生境敏感性等级
国家一级	极敏感
国家二级	高度敏感
其他国家与省级保护物种	中高敏感
其他地区性保护物种	轻度敏感
无保护物种	不敏感

资料来源：云南省发展和改革委员会、云南省西部大开发领导小组办公室、云南省怒江傈僳族自治州人民政府：《云南省怒江州中长期发展规划》（2007—2020），第33页，经整理而得。

表3-3　　　　　　　生态系统类型与敏感性等级

生态系统类型	内　　容	敏感等级
灌木林	包括从寒温性灌木林到热带灌木林在内的各种灌木、小禾木组成的植物群落，含多种国家一级保护物种。如玉龙藏、红豆杉、苏铁等	极度敏感
果木林	包括苹果、梅、核桃、板栗、芒果等栽培果木	不敏感
寒温性阔叶林	高山栋林、红桦林、白桦林、山杨林、黄背栋林等，含国家二级保护植物多种，如松茸、金干桦等	高度敏感

续表

生态系统类型	内　　　容	敏感等级
寒温性针叶林	云杉林、冷杉林、大果红杉等，含国家二级保护植物油吊麦云杉，省级保护植物多种，如贝母、百合、砖地风等	中度敏感
农地	包括其他地类：人工栽培植被	不敏感
暖性阔叶林	包括季风常绿阔叶林、落叶阔叶林，含国家二级保护植物多种，如蒜头果、黑黄檀、董棕和枫香留念等	高度敏感
暖热性针叶林	包括思茅松林、崔柏林，含国家二级保护植物翠柏，数量较多，分布面积也较大，思茅松林为云南特有	高度敏感
暖性阔叶林	包括中山湿性常绿阔叶林、半湿润常绿阔叶林、山地苔醉常绿阔叶林、落叶阔叶林以及云南松林、油杉等组成的针阔叶混交林，蓝桉、黑荆树、人工材等。含多种国家二级保护植物，如水青树、三棱栋、大叶木兰、扇蔗等	高度敏感
其他园地森林	马桑、咖啡、茶及其他经济林，含省级名木古树多种多样	轻度敏感
热性阔叶林	热带雨林中的湿润雨林、季节雨林、山地雨林。季雨林中的常绿阔叶林、落叶季雨林和石山季雨林。含国家一级保护植物和动物，如望天树、藤枣以及龙脑香料的多种植物等；动物有亚洲象、野牛等	极度敏感
水域	湖泊、河流、沟、渠、坝塘等。含多种国家一级保护植物如水韭、药材等和国家二级保护植物野荞，湖滨及河流湿地生物多样性极为丰富	极度敏感
温凉性阔叶林	包括铁杉林、高山松林、华山松林，含多种国家级保护植物，如红豆杉、巧家五针松等	极度敏感
温凉性针叶林	包括铁杉林、高山松林、华山松林，含多种国家级保护植物，如红豆杉、巧家五针松等	极度敏感
橡胶林	人工橡胶林为引入栽培的人工林	不敏感
竹林	包括直径2厘米以上的各种竹类组成的竹林，含省级保护植物山香竹（高黎贡山）、马关香竹（滇东南马关县）等	中度敏感

　　资料来源：云南省发展和改革委员会、云南省西部大开发领导小组办公室、云南省怒江傈僳族自治州人民政府：《云南省怒江州中长期发展规划》（2007—2020），第52—54 页，经整理而得。

（三）评价结论

根据上述生态系统类型与敏感性等级评价标准，怒江流域怒江州生境极度敏感区占41.68%，高度敏感区占29.83%（见表3-4），极度敏感区及高度敏感区的存在，在生产生活中，需对人类的相关行为、生产方式加以限制，降低人类对这些敏感区的干扰，属高度敏感区的比重不是很大，但这些高度敏感区大多集中于怒江沿岸人口密度高、人类活动频繁的地区。这些区域生态环境保护的好坏，关乎整个流域生态系统的健康与持续发展。

表3-4　　　　　　怒江生物多样性保护区生境敏感性

生境敏感性等级	斑块数（块）	斑块比例（%）	面积（平方千米）	面积比例（%）
不敏感	53	29.28	96285.04	10.77
中度敏感	41	22.65	158395.62	17.72
高度敏感	34	18.78	266679.25	29.83
极度敏感	53	29.28	372622.49	41.68

资料来源：云南省发展和改革委员会、云南省西部大开发领导小组办公室、云南省怒江傈僳族自治州人民政府：《云南省怒江州中长期发展规划》（2007—2020），第52—54页，经整理而得。

通过以上分析可以看出，怒江流域上游属于高原地貌，中下游属于高山峡谷地带，生态环境极为脆弱，各种不合理的资源开发和利用都有可能造成生境破坏并造成生物多样性损失，因此，今后生态建设的主要方向是加强已有自然保护区的管理，做好自然保护区的区划和规划，防止生境破碎化和生物多样性的丧失。

从怒江流域整体的生态环境现状来看，怒江的水质保持较好，受污染程度较轻，水环境的容量较大，水体环境对社会经济的发展限制作用较小，怒江主要环境问题体现在流域高发的自然灾害，这也是直接威胁到当地生产、生活及发展的主要因素。同时，怒江处于生物多样性保护的重要区域，生境敏感性较高，需要保护。

第二节 怒江流域的生态影响
——以流域森林生态系统为例

从经济的角度看，森林生态系统是人类的资源宝库。其生态价值表现在，能够调节生物圈中氧气与二氧化碳的平衡，改善生态环境；涵养水源、保持水土，有绿色宝库之称。林地被称为"地球之肺"。地球上全部海水水域的一个巨大的生态系统。在这个生态系统中生活着大量的生物，给人类提供食物。从经济的角度看，浅海蕴藏着极为丰富的生物资源，也是人类的资源宝库。同时具有极高的生态价值。海洋提供了生物圈中70%的氧气，维持着大气中二氧化碳与氧气的平衡；海洋能维持水循环，调节气候；海洋蒸发的水蒸气变成降水，能够为陆地生态系统补充大量的淡水。

怒江流域生物多样性的特点，决定了生态系统的多样性。一旦生态系统受到破坏，超过生态系统自身自我恢复和自净能力，其造成的生态、经济和社会影响是深远的。根据流域森林生态系统提供的生态服务可能受益范围：对流域内部（当地、下游）、全国、国际的生态影响评估如表3-5所示。

表3-5 流域生态系统提供的各种生态环境服务可能受益的范围

流域生态系统提供的生态服务	可能受益的范围			
	当地	下游	全国	国际
水土保持	+			
水流调节	+	+		
水体清洁	+	+	+	
景观	+		+	+
生物多样性			+	+
碳汇			+	+

注：图中"+"表示对其产生正的外部性影响。

一　流域内部影响

（一）维系流域内水土保持的重要功能

森林是地球上功能最完善的、生物量最大的陆地生态系统，在维护生态环境中具有任何生态系统不可替代的作用。生态系统通过植被、土壤、地形和地质结构等对水的过滤、保持和储存作用来给人类提供水供给；生态系统通过植物根系、植被等获得滞留水土，防止水土流失的功能进行水土保持。植被对洪水暴雨的阻挡进行灾害的预防。生态系统通过动植物、微生物、自然力等作用于岩层，从而形成土壤及肥力。同时，森林与水也是互相依赖、互相制约的关系，没有水就没有森林，没有森林也就不会形成河川。一旦森林遭到破坏，失去涵养水源的功能，就会产生水土流失等生态灾害，水资源也就失去了应有的价值，水环境功能下降。由于上游森林植被的破坏，怒江流域中下游的怒江州、保山市，大理州的云县，普洱市的西盟县、孟连县，临沧市等土壤浸湿严重。因此，保护好上游森林，充分发挥森林保持水土、涵养水源的生态功能对整个流域的社会经济发展都至关重要。

（二）维系流域内多元民族文化的传承

怒江流域在云南省境内跨越滇西北、滇西南和滇西三大旅游区（见表3－6）。尤其是怒江两岸祖祖辈辈、世世代代居住着藏族、傈僳族、怒族、白族、傣族等22个少数民族，各民族保持自己独特的生存方式、文化传统，形成丰富多样的文化形态，文化多样性的特点十分突出，为当今民族纷争的世界展示了多元文化和谐共处的重要典范。

表3－6　　　　　　　怒江流域乡村人文形态的空间分异

旅游区	行政范围	地域文化类型	人文形态特色
滇西北区	大理、丽江、迪庆、怒江	以洱海文化、东巴文化、香格里拉文化和怒江流域文化为代表	集中展示白族、纳西族、藏族、傈僳族等多种民族风情，古镇古村、宗教文化、茶马古道"香格里拉"等人文形态

旅游区	行政范围	地域文化类型	人文形态特色
滇西南区	西双版纳、思茅、临沧	以贝叶文化、原始宗教为代表	体现以傣族、佤族、拉祜族为主的民族风情和打洛、思茅、孟连、孟定边境口岸与越南、缅甸等东南亚国家风土人情等边关特色
滇西区	保山、德宏	以哀牢文化、贝叶文化为代表	展现南方丝绸古道、名胜古迹等景观,傣族、景颇族、傈僳族民风民俗以及中缅边境的异国情调、驰名中外的缅甸宝石、玉石等

(三) 有利于流域内自然保护区建设

怒江中游自然保护区 (见表 3 - 7) 的维护好坏,关乎怒江流域生态系统持续稳定,从而有利于生态系统服务功能的持续性。这对于下游地区的人民来说至关重要。怒江流域中下自然保护区有国家级、省级、市、县级等多种类型的自然保护区。如云岭省级自然保护区位于兰坪县境内,云岭山脉中断是"三江并流"世界自然遗产的组成部分。保护区总面积为 73426 公顷,其中核心区面积为 59870 公顷,缓冲区的面积为 13556 公顷,最高海拔为 3854.8 米,最低海拔为 1899米。保护区具有原始的森林生态系统、良好的自然环境、生物资源丰富、珍稀濒危物种种类繁多,是一个具有多方面保护价值的综合型自然保护区,也是滇金丝猴的重要栖息地。云岭省级自然保护区共有 9个植被类型,保护区内有国家一级保护动物滇金丝猴、云豹、金钱豹,国家二级保护动物有林麝、黑熊、小熊猫、猕猴、白鹇、花面狸。植物资源有国家一级保护植云南红豆杉,国家二级保护植物有云南榧树、油麦吊云杉、澜沧黄杉、松茸、冬虫夏草。保护区生物多样性、人文景观资源的丰富性,自然保护区内生态保护的科学化、规范化、制度化,是关乎整个流域内生态系统持续稳定的关键,也是生态服务系统得以为人类提供生态服务的前提条件。

表 3 - 7　　　　　　　　怒江流域所辖自然保护区一览

自然保护区名称	地点	面积（公顷）	保护内容	级别
高黎贡山自然保护区	福贡县、泸水县、贡山县、保山市隆阳区、腾冲县	405129	森林，野生动植物	国家级
南滚河自然保护区	耿马县、沧源县	50887	亚洲象、孟加拉虎及其栖息的雨林地	国家级
小黑山自然保护区	龙陵县、保山市隆阳区	16013	热带亚热带低中山湿性常绿叶林生态系统及珍稀植物和一、二级保护动物	省级
音山自然保护区	孟连县	54	小花龙血树	省级
云龙天池自然保护区	云县	6630	云南松、高原湖泊	省级
澜沧江自然保护区	临沧地区辖五个县	143896	森林生态系统	省级
南棒河自然保护区	镇康县	36970	森林生态系统	省级
瑞丽江自然保护区	瑞丽市、陇川县、潞西县	7350	候鸟、季节性雨林	州级
芒究水库水源保护区	潞西市	3170	水源涵养林	市级
地热火山自然保护区	腾冲县	12990	地热火山等自然景观	县级
北海湿地自然保护区	腾冲县	1629	城区生活水源、生物多样性的原始环境	县级
澜沧江自然保护区	昌宁县	13333	野生动植物	县级
孟梭龙潭自然保护区	西盟县	4200	水源	县级
大黑山自然保护区	孟连县	71476	生态系统	县级
翠坪山自然保护区	兰坪县金顶镇	8600	生态系统、原始自然景观及历史遗迹	县级
富和山自然保护区	兰坪县	37000	森林及野生动物	县级

　　资料来源：杨士吉、许太琴：《云南生态经济年鉴》，线装书局 2008 年版，第 25—35 页，经整理而得。

（四）维系流域内居民生存和发展的基础

　　生态系统为人类提供食物、原材料、基因资源、药物资源、装饰资源等。流域是以水为主体的、动态的生态系统。整个生态系统提供着包括防风固沙、净化污染物、优美景观等在内的 17 种重要的服务功能（Costanza et al.，1997）。而流域系统作为生态服务系统的重要组成部分，它能提供水产品、水调节、生物多样性保护、废物净化、内陆航运、文化、休闲娱乐，以及流域森林的水土保持、水源涵养、木材生产和碳储存等多种生态环境服务（Daily，1997；Costanza，1997；Gairns，1997；MA，2003），为动植物提供了生存空间。① 这些服务或功能是人类赖以生存和发展的重要的物质基础和保障。

史培军、潘耀忠（2002）指出，生态系统具有提供生物资源与生态服务的功能，通常被称为"生态资产"（Ecosystem Capital，EC）。Constanza（1998）认为，生态系统作为生物资源的载体，其价值与其他可更新资源价值的核算是一样的；潘耀忠、史培军（2004）指出，生态系统作为提供生态服务功能的价值核算，通常是依据其所提供的具体服务方式进行直接或间接的计算。

生态系统服务功能是指生态系统与生态过程所形成与维持的人类赖生存的自然环境条件与效用生态系统为人类提供了食物、医药及其他非工农生产的原料，更重要的是，支持与维持了地球的生命支持系统，维持生命物质的生物地化循环与水文循环，维持生物物种与遗传多样性，净化环境，维持大气化学的平衡与稳定。生态系统服务功能包括有机质的合成与生产—生物多样性的产生与维持，营养物质储存与循环，土壤肥力的更新与维持，环境净化与有害有毒物质的降解，植物花粉的传播与种子的扩散，有害生物的控制，减轻自然灾害等许多方面。生态系统服务功能可以概略地分为两大类。一类是生态系统产品，表现为直接价值；另一类是支撑与维持人类赖生存的环境，表现为间接价值。②

生态系统每年提供的服务功能是多重的和巨大的。Constanza（1997）指出，全球生态系统为人类提供的价值达到 33 万亿美元。谢

---

① 戴星翼、俞厚未、董梅：《生态服务的价值实现》，科学出版社 2005 年版，第 70—72 页。

② 王卫红、赵劲松：《生态系统服务功能的保护与可持续发展》，《科技情报开发与经济》2001 年第 2 期。

高地等（2003）通过对生态系统服务功能的计算，得出青藏高原达到 9000 亿元。陈仲新、张新时（2000）对中国生态系统服务功能价值进行分析，得出中国生态系统年单位面积服务价值为 630.21 美元/公顷，云南生态系统年单位面积服务功能价值为 1067.72 美元/公顷。① 依据这种计算，仅三江并流区生态系统每年为人类提供的服务价值为 7898408.72 美元。生态系统服务功能是人类生存与现代文明的基础。科学技术能影响生态系统服务功能，但不能替代自然生态系统服务功能，维持生态系统服务功能是怒江流域可持续发展的基础。生态系统服务功能是生态系统产品和生态系统功能的统一，而生态系统的开放性是生态系统服务的基础和前提。王生（2017）采用国家林业局《森林生态系统服务功能评估规范》（2008 年）中 Shannon – Wiener 指数方法进行估算，认为"怒江州 2015 年森林生态系统服务功能总价值为 1169.28 亿元。其中：年涵养水源价值 337.45 亿元，保育土壤价值 319.27 亿元，固碳价值 17.46 亿元，释氧价值 46.73 亿元，积累营养物质价值 5.07 亿元，净化大气环境价值 63.48 亿元，生物多样性保护价值 368.43 亿元，森林游憩价值 1.67 亿元，提供产品价值 9.71 亿元。单位面积森林生态系统服务功能价值平均 11.55 万元/公顷"。②

二　对全国的影响

（一）西部重要生态屏障

怒江流域是我国西部重要的水源涵养区，与长江流域、黄河流域、珠江流域相比，面积虽然不大，在我国境内虽然只有 12.5 万平方千米，但它是维系我国西南边疆生态安全的屏障，流域生态的完好保存和持续发展，这关乎我国西部地区持续、稳定、和谐发展。

怒江流域生态系统类型的多样性，使其具有生态、经济、文化等多重性质。以怒江流域的怒江州为例，在生态系统服务价值中，仅涵

---

① 陈仲新、张新时：《对中国生态效益的价值研究》，《中国科学通报》2000 年第 1 期。

② 王生：《怒江州森林生态系统服务功能价值与生态补偿研究》，《山东林业科技》2017 年第 2 期。

养水源和保育土壤价值一年合计 656.72 亿元，占总价值的 56.16%，充分体现了森林对于山高、坡陡、谷深的怒江峡谷在水土保持方面的巨大作用。① 这些都是无形之中森林生态系统惠及当地及下游居民的绿色生态福利，按全州人口计算每年人均享有的绿色福利达 21.61 万元。国内外经验表明：并非所有的资源开发都能带动当地发展，地区资源开发不等同地区的发展。对生态脆弱、具有特殊价值的怒江流域而言，不能走片面资源开发道路，而应当采用逐步实现多重价值的发展模式。

（二）有利于民族和谐与祖国边疆安全

由于特殊的地理环境、特殊的社会发育水平、特殊的生产力发展水平等原因，怒江流域的大部分地区仍然十分贫困和落后，该区域是"边疆、少数民族、山区、贫困、资源富集"等困难和矛盾最突出的地区。怒江地处边防一线，国境线长 449.5 千米，占中缅边境线的20%，占云南省边防线的 10% 以上。境内有基督教、天主教、藏传佛教和本主教四种宗教，信教群众达 12.3 万人，占总人口的 25%，边境一线的信教人口比例则更高，境外宗教渗透严重。自 20 世纪 80 年代以来，有近 21 个境外非政府组织在怒江州进行活动，还有 14 个境外广播电台用傈僳、独龙、怒、藏等民族语言，对怒江进行 24 小时广播。近年来，随着境外形势的变化，毒品通道北移，怒江正处在渗透与反渗透、颠覆与反颠覆、争夺与反争夺的前沿阵地。

三　国际影响

（一）维系怒江流域沿岸各国地缘政治与地缘经济关系的纽带

怒江国际河流的特殊性免不了牵涉到国际关系问题。中国作为上游怒江的管理者，怒江流域保护的成败直接对下游的生态环境和当地居民的生计造成影响。怒江流域生态环境的好坏，不仅是我国自身发展的需要，也是维护国际关系的需要。怒江这条国际河流既是维护流域各国可持续发展的需要，也是维护我国与东南亚国家友好睦邻的国

---

① 王生：《怒江州森林生态系统服务功能价值与生态补偿研究》，《山东林业科技》2017 年第 2 期。

际关系的需要。

（二）"三江并流"世界自然文化遗产的影响

高黎贡山自然保护区是国家级森林和野生动物类型自然保护区，以保护生物、气候、垂直带谱自然景观、多种植被类型和多种珍稀濒危保护动植物种类为目的。高黎贡山保护区纵列在横断山脉最西侧的一列高山上，其北接青藏高原，南衔中印半岛，东邻云贵高原，西毗印缅山地。生物物种有从北向南、从东向西或相反方向过渡与相互融合的特征，被喻为雉鹑类的乐园、哺乳类动物祖先的发源地、东亚植物区系的摇篮、重要模式标本产地，被中国生物多样性委员会确认为"具有国际意义的陆地生物多样性关键地区"。怒江流域生态环境的好坏，关系到流域生态系统稳定。这也关系到我国对世界的承诺，关系到我国在世界中的地位和形象，关系到自然地貌博物馆、生物物种基因库、人类文明处女地、民族文化大观园的荣誉存留。

第三节 怒江流域的生态破坏

一 资源破坏与生物多样性损失

（一）森林破坏

远古时期怒江流域原始森林茂密，郁郁葱葱。近代以来，怒江流域的森林资源不断萎缩，滇西战争使原始森林遭到砍伐、破坏；新中国成立初期毁林开荒、农场的开辟，大规模推广粮食、经济作物的种植，尤其是急风暴雨式的大炼钢铁以及"火不烧山地不肥和牧草不旺"的耕作方法引发的森林火灾，对怒江流域的森林造成了极大破坏。[①] 抗日战争期间，怒江的森林遭遇了炮火的摧残，同时为了抵御怒江日寇入侵的铁蹄，怒江献出了宝贵的林木资源。据不完全统计，用于战争的木材达 1.2 万吨，棺木 13350 具，电杆 5494 根，方板 7.8

---

① 吴臣辉：《近代以来怒江流域森林破坏的历史原因考察》，《贵州师范学报》2015 年第 7 期。

万平方米，木制家具 6.8 万件，另外还有怒江东岸直接用于构筑工事的木材无数。解放战争后，虽然怒江东岸出现了一些光山秃岭，但流域内植被基本完好。民国三十五年（1946），对怒江森林资源清查和督导记载：怒江两岸，丛山绵亘，森林茂密且林木种类繁多。树龄数十及至数计，均系原始森林。到中华人民共和国成立初期统计，澜沧江流域的森林覆盖率为 57%，怒江流域的森林覆盖率也超过了 50%。回望过去，仅在半个世纪，怒江流域的景观，现在除了一些自然保护区之外，在澜沧江、怒江两岸及整个流域很难见到，从怒江上游下来一路秃山，经过保山隆阳区的芒宽乡与潞江乡相交处见到一片 20 多亩林子，就已经被林业专家称为怒江上的最后一片热带雨林了。① 怒江的生态情况有的地方略高、有的地方已经下降了不到 20% 的森林覆盖率。根据 1986 年出版的《怒江傈僳族自治州概况》的描述，全州有林地 740 余亩，森林覆盖率为 33.6%，其中，成熟林和过熟林约占70%，是云南省内森林覆盖率比较高，未开发的原始森林面积比较多的一个地州。而在 1983 年出版的《横断山考察专集》中这样描述怒江的生态：怒江"区内森林植被，近 20 余年来，因过度采伐而减少。福贡现有的森林覆盖率为 18.4%，同时耕地面积迅速扩大"。两个资料显示的数据相差很大，诚然估计既有统计口径的不同，也有森林覆盖率分布不平衡的实际情况，但总体上看来，怒江的生态问题不容乐观是不争的事实。

（二）生物多样性的损失

生物多样性表现为基因多样性、物种多样性和生态系统多样性。怒江流域三江并流地区按《中国植被》分类系统，保护区有 10 个植被类型，占云南的 83.3%，占全国的 34.5%；有 16 个植被亚型，占云南的 47.1%，占全国的 25.8%；有 68 个群系，占云南的 39.5%，占全国的 12.1%。保护区有兽类 154 种，占云南的 52.0%，占全国的 30.9%；有鸟类 419 种，占云南的 52.9%，占全国的 35.3%；有两栖类动物 21 种，占云南的 20.6%，占全国的 7.5%；有爬行类动

---

① 黄光成：《澜沧江怒江传》，河北大学出版社 2004 年版，第 416—417 页。

物56种，占云南的37.2%，占全国的14.9%；有鱼类49种，占云南的12.3%，占全国的1.8%；有昆虫1690种，占云南的8.5%，占全国的4.2%。保护区有国家一级保护植物4种，国家二级保护植物20种，省级保护植物30种；国家一级保护动物20种，国家二级保护动物47种，省级保护动物5种。

但是，由于森林植被被破坏，怒江流域部分生物及种群数量呈现锐减态势，生物多样性已经遭到并持续面临重大的破坏与威胁。一是生境破碎化，生物多样性丧失；二是生物多样性面临严峻的形势。怒江峡谷在1700米海拔以下，除耕地和村寨外，植被很少，物种已经损失。这种损失是难以计量的。高程1500米以下的原始森林已荡然无存，1500—2000米的植被也破坏严重。

二　环境污染

怒江流域干流因其主要流经峡谷地区，人口稀少，经济不发达，红旗桥以上水质基本保持天然状态，水质为Ⅱ类；红旗桥以下因接纳枯柯河污染水，水质发生变化。1998年，云南省水利厅又对全省河流水质进行了评价，其中省内4条河流的水质以怒江的评价河段为最好，未被污染，其他3条河流均不同程度地出现轻度污染或污染和严重污染（见表3-8）。

表3-8　　　　　　2000年度云南省主要河流水质类别

水系名称	Ⅰ类	Ⅱ类	Ⅲ类	Ⅳ类	Ⅴ类	劣Ⅴ类	合计
红河	0	7	1	7	4	8	27
澜沧江	0	6	0	6	1	5	22
怒江	0	4	1	1	0	0	6
伊洛瓦底江	0	1	4	0	1	0	6

资料来源：何大明、冯彦、胡金明：《中国西南国际河流跨境水资源合理利用与生态环境保护》，科学出版社2007年版，第67页，经整理而得。

在2000年对怒江水系4条主要河流进行监测，在设置监测6个断面中，水质符合Ⅱ类标准的有4个、Ⅲ类标准的有1个、Ⅳ类标准的有 1 个，6 个断面均达到功能要求。2000 年怒江水系主要污染指数变化见图 3 - 1。

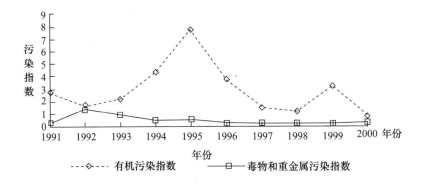

图 3 - 1 1991—2000 年怒江水系污染指数变化趋势

资料来源：何大明、冯彦、胡金明等：《中国西南国际河流水资源利用与生态保护》，科学出版社 2007 年版，第 70 页。

根据 2008 年云南省环境状况公报，2007 年云南省六大水系主要河流污染程度由大到小排序为：珠江水系、金沙江水系、红河水系、澜沧江水系、怒江水系和伊洛瓦底水系。其中 5 条河流的水质以怒江的评价河段为较好（见表 3 - 9）。怒江水系水质轻度污染，5 条主要河流 11 个监测断面中，达到Ⅰ—Ⅱ类标准水质优断面占 54.5%；达到Ⅲ类标准水质良好断面占 9.1%；达到Ⅳ类标准水质轻度污染断面占 9.1%；达到Ⅴ类标准水质中度污染断面占 9.1%；劣Ⅴ类标准水质重度污染面占 18.2%。有 8 个断面水质达到地表水环境功能要求，断面达标率为 72.7%。其中，达到Ⅱ类标准断面的有 2 个、Ⅲ类标准的有 3 个、Ⅳ类标准的有 3 个。

表 3 - 9　　　　　　　2007 年度云南省主要河流水质类别

水系名称	Ⅰ类	Ⅱ类	Ⅲ类	Ⅳ类	Ⅴ类	劣Ⅴ类	合计
金沙江	1	5	13	3	4	13	39
珠江	1	3	5	4	1	15	29
红河	0	4	10	6	0	6	26

续表

水系名称	Ⅰ类	Ⅱ类	Ⅲ类	Ⅳ类	Ⅴ类	劣Ⅴ类	合计
澜沧江	0	8	14	8	0	7	37
怒江	1	5	1	1	1	2	11
伊洛瓦底江	0	4	5	1	0	0	10
小计	3	29	48	23	6	43	152

资料来源：杨士吉、许太琴：《云南生态经济年鉴》，线装书局 2008 年版，第 146 页，经整理而得。

　　怒江水系主要河流的主要污染物指标为生化需氧量和高锰酸盐，其污染指数为 0.92、0.75。由表 3-10 可以看出，高锰酸盐指数污染在怒江的干流及主要支流均有发生，而以枯柯河居大；生化需氧量污染主要发生在枯柯河及南汀河。2000 年污染分担率为 23.2%、18.9%；2007 年污染分担率为 32.4%、18.6%。怒江水系 7 年间的变化怒江水系主要河流的主要污染指标生化需氧量和毛锰酸盐指标在上升，水质有向进一步变差的趋势，说明工业污染、生活用水、环境污染的加剧。

表 3-10　　　　　　　**2000 年怒江水系主要河流污染物指标**　　单位：微克/升

河流	高锰酸盐指数		生化需氧量	
名称	P_i	浓度均值	P_i	浓度均值
怒江干流	0.50	2.30	0.35	1.14
枯柯河	1.16	3.47	1.74	3.00
南汀河	0.75	3.82	1.21	3.91
南马河	0.58	3.02	0.37	1.37

资料来源：云南省发展和改革委员会、云南省西部大开发领导小组办公室、云南省怒江傈僳族自治州人民政府：《云南省怒江州中长期发展规划》（2007—2020），2007 年，第 35 页。

三　自然灾害

（一）泥石流

近年来，在怒江流域中下游形成两个比较典型的泥石流发育带。

一是南汀河流域泥石流发育带。分布于南汀河流域的临沧、云县、凤庆、永德、镇康，面积约300平方千米，其中有大中型泥石流100余条。上百方的滑坡难以数计，历年来有百余人丧生，直接经济损失超过2000万元。1986年夏天暴发泥石流，致使头道水地段地形改变，河床淤高5—7米。公路彻底破坏；同时羊头岩至永德公路也断道7个月，冲毁电站1座，淤埋田地3000余亩，河床淤高5—6亩，十几千米的河谷带全部沙石化。① 二是贡山—六库泥石流滑坡发育带。主要分布在怒江州，北起贡山，南至六库，面积2500平方千米。怒江上游峡谷云南段两岸的支流几乎都有泥石流发生，计有150余条，支流沟口堆积了大量的砾石，以中小型为主，危害较大的有茨开河、段家寨、中元河泥石流，碧江（知子罗）、贵家坟以及老窝河滑坡群。怒江两岸地形陡峭，很多地段岸坡达50度以上，出露的地层是高黎贡山变质岩系，其次为混合岩、石灰岩、大理岩等，加之毁林开荒严重，加剧了灾害的发生。其中，茨开河泥石流1952年冲毁贡山县部分机关，死20人；原碧江县城滑坡，经济损失近亿元；贵家坟滑坡，体积252万立方米，对六库县城形成潜在的威胁。在1976—1986年的10年间，云南怒江州由于滑坡、泥石流，死204人，伤88人，农作物受害面积达17.7万亩。1979年老窝—六库、老窝—兰坪交通中断2个月，经济损失上千万元；1985年上述路段再次严重滑坡、坍塌，中断交通近2年，经济损失3200多万元。②

（二）水土流失

根据2000年省水利厅与天津水勘院遥感调查，流域区内水土流失总面积为10941平方千米，占全流域总面积的32.7％。该流域剧烈侵蚀面积22.7平方千米，全部在龙陵县境内；极强度侵蚀面积8.72平方千米，分布在龙陵及泸水县内；强度侵蚀面积731平方千米，分布在怒江州、保山地区和临沧地区；中度侵蚀面积4865平方千米，主要分布在保山地区、临沧地区和怒江州；轻度侵蚀面积5313平方

---

① 黄光成：《澜沧江怒江传》，河北大学出版社2004年版，第408—409页。
② 同上。

千米，主要分布在怒江州、临沧地区、保山地区和思茅地区。多年平均侵蚀量 4320 万吨，侵蚀模数 1290 吨/平方千米，年侵蚀深 0.96 毫米。与 1987 年遥感调查相比，上述各项指标均略有增加，这主要是由于人口的增加，导致毁林开荒，森林砍伐及矿山、公路等建设造成中度和强度侵蚀面积增加所致。

水土流失使大量泥沙随河流而下，淤积河道、水库，造成灾害。如龙陵县平达盆地面积仅数平方千米，周围有 4 条泥石流沟，滑坡近百处，其中较大的有 30 余处，滑坡多分布在泥石流沟的形成区内，故常造成黏性泥石流。大量泥石流被带入曼引河年输沙量超过 5×104 立方米，河床年均升高 0.5 米，已成为悬河，大面积农田低于河床面，1984—1986 年雨季造成多处河堤溃决，共淤埋冲毁农田超过 80 公顷，损失巨大。

第四章　经济公平与发展权视角下的
怒江流域经济发展

第一节　怒江人民的生存环境与经济发展

一　"资源诅咒"① 下的怒江人民生存环境

怒江流域所辖20个州县市区中，有18个贫困县，除腾冲县是省级贫困县外，其余17个县市区都是国家级贫困县。流域中下游的怒江州所辖四县均为国家重点扶持贫困县，全州至今还有2/3的人处于贫困之中，1/2的农户居住在茅草房中，1/3的人缺电、缺水，1/4的人出行不便，1/4的人信教，1/5的人失去了生存条件，居住在泥石流滑坡的地方。"看天一条缝、看地一道沟、出门过溜索、种地像攀岩……"这是对怒江人民生存环境的真实写照。

资源禀赋是区域经济发展的基础和前提，是支撑一个国家或地区经济发展的本底。怒江流域具有丰富的自然资源、经济资源和人文社会资源，是我国重要的能源宝库。同时，生物多样性、民族文化的多样性，造就了怒江是文化的富矿，旅游的天堂。但这守着"金山银水"的地方为何还陷入"资源诅咒"的魔窟呢？下面我们从怒江流

---

① "资源诅咒"是指资源富集区、资源富国所产生的一种经济"背驰"现象，即丰富的自然资源可能是经济发展的诅咒而不是祝福，大多数自然丰富的国家或区域比那些资源稀缺的国家或地区增长得更慢。

域经济发展水平入手来解读怒江的经济发展。经济发展是发展权的核心。[①] 在人类社会发展过程中，经济发展一直提供着发展所需的物质条件，经济发展决定着人类其他方面的发展以及人类全面发展的实现。因此，发展权的实现首先要得益于经济的快速发展和强大经济力量的保障。就发展权的基本要求而言，发展权是提高人类的生活质量和满足人类福祉的权利。为促进发展权的实现而做出的任何努力和实施的各种政策，其目的都必须是在不断提高全体人民的福利，保护本国人民的公民、政治、经济、社会和文化权利的实现。诚然，这些个人基本权利和自由以及国家权利的实现。必须以经济的发展作为坚实的基础。没有经济的充分发展，要实现《国际人权公约》中所规定的基本权利和自由就是一句空话。为此，经济发展是其他方面发展的前提条件。

二 落后的经济发展水平

（一）怒江流域总体经济发展水平

一般来说，经济发展是指劳动力、自然资源、资金等物质的要素投入，在一定的技术、制度等条件下相互组合，最终为社会提供日益丰富的物质产品的过程。衡量一个地区的总体经济发展水平的指标通常是国内生产总值（GDP）和人均GDP。怒江流域经济社会发展水平长期滞后于全省，截至2008年，流域20个县区人口618.7万，占全省总人口的13.4%；地区生产总产值45.25亿元，占全省GDP的7.93%；地方财政收入2.96亿元，占全省财政一般预算收入的4.82%；人均生产总值7313元，为全省平均水平（2008年云南省人均生产总值为12587人/元、全国为15781人/元）的58.10%。[②] 可以说，怒江流域的各项经济指标，很大程度上都低于全省、全国平均水平。

（二）怒江流域经济发展的空间差异

怒江流域总体呈现上游是农牧经济、中下游是峡谷经济与坝子经济

---

① 朱炎生：《发展权的演变及实现途径——略论发展中国家争取发展的人权》，《厦门大学学报》（哲学社会科学版）2001年第3期。

② 根据《云南统计年鉴（2009）》整理而得。

并存的经济形态。2008 年，怒江流域 GDP 总量为 452.44 亿元，第一产业为 143.27 亿元，第二产业为 142.85 亿元，第三产业为 166.32 亿元。从表 4 - 1 可以看出，怒江流域上游地区察隅县生产总值为 7903 万元；怒江州为 436661 万元，人均 GDP 为 8221 元，但所辖四县中，兰坪县人均 GDP 最高，为 10168 元，其次是贡山县，为 7271 元，再次是泸水为 7251 元，人均 GDP 最低的是福贡县为 4581 元；保山市为 7898 元，所辖一区四县中，隆阳区最高，为 9313 元，其次是腾冲县为 7979 元、龙陵县为 7522 元，昌宁县为 7347 元，施甸县为 5307 元。普洱市的西盟县人均 GDP 为 3694 元、孟连县为 6004 元；临沧市为 6605 元，在其所辖一区七县中，云县人均 GDP 最高，为 8517 元，其次是耿马县为 8135 元、临翔区为 7745 元，镇康县为 6901 元，双江县为 5534 元，沧源县为 5769 元，凤庆县为 4921 元；云县为 6948 元；潞西市为 8502 元。

表 4 - 1 2008 年怒江流域各市州县总人口、GDP、人均 GDP 比较

单位：万人、万元、元

地区	总人口	GDP	人均 GDP
察隅县	2.56	7903	3087
怒江州	53.3	436661	8221
保山市	246.4	1940496	7898
临沧市	238.2	1568740	6605
云县	20.8	144210	6948
潞西市	37.8	320041	8502
西盟县	9.3	34153	3694
孟连县	13.4	80267	6004

资料来源：《云南统计年鉴（2009）》和《西藏统计年鉴（2009）》。

三 怒江流域的经济结构

（一）产业结构的同构性

流域内产业结构的同构性，经济结构层次低下。在 1978—1998 年以前，怒江流域产业结构的特点总体表现为第一产业过大，第二产业过小，第三产业质量不高，档次过低，三次产业结构变化不大，农

业比重较高。从 1998—2008 年怒江流域三次产业结构由 44.91：22.94：32.05 到 31.67：31.57：36.76。① 从表 4 - 2 中可以看出，第一产业在国民经济中的比重逐渐下降，第二产业、第三产业在国民经济中的比重逐渐上升，产业结构逐步趋向合理。

表 4 - 2　　　　　　1998—2008 年怒江流域三次产业结构变化

年份	1998	1999	2000	2001	2002	2003	2004	2005	2006	2007	2008
GDP（亿元）	142	145	157	168	182	200	234	275	333	398	452
第一产业（%）	44.91	44.27	41.72	39.79	37.73	36.20	34.98	34.65	31.66	31.06	31.67
第二产业（%）	22.94	22.67	23.14	23.37	23.96	28.19	28.24	28.34	33.03	33.47	31.57
第三产业（%）	32.05	33.06	35.16	37.29	38.31	37.51	36.78	37.21	35.31	36.07	36.76

资料来源：历年《云南统计年鉴》和《西藏统计年鉴》经整理而得。

（二）产业结构的差异性

流域内产业结构差异明显，如表 4 - 3 所示。流域内的怒江州第一、第二、第三产业结构极不合理。怒江州的经济结构是以单一的种植业为主，而种植业又主要是以粮食种植为主，生产路子窄，限制了多种经营的发展和农民生产积极性的发挥，很多劳动力被闲置下来，找不到出路，给本来就惨淡经营的农业形成了更大的压力，集中在兰坪的尚处在原始与粗放阶段的采掘工业，与农业和其他行业形不成一种依托型的内在关系，不能互动发展。

表 4 - 3　　　　2008 年怒江流域各地州市县三次产业结构变化　　　　单位：%

地区	第一产业	第二产业	第三产业	地区	第一产业	第二产业	第三产业
察隅县	33.4	30.2	35.4	怒江州	13.3	46.8	39.9
保山市	31.8	28.5	39.7	临沧市	36.3	32.7	30.0
云县	34.6	35.3	30.1	西盟县	27.0	20.0	51.0
孟连县	39.6	22.3	38.1	潞西市	30.1	25.2	44.7

资料来源：《云南统计年鉴（2009）》和《西藏统计年鉴（2009）》经整理而得。

---

① 怒江流域三次产业结构由历年《云南统计年鉴》《西藏统计年鉴》计算而得。

分析其内在差异的原因在于政府的干预力的力度。市场经济条件下的企业是区域经济发展的主体，也是资源配置的主体。市场机制在优化资源配置、调整产业结构方面发挥主体但并不彻底的作用，因为市场经济在经济外部性、垄断、扶持新产业、鼓励技术进步、社会基础设施等方面存在市场失效的现象，为了弥补市场机制在资源配置与产业机构调整方面的固有缺陷，政府以降低社会成本或增加社会效益为准则，依靠产业政策进行产业结构的行政干预与诱导调整。可见，政府是产业结构调整的重要力量之一，其调整手段主要依靠产业政策。在计划经济条件下，政府几乎掌握了所有的社会资源、政府可以依靠指令性计划强制执行其产业政策，从而达到调整产业结构的目的。在市场经济条件下，政府必须拥有充分的财政收入来保障支出的力度才能保证产业政策的有效实施，进而驱动产业结构的调整。美国经济学家安尼·O. 克鲁格认为，政府干预有效性的实现必须具备三个条件：一是政府作为产业政策实施的主体，必须将公民的利益最大化纳入其目标函数；二是追求最大化社会福利的决策者必须掌握决策者所需要的充分信息；三是提出和实施政策是无成本的。①

四　粗放的经济增长模式

一个地区的经济增长，除与当地资源要素配置有关外，最主要表现为产业结构的合理化。即产业内部能够保持合理的结构关系和比例关系，不同产业间相互协调、有较好的产业结构转化能力、良好的产业环境改变适应能力，能保证产业的持续、协调发展。合理的产业结构可以充分利用资源、保持经济持续、健康和快速发展，促进经济效益和环境效益的提高。怒江流域经济的发展主要依赖于土地资源的农业开发利用。流域内工业发展缓慢，产业体系尚处于低层次的起步阶段。2008 年怒江流域第一产业产值占 GDP 的 31.67%，第二产业产值占 GDP 的 31.57%，第三产业产值占 GDP 的 36.76%，产业发展为"三一二"的模式（见表 4 - 4）。表面上看，怒江流域各县市产业结构似乎趋于合理，但从流域内来看，产业结构的内部差异十分明显。

---

① 栾贵勤：《发展战略概论》，上海财经大学出版社 2006 年版，第 164 页。

怒江州、察隅县表现为"二三一"模式；保山市、潞西市、西盟县表现为"三一二"模式；临沧市、云县表现为"一二三"模式；孟连县表现为"一三二"模式。产业结构不合理的状况，制约了怒江流域经济增长的速度与规模，同时，产业结构的不合理导致资源要素的优化配置不能发挥充分效能，致使土地资源低效率。最终造成怒江流域人地关系失衡的窘境。按产业经济学理论，一个国家或地区要获得经济持续稳定的发展，非常关键的一环是要具有适宜地推进产业结构演进的动力，即产业结构的转换能力。提高产业结构的转换能力本质上是适时地选择产业结构的变动导向。纵观国内外产业结构更替和演变的历史，主要有三种基本的结构导向模式：一是资源导向的模式，即以自然资源开发为主，资源型产业占主导地位的产业结构；二是结构导向型的模式，即产业结构由以自然资源开发为主向加工制造业方向转化，直到加工制造业占主导地位；三是技术导向的模式，即产业结构由结构导向向高新技术方向转变，大力提高高新技术产业在产业结构中的比重，直至占主导地位。产业结构的导向模式反映了产业结构随社会经济发展和科学技术进步由低层次向高层次的转化过程。经济技术发展水平是选择产业结构导向模式的重要依据。同时，该地区的发展的基本条件与潜力大小也不容忽视。

表 4 - 4　　　　2008 年云南怒江流域 GDP 及三次产业产值　　单位：万元

地区	GDP	第一产业产值	第二产业产值	第三产业产值
云南省	57001000	10209400	24510900	22280700
怒江流域	4524568	1432748	1428558	1663232
怒江州	436661	57882	204236	17543
保山市	1940496	617229	553736	769531
临沧市	1568740	617229	514037	484965
潞西市	320041	96140	80830	143071
云县	144210	49970	50974	43266
孟连县	8027	31746	17880	30641
西盟县	34153	10043	6985	17215

资料来源：《云南统计年鉴（2009）》。

产业结构有待于调整优化。一般来说，人均纯收入水平是衡量区域经济发展和产业结构合理与否的一个重要指标。进入 20 世纪 90 年代以来，怒江流域经济获得了较大的发展，但与全省、全国相比，差距十分巨大。以流域内的怒江州为例，1990 年怒江州人均纯收入为 430 元，云南省为 541 元，全国为 681 元，2011 年怒江州人均纯收入为 2362 元，云南省为 4722 元，全国为 6997 元。[①] 1990 年怒江州农民人均纯收入为云南省的 79.48%、全国的 62.68%；至 2011 年，仅为云南省的 50.02%、全国的 33.85%，不仅说明流域内的怒江州是我国经济极度不发达的地区，同时也说明怒江州的发展没有和区域特色产业、优势产业、区域资源禀赋有机结合，产业结构尚有调整优化的空间，依托区位优势调整产业结构，实现区域经济发展，是怒江州实现可持续发展的关键。

第二节　怒江流域经济贫困与落后的原因分析

造成怒江流域经济贫困与落后的原因有历史原因和自然原因，自然原因是大家有目共睹的，在这里不多阐述，这里主要分析独特的历史原因和国家区域经济发展政策的限制。

一　历史原因：开发不足，重视不够

（一）历代中央王朝对怒江的定位

从历史维度看，历代中央王朝对怒江地区采取羁縻政策，其重心不在于发展经济，而在于巩固国防，维护边疆的安宁，致使怒江上下千里之地，长期处入贫困落后状态，再加上土司的苛派，奴隶主的抢夺，使傈僳、怒、独龙各族人民长期陷入窒息的境地，根本谈不上对经济资源的开发利用，也不可能发展商业贸易。19 世纪末，除少数白族、纳西族和藏族商人进入怒江地区外，很少有汉族进入该区。20 世纪初期，西方传教士进入该区，修建教堂，传播天主教和基督教，挑

---

① 数据来源于《云南统计年鉴（2012）》和《中国统计年鉴（2012）》。

拨民族关系，压榨少数民族，1907 年在贡山爆发了"白哈罗教案"，云南巡抚派夏瑚前往怒江查办该案，怒江地区才受到政府当局的重视；尤其是 1911 年英国侵略军占领江心坡和片马、鱼洞、岗房，引起全国的抗议，怒江地区成为全国舆论的焦点，怒江地区的开发停止。即使到了近现代，对怒江流域的开发也相对滞后。

（二）国家发展重心的偏移

1949 年至今，国家对怒江流域地区采取"稳定第一，发展第二的"的方针。1978 年实行对外开放战略、1992 年提出建立社会主义市场经济体制，这些战略的提出，对怒江流域而言，既是机遇也是挑战。新中国成立以来至 1978 年前国家对怒江流域实行外控制—嵌入型[①]的经济运行机制，的确对怒江流域地区经济的发展取得了一定的成效，但随着改革开放进程的加快和深化，这种外控制—嵌入型经济运行机制适应不了新形势的变化和要求。因为在高度集权的中央控制产品计划经济管理体制下，地方经济的发展取决于中央的宏观决策，这种决策以指令性计划的形式下达和贯彻，地方政府及其经济职能部门的责任只是被动地执行国家（或上级）的计划指令，缺乏主动地组织地方发展经济的能动作用。从而形成怒江流域宏观经济管理传统体制被动、呆滞、僵化的基本特点，导致的结果是怒江流域经济肌体长期持续"出血"的状态，使之难以形成自我增值、积累、扩展的功能。

（三）政策时滞的影响

怒江流域地区具有对内对外开放的条件，有漫长的陆地边界、边境口岸城市、沟通东南亚、南亚的陆上通道。但是，由于我国的对外开放是从沿海开始并形成强大的"开放势能"，有力地促进了沿海地区的经济高速增长，导致该地区呈现出前所未有的繁荣局面。与沿海地区相比，怒江流域陆地口岸的开放程度目前还处在沉寂状态，这种

---

① 外控制—嵌入型，即在计划经济时代，国家为了改变边疆民族地区贫困、落后的面貌，国家通过中央控制性的产品计划经济管理体制，筹集、调度了大量的建设资金和物质技术装备，并派遣了大量的技术力量，扶持民族地区的经济发展的一种运行机制。

对外开放的明显"势能差",对怒江流域地区经济发展产生滞后效应。最终导致怒江流域 20 个县市整体经济增长幅度与发展速度,均低于云南省水平,与全国相去甚远。

二 区域发展权受限:优势资源未得到充分开发利用

(一) 怒江流域资源种类齐全,类型丰富

怒江流域是我国重要的能源宝库、生物多样性、民族文化多元性相互交融的典型区域。怒江流域特殊的地质、地貌造就了丰富的矿产资源、能源资源、生物资源、人文资源。怒江流域寒温带、温带、暖温带、暖热带等气候类型孕育出寒温性、温性、暖性、暖热性等植物类型,保存了生物演替系列上古老珍稀和特有的物种群落。植物种类丰富,类型多样,已知的高等植物有 200 多科、1000 多属、3600 多种,其中,被国家列为重点保护的珍稀植物有 60 多种。已发现的野生动物有 488 种,其中被列为重点保护的珍稀动物有 86 种。尤其重要的是现已发现的药物资源有 356 种。其中,国家重点保护 51 种,占全国 71 种的 71.8%。怒江流域已成为地域性植物类型组合最为丰富的地区,其植物带谱成为我国从南到北的缩影。怒江被誉为植物王国的明珠,天然植物的基因库。

流域内能源、矿产、旅游资源类型齐全、储量丰富。水能资源、矿产资源、地热资源、煤炭资源、天然气资源、太阳能资源、旅游资源等。尤其是水能资源在流域内的怒江州可开发装机容量达 2000 万千瓦,人均拥有水电资源 40 万千瓦。矿产资源流域内仅怒江州已探明各种矿藏 28 种、280 多个矿点,拥有占世界 1/3 的锌、1/6 的铅,人均拥有金属矿资源 40 个金属吨,是云南、中国乃至世界人均资源占有量较高的地区之一。

流域境内有傈僳族、独龙族、普米族等 22 个少数民族,各民族在长期的生活交往过程中,形成了民族文化的多元性和原生性,创造了绚丽多姿的民族文化,构成了三江并流世界自然文化遗产特有的人文景观。

(二) 优势资源没有转化为经济资源的原因

国家"十一五"主体功能区划把怒江流域的大部分地区划为限

制开发区和禁止开发区。为了保护生态环境，优势资源被限制开发，国家又没有给予足够的补偿，怒江流域的经济发展陷入入不敷出的窘境。优势资源没有得到有效开发，支撑流域经济社会发展的产业集群未能建立，自我发展能力弱，除传统种植业外，无其他出路。"富饶的贫困"，即拥有丰富的资源，但没有被利用，没有成为经济资源，没有给人们带来生活上的提高，可谓捧着"金饭碗"讨饭吃。同时，由于我国长期的计划经济体制的影响，国家实行高度集权的管理体制，尽管我国的民族区域自治法规定了地方在自然资源的开发利用的自主权，但国家在民族自治地方的资源开发利用上"索取"的多，而"补偿"的少。① 环境为我们每个人提供了赖以生存的基本条件和资源。但怒江流域自然资源的发现和富足，在中国的政治体制下，自然资源是国有的，中央代表国家行使对资源的处置权。对其他基本生存资源和其他环境资源的不平等占有是构成贫困的基础，剥夺基本资源的使用权是造成贫困的主要原因之一。

三　怒江流域物质贫困：国家长期投入不足

据有关资料，自新中国成立以来，国家对怒江流域的投资还不足10亿元。以怒江流域内的怒江州为例，在1953—1995年的43年里，国家对怒江全民单位固定资产投入累计完成9.6亿元，全部独立核算国有工业企业固定资产原值，加上1985年以后拨改贷，只有3.2亿元。② 从公共服务均等化视角来讲，自1994年中国实施分税制改革以来，中央政府与地方政府财权与事权的不对等，即财权上移，事权下移。地方政府作为发展型政府和竞争型政府，谋求发展本地经济，为社会提供更多的公共物品。在国家投资不足，地方财政入不敷出、捉襟见肘的状态下，怒江流域水电资源、矿产资源等优势没得到很好的开发利用。而从资源利用、产业发展现状来看，资源的利用程度还很低，旅游业近年来发展较为迅速，但对旅游资源的开发仍停留在低层

---

① 王允武：《完善自治法保障民族地区自然资源开发利用》，《西南民族学院学报》1997年第4期。

② 张慧君、陈铁军、和润培：《怒江峡谷经济》，云南人民出版社1997年版，第198页。

次，旅游资源优势还未真正显现，旅游竞争力还较弱，对流域的经济带动作用有限；特色农业方面，开始注重发展流域内特有的一些生物资源，并初具成效，但规模总体还小，产品知名度还很低，产业优势不明显；文化产业方面，怒江流域民族文化极为丰富，但丰富的民族文化资源整合度、利用程度低，其特色优势还未发挥作用。

四 延迟发展是怒江流域贫困的根源：权利供给不足

区域发展权是人权实践中一个具有特定性的概念。其特定性通常表现在由所在区域提出区域发展的主张而又依赖于国家才能实现的一种权利。这一权利包括三个方面的内容：一是享有对本区域自然资源和财富的充分完全自主权是实现发展权的基础。二是主体平等是实现发展权的前提。三是主体选择发展模式自由是实现发展权的关键途径。怒江流域自从 20 世纪提出开发本区域丰富的自然资源以来，受制于国家对自然资源开发权利的束缚，资源禀赋好反而出现贫困加快、经济结构扭曲的"资源诅咒"。资源利用和使用越多，规模经济越发达；资源利用和使用效率越高，产业链延伸得越长，分工经济越发达。怒江流域虽然资源富集，但这只是形式上的"拥有"，没用真正从资源增值这个本质上"拥有"资源。

我国资源产权所有制的性质决定了国家对自然资源产权的所有。在资源开发体制的条块分割下使传统的"外控制—嵌入型"经济运行机制以新的形式得到强化，从而延滞该地区向"自组织—自生长型"经济运行机制转换过程。比如，怒江流域兰坪县的铅锌矿，其开采与管理是由国家统一行使，企业生产的利润几乎全部上缴国家，通过财政进行再分配。民族自治的权力没有真正实现，行政机构的不断强化背离了经济改革与经济发展的要求，阻碍了怒江流域地区自组织—自生长能力的提高。区域发展权受到进一步弱化和限制。

第三节　尊重怒江流域的经济
公平与发展权

一　经济公平的性质决定了发展权不能被限制和剥夺

发展权作为人权的一项基本权利。经济公平要求在市场经济条件下，作为社会主体的每个人都有机会参与市场竞争，只有拥有更大的机会均等才会带来更大的收入平等。改革开放30多年的历史经验表明，人民，作为社会主人翁都有机会平等地享有改革发展所带来的红利，让成果更多、更公平地惠及全体人民，不断增强着人民群众的获得感、幸福感。因此，保障和改善民生没有终点站，只有连续不断的新起点。习近平总书记提出以人民为中心的发展思想，就保障和改善民生做出一系列重要论述，全面建成小康社会，强调"小康不小康，关键看老乡""一个都不能掉队"；全面深化改革，强调把改革方案的含金量充分展示出来，让人民群众有更多获得感。在经济社会不断发展的基础上，朝着共同富裕方向稳步前进的坚定承诺，彰显着让老百姓过上好日子是我们一切工作的出发点和落脚点的价值追求。

谋求科学发展不是放弃经济增长、经济发展，而是要在新的起点和基础上寻求合乎生态学规律，有益于当代和后代人的发展道路和发展方式。从可持续性角度分析，不合理地开发利用自然资源和生态环境恶化是造成贫困的重要原因，但反过来，贫困又引起自然生态环境的破坏，形成贫困与生态环境之间的恶性循环。实际上，贫困就是人与资源环境之间的一种失衡关系。这种观点就是表4-5中这些不同理论所反映出来的共性。英迪拉·甘地在1972年6月14日斯德哥尔摩会议上发表的一次演讲中做出了这样的论断："环境不可能在贫困的条件下得到改善。"[①] 怒江流域属于我国西南边疆最不发达的地区，

---

① 俞海山：《可持续消费模式》，经济科学出版社2002年版，第148页。

经济基础差，地方财力不足，资金缺乏，流域内大部分县市①依靠国家财政补贴过日子，没有摆脱"负经济环境"的困扰。只有怒江流域经济的大发展，才能实现生态保护与经济发展的良性互动。从发展权实现的角度来看，我国家整体发展权的实现与民族地区人民发展权的实现是分不开的，没有民族地区人民发展权的实现，国家整体发展权的实现也将落空。发展权强调的发展也应该是在生态环境得到保护和改善前提下的发展，是经济与生态、人类与自然的和谐发展。

表 4 – 5　　　　　贫困地区的发展模式及贫困与环境的关系

贫困类型	理论依据	发展模式	贫困与环境关系
绝对贫困	人口决定论	人口超载，地力衰竭	贫困导致环境恶化
绝对贫困	地理决定论	自然资源贫乏，生产增长缓慢	环境恶化导致贫困
相对贫困	经济决定论	经济增长缓慢，低收入，低投入，低治理	贫困导致环境恶化
相对贫困	成本决定论	比较成本重开发轻治理	贫困导致环境恶化
	历史决定论	历史性环境恶化，历史性贫困	环境恶化导致贫困
乡村贫困	技术决定论	低技术粗放经营，水土流失，环境恶化	贫困导致环境恶化
城市贫困	行为决定论	贫民窟，环境贫困化行为	环境恶化导致贫困

资料来源：陈耀邦：《可持续发展战略读本》，中国计划出版社 1996 年版，第 230—231 页，经整理而得。

二　剥夺发展权，进一步加剧怒江流域的贫困恶性循环

发展权与环境保护之间存在内在的联系。即环境保护是发展权实现的重要保证，而发展权的实现有利于环境保护。发展权把环境保护作为实现发展的重要内容，把环境保护作为衡量发展质量、发展水平和发展程度的客观标准之一。保护好环境能为发展权的实现保驾护航，为发展提供适宜的环境与资源。生存权、发展权是最基本的人

---

① 流域内怒江州所辖四县即兰坪县、福贡县、贡山三县和泸水县尤为突出，截至 2015 年年底，全州一般预算收入为 9 亿元，其中，兰坪县为 3.24 亿元、福贡县为 0.76 亿元，贡山县为 0.68 亿元，泸水县为 2.46 亿元，州级为 1.86 亿元；预算支出为 71.81 亿元，其中，兰坪县为 28.83 亿元，福贡县为 14.34 亿元，贡山县为 9.29 亿元，泸水县为 18.29 亿元，州级为 9.06 亿元。

权。经济增长必须符合人权的现实条件，必须以无歧视和参与的方式实现经济公平的合理增长。经济增长能实现发展权中的所有人权，实现其发展权过程中的工具性作用。发展权是关于发展机会均等和发展利益共享的权力。机会均等意味着社会平等地提供给个人或个体的发展机会，机会均等就意味着社会提供给每个国家、每个地区每个民族、每个人获得经济发展的经济条件和相应的发展利益。经济条件是指个人分别享有的为了消费、生产、交换的目的而运用其经济资源的机会。① 人们拥有各种经济资源，市场机制为人们自由组合这些资源提供了最好机会。环境资源作为人类赖以谋生的唯一可利用的资源，对于所有的人来讲，是生存之必需品。因此，基于生存需要的对环境资源的开发利用，是一种生存条件。对于怒江流域的各民族而言，基本生存目的还未解决的情况下，保障每个人最起码的生存条件，每个人享有对环境资源的开发利用权是对其基本人权的尊重。我们深知，生态环境保护在怒江流域尤为重要，怒江流域居民的基本生存同等重要，对怒江流域冠以"生态环境保护"的帽子而限制开发或为保护环境而失去开发资源的权利机会不给予补偿，就是对发展权的剥夺。我们主张对怒江流域的开发是在环境友好型的前提下的经济开发，对处于经济极端贫困的怒江流域而言，环境不可能在经济极端低下的条件下得到改善，只会进一步加剧怒江流域的贫困恶性循环。

三　限制发展权，不符合经济公平与科学发展观的要求

科学发展观是用来指导发展的，不能离开发展这个主题，离开了发展这个主题就没有多大意义了。发展首先要抓好经济发展。只有坚持以经济建设为中心，大力发展生产力，才能为全面协调发展打下坚实的物质基础，最终实现以人为本的发展目的；也才能更好地解决包括生态经济矛盾等前进道路上的矛盾和问题，从而胜利实现全面建成小康社会和社会主义现代化的宏伟目标。市场经济体制是解放和发展生产力的一个最有效的途径，它通过一个开放的运行系统，使各市场

---

① ［印度］阿马蒂亚·森：《以自由看待发展》，中国人民大学出版社 2002 年版，第 158 页。

主体内有追求利润的动力，外有竞争的压力，形成特有的激励机制，从而调动各方面的积极性，更快地发展生产力。要使竞争健康发展，就要有公平的规则，使市场主体拥有平等的机会。社会主义市场经济要求维护机会平等的理念和规则。这正如党的十七届五中全会提出包容性增长即为倡导机会平等的增长。包容性增长最基本的含义是公平合理地分享经济增长。我们深知，在经济发展掣肘于生态环境的今天，要实现一个地区的经济社会更好更快地发展，实现可持续发展，必须实现科学的发展观。增长是发展的前提和基础，没有经济的数量增长，没有物质财富的积累，就谈不上发展。任何一个国家和地区，若没有一定的经济基础和一定速度的经济增长的支撑，加快社会发展就会成为空谈。以经济增长为基础，以经济发展为中心，是科学发展观关于发展的首要含义；正确处理生态经济关系、促进生态经济协调发展，既是科学发展观的重要内容，又是符合科学发展观的发展。

对于陷入贫困恶性循环之中的怒江流域区而言，靠自身蠕动性发展是难以解决贫困问题的，只有通过开发优势产业，带动区域经济，最终实现经济和社会互为促进的发展。发展经济是实现怒江流域环境可持续发展的前提条件，同时，良好生态系统又是经济可持续发展的必要保障。进行环境保护，关键不在于放弃开发，而在于环境友好的前提下进行适度开发。从理性的角度来审视怒江流域经济开发与环境保护问题。当科学论证证明，合理开发怒江资源能够改善流域内民族的生存条件，使他们能够向现代化靠近的时候，享受现代文明的人们却要让他们放弃发展的权利，为享受现代文明的人们保存一块完整的原生态环境。这本身就是一种不公平，是享受现代文明者利用其话语权对处于弱势民族的发展权力的限制与剥夺，是不符合科学发展观和包容性增长的基本内涵和本质要求的。

四 经济公平与发展权的统一是怒江流域经济发展与环境保护的落脚点

形成于 2003 年，成熟于 2007 年的科学发展观表明，第一要义是发展，核心是以人为本，基本要求是全面协调，根本方法是统筹兼顾。科学发展观是以经济建设为中心的发展观，是解放和发展生产力的发展观。自然资源是一个地区经济发展条件的要素之一。承认怒江流域各民族有权力利用本地丰富的自然资源来发展经济，实行资源能源的有偿开发。同时，正确实行民族地区资源的有偿开发，也有利于人们珍惜资源，从而降低资源浪费现象。可持续发展的核心内容是发展。实践证明，罗马俱乐部为了减少人类对资源的过度使用而提出的"零增长"理论只是理论的假设和思想的空想，若没有人类的可持续发展，任何自然的可持续发展都是毫无意义的。贫困是怒江流域生态环境破坏的诱因，发展经济是实现流域环境可持续发展的前提。从生态效益的角度来看，建立在系统论证、合理规划、科学开发基础上的自然资源开发，对生态环境的损害远远小于当地居民自发的"开发"和传统的经济活动，是符合可持续发展要求的。科学发展观强调以人为本，经济的发展必须坚持依靠人、尊重人、激励人、发展人，让社会发展朝着安定有序的方向运行，充分尊重每个民族的经济发展权，是发展权赋予经济公平和科学发展观的题中应有之义。

科学发展观在协调区域生态与经济关系上主要体现在全面和协调两个支撑点上。全面就是在经济发展中克服过于强调生态或过于强调经济这两种片面性，既要看到经济发展依赖于生态环境的一面，也要看到生态环境保护、建设和恢复要依赖于经济发展的一面。协调就是在区域发展的两个关系上，经济与生态的关系处理上，搞好"五个统筹"，而不是简单地将经济中心论转向生态中心论，要以最小的资源环境代价谋求经济、社会最大限度的发展，以最小的社会、经济成本保护好资源环境，朝着以生态为基础、生态为手段、以生活为目标的全面生态化方向发展，走一条科技为先导型、资源节约型、生态保护型的经济发展之路。从怒江流域实际出发，适应现代化建设的需要，把握怒江流域生态经济建设的客观规律，同时吸纳人类共同发展的有益成果，即保护环境要依托于经济发展，而经济发展必须以保护生态环境为前提。保障民族地区人民经济发展权，加快发展民族地区经济，是消除民族地区与汉族地区发展上的差距，实现各民族共同发展繁荣的根本途径。

怒江流域经济的稳定增长和持续发展，保障该地区人民发展权的实现,实施生态与经济协调发展的战略是当务之急。生存权是人最基本的权利,我们不可能要求怒江流域各民族群众为了保护生态而使生活质量下降甚至放弃生存权,除非给予他们一定合理的利益补偿。生态环境保护能促进怒江流域经济的发展。发展经济与生态环境保护之间是一种相互促进的关系。保护环境本质上就是保护资源和生产力,促进资源和能源的节约,这有助于经济的增长和效益的提高;同时,经济的发展又为环境保护提供了物质条件和基础,两者相辅相成,形成良性循环。

第五章 怒江流域经济发展与环境冲突的实证分析

第一节 模型选择与实证分析

一 经济与环境协调发展的内涵

经济发展是当今世界发展的两大主题之一，人类通过经济的发展，不断满足自身需求的目的，但同时也清醒地认识到，经济的发展必须是可持续发展，必须是经济与生态环境的协调发展。经济与生态环境之间是一种对立统一的辩证关系。

（一）经济发展与生态保护的对立统一

对立的原因大致有三：一是出于自身对富裕的追求及脱贫致富的压力，实现经济增长必然成为主要目标。二是生态环境公共物品的属性，而公共物品的破坏或改善不会直接全部计入个人的生产成本或收益中。从而使生产者为取得其经济效益而不惜损害经济效益，以外部不经济的行为方式向外部环境转嫁成本或攫取生态效益以达到个人经济效益的最大化。三是市场经济是一种利益经济。

从长远的视角来看，经济发展与生态环境保护之间是一种统一的关系，良好的生态环境是经济发展的基础，生态环境的恶化会阻碍生产的发展。这种基础作用具体表现在两个方面：一是生态环境为人类的物质生产活动提供了物质"源泉"。物质生产活动本质上就是人类在生态环境所提供的物质基础上的一种创造性生产活动，没有生态环境这一"源泉"，物质生产就成为无源之水，既不能产生，也不可能存在。二是生态环境的发展为经济的发展提供了"潜在"条件和"现实"可能性。只有生态环境不断发展，环境系统和生物系统对人类经济的支持能力、供应能力不断扩大，人类经济发展的规模和水平才有可能扩大和提高。此外，生态环境内在"平衡"机制也是经济发展和生态环境之间"平衡"机制的客观要求和基本依据。同时，随着经济的发展，人们生活水平的提高及健康意识的增强，人们对生态环境及其生态效益的重视和保护程度会加强。生态环境是经济发展的基础。经济发展是在生态环境的基础上建立和发展起来的，社会生产归根结底是从环境中获取资源，加工生产和生活资料。在生产过程中，一部分资源转化为产品，另一部分资源变成废弃物返回到经济中。良好的生态环境能降低经济发展成本，为经济发展提供动力支持。经济发展有利于生态环境的保护和优化，一是经济发展有利于人们对生态效益的评价值，支持以牺牲经济效益来换取生态效益的行为，实现生态环境保护和优化。二是经济发展了，就可以拿出更多的资金用于保护和改善生态环境，为保护生态环境创造物质条件，并运用科学技术和宏观经济手段去保护和改善生态环境，增强生态环境系统的稳定性和耐受力。三是通过对自然环境的合理开发利用，将自然环境改变为人工环境，按照人类发展的要求，建设一个比较理想的生产环境和生态环境。

良好的生态环境有利于促进经济的发展。良好的生态环境已成为人类的劳动"产品"，并具有明显的二重性特征。即从生活角度看，它是目标；从生产角度看，它已变成生产要素和条件。良好的生态环境能降低经济的发展成本，促进经济的可持续发展，从而形成良性循环。发展是解决问题的关键，贫困是保护生态环境的最主要的制约因素，贫困是生态环境破坏的罪魁祸首。若为了保护贫困地区其现存的生态环境和资源，而抑制经济发展速度，在思想上他们无法接受，在实践中根本行不通。其真正的出路在于针对贫困地区的具体实际，通过建立一种新的、比原有传统生产方式更为稳定有利可图的生态生产方式，在实现经济发展的同时保护和优化生态环境。①

（二）经济与环境协调

经济与环境二者之间存在相互依存的关系，一方面，经济的发展离不开环境的支撑，环境质量的优劣直接对经济发展产生制约作用；另一方面，在人类经济活动作用下，经济的发展对环境产生压力，在向环境索取所需要的资源时，并不断向环境排放废弃物。经济发展过程不可避免引起环境功能和结构的变化。经济与环境之间相互作用的过程就是我们通常假设环境库兹涅茨曲线（KEC），即环境质量随着经济的增长而不断恶化，当经济增长达到某个临界值以后，环境质量将随着经济的增长而不断改善。

经济与环境的协调发展：一是经济的发展与环境的发展保持协调，才能保持经济的稳定发展；二是在经济发展过程中，要正确处理好经济与环境的关系，经济与环境是可以协调发展的。② 经济与环境的协调发展是环境保护的本质特征。经济与环境协调发展的中心是经济发展。③ 因为只有发展经济，才是解决环境问题最根本、最有效的手段。

二　经济与环境协调发展的判据

林逢春、王华东（1995）应用系统论对环境经济系统进行结构分析，并根据内部相互作用强弱对环境经济系统进行分类，建立了环境经济协调发展依据。

设 $E(t)$ 表示环境综合发展指数，$I(t)$ 表示经济综合发展指数，令：

$$\Delta E(t) = E(t) - E(t - \Delta t) \tag{5 - 1}$$

$$\Delta I(t) = I(t) - T(t - \Delta t) \tag{5 - 2}$$

式中，$\Delta E(t)$ 反映环境变化状况，$\Delta I(t)$ 反映经济发展状况。以 $\Delta E(t)$ 为横轴，$\Delta I(t)$ 为纵轴建立坐标系，如图 5 - 1 所示，从图 5 - 1

①　麻朝辉：《贫困地区经济与生态环境协调发展研究》，浙江大学出版社 2008 年版，第 24—27 页。

②　曹东等：《经济与环境：中国 2020》，中国环境科学出版社 2005 年版，第 5—6 页。

③　曹新：《经济发展与环境保护的关系研究》，《社会科学辑刊》2004 年第 2 期。

可知：

第 I 象限：ΔE(t) > 0，表示经济发展；ΔI(t) > 0 表示环境改善发展，显然经济与环境耦合协调。因此，第 I 象限称为耦合协调区。

第 III 象限：ΔE(t) < 0，表示经济衰退；ΔI(t) < 0，表示环境恶化，显然，经济与环境耦合趋向衰退。因此，第 III 象限称为衰退区。

第 II、IV 象限：(1) ΔI(t) < 0，ΔE(t) > 0，且 ΔI(t)/I(t − Δt)I < ε 或/ΔI(t) > 0，ΔE(t) < 0，且 ΔE(t)/E(t − Δt) < ε，ε 为根据具体情况确定的一个小量（下同）。前一种情况表示环境质量下降，经济增长，经济与环境耦合系统总体趋向有序；后一种情况表示环境改善的同时，经济增长略有下降，总体经济与环境耦合系统也趋向有序。所以该两区称为基本协调区。

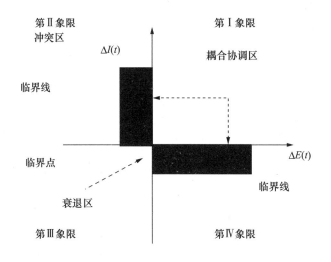

图 5 − 1 经济与环境协调发展的判别

ΔI(t) < 0，ΔE(t) > 0，且 | ΔI(t)/I(t − Δt) | > ε 或 ΔI(t) > 0，ΔE < 0，且 | ΔE(t)/E(t − Δt) | > ε。前一种情况表示环境质量急剧恶化，经济发展，耦合系统趋向无序。后一种情况表示环境改善的同时，经济急剧衰退，耦合系统总体也趋向无序，所以，称它们为冲突区。

第 IV 象限在原点及边界：① 在原点 ΔI(t) = 0，表示环境状况保持

不变；$\Delta E(t) = 0$，表示经济发展保持不变，系统可能向两个方向发展；②在边界，$\Delta I(t) > 0$，$\Delta E(t) < 0$，且 $|\Delta E(t)/E(t - \Delta t)| = \varepsilon$ 或 $\Delta I(t) < 0$，$\Delta E(t) > 0$，且 $|\Delta I(t)/I(t - \Delta t)| = \varepsilon$。这两种发展类型也可能导致系统趋向有序或无序两个方向。

对于任何特定区域，可以分别计算出 $\Delta E(t)$、$\Delta I(t)$，看其落入坐标系中的哪个区域，从而很容易地判断经济与环境系统是否协调，经济增长与环境发展是否协调。

三　实证分析

（一）指标体系构建

为了使理论与实际相结合，便于应用其理论解释、说明其问题的本源，在指标的选取方面，这里考虑到获取数据的可获得性，在构建指标体系时，对指标体系做了以下选取。环境类指标主要包括工业废气总量（亿标准立方米）、二氧化硫排放量（万吨）、工业废水排放量（万吨）、工业固体排放量（万吨）、工业废水排放达标率（%）、工业固体废弃物综合利用率（%）、环境污染治理投资占 GDP 比重（%）、万元 GDP 能耗（吨/万元）；经济类指标主要包括总 GDP（亿元）、人均 GDP（元/人）、财政收入（亿元）、财政支出（亿元）、社会消费品零售总额（万元）、第一产业（%）、第二产业（%）和第三产业（%）（见表 5 - 1）。

表 5 - 1　1998—2008 年怒江流域经济发展与环境协调发展评价指标体系

年份	1998	1999	2000	2001	2002	2003	2004	2005	2006	2007	2008
总 GDP（亿元）	142.161	145.585	157.059	168.060	182.776	200.811	234.644	275.448	333.624	398.098	452.457
人均 GDP（元/人）	2547	3915	2772	2887	3126	3406	4027	4410	5283	6261	7313
财政收入（亿元）	12.314	11.205	11.480	12.351	13.781	14.724	16.579	20.317	27.805	26.411	29.582
财政支出（亿元）	26.750	27.970	30.370	41.458	39.457	47.435	56.279	65.678	83.538	108.449	134.514
社会消费品零售总额（万元）	42.213	45.334	44.256	52.474	57.086	63.235	72.703	83.730	96.019	112.718	126.835
怒江流域第一产业（%）	44.916	44.273	41.717	39.799	37.730	36.20	34.983	34.651	31.669	31.064	31.666
怒江流域第二产业（%）	22.94	22.673	23.142	23.369	23.961	28.129	28.243	28.346	33.020	33.477	31.574
怒江流域第三产业（%）	32.050	33.055	35.155	37.288	38.3023	37.501	36.732	37.2739	35.312	36.0752	36.7604

年份	1998	1999	2000	2001	2002	2003	2004	2005	2006	2007	2008
工业废气总量 （亿标准煤/立方米）	432	988	1189	1359	1509	1483	2369	1871	1543	2541	2031
SO₂排放量（万吨）	0.125	0.127	0.117	0.143	0.478	0.562	1.124	1.255	1.346	1.301	1.220
工业废水排放量 （万吨）	5020	5256	6357	27571	14974	16720	6300	6532	5820	5619	5653
工业固废排放量 （万吨）	15	19	17	136	158	191	143	198	146	181	310
工业废水达标率	45.12	46.34	46.41	52.67	68.43	72.56	74.38	80.25	77.05	82.40	91.02
工业固体废物综合 利用率（%）	0.1841	0.1932	0.2013	0.2417	0.2518	0.2673	0.2671	0.2743	0.2841	0.2749	0.2850
环境污染治理投资 总额占 GDP 比重	0.0476	0.0575	0.0534	0.1412	0.1543	0.1546	0.4540	0.5436	0.6732	0.6745	0.7453
万元 GDP 能耗	3.4641	3.3552	3.1479	3.0742	2.8972	2.7435	2.5437	2.4305	2.4356	2.3475	2.1471

（二）数据来源

数据来源于 1999—2009 年《云南统计年鉴》、1999—2009 年《怒江州统计年鉴》《保山统计年鉴》《大理州统计年鉴》《普洱市统计年鉴》《潞西市统计年鉴》以及历年云南环境公报，各地州、市、县环境公报。

（三）计算方法

评价一个地区（区域）综合发展指数的方法有多种，为了分析问题的便利性，同时考虑到主要目的是较为客观地确定怒江流域经济综合发展指数与环境质量综合指数，便于进行比较。为此，这里采取主成分分析法，在进行因子分析时，为了消除指标数量级以及量纲不同而造成的影响，对数据进行标准化处理，采用极差标准化的方法，如式（5-3）所示：

$$A_{ij} = \frac{X_{ij} - \min(X_{ij})}{\max(X_{ij}) - \min(X_{ij})} \qquad (X_{ij}为正指标) \qquad (5-3)$$

$$A_{ij} = \frac{\max(X_{ij}) - X_{ij}}{\max(X_{ij}) - \min(X_{ij})} \qquad (X_{ij}为负指标) \qquad (5-4)$$

式中，t 为年份，j 为指标。一般而言，在社会经济活动中，经济发展指标均为正指标，环境指标为负指标。

（四）结果分析

将收集并整理得到的 1998—2008 年怒江流域的 16 项指标，采用 SPSS1 3.0 软件进行因子分析。以 1998 年为基准年，取 $\Delta t = 1$，根据式（5-1）和式（5-2）计算出怒江流域 1998—2008 年经济与环境系统相互作用的变化状况如表 5-2 所示。

表 5-2　　　　　　1998—2008 年怒江流域经济发展综合水平与

环境综合发展水平计算结果及判定

年份	E(t)	ΔE(t)	ΔE(t)/ E(t)	I(t)	ΔI(t)	ΔI(t)/ I(t)
1998	-0.2740			-1.1740		
1999	-0.1435	0.0356		1.2017	-0.065	
2000	0.0743	0.1436		1.1054	-0.072	
2001	0.2354	0.1781		0.8492	-0.4381	
2002	0.3146	0.2860		0.7453	-0.2040	
2003	0.5102	0.1345		0.5396	-0.1257	
2004	0.6787	0.1795		-0.7062	-0.4563	
2005	0.8263	0.2574		-0.6074	-0.0486	
2006	1.1042	0.2875		-0.6042	-0.1458	
2007	1.4673	0.3746		-0.7056	-0.1643	
2008	1.6478	0.4657		-0.8072	-0.5450	

注：表中以 1998 年为基准年，取 $\Delta t = 1$，$\varepsilon = 15\%$。

具体结论包括：

（1）在 1998—2008 年，怒江流域在大部分年份里 $\Delta E(t) > 0$，$\Delta I(t) > 0$，经济与环境系统位于第 I 象限，表明在这些年份里，经济与环境系统向协调方向发展。

（2）1999 年、2000 年和 2001 年，经济与环境系统位于第 II 象限，表明在这些年份里，经济与环境系统向协调方向发展，在经济发展的同时，环境压力在加大。

（3）2000—2008 年，$\Delta E > 0$，$\Delta I < 0$ 位于第 IV 象限，经济发展的同时环境恶化。通过上面的分析可知，1998—2008 年，怒江流域经济发展与环境的冲突越来越明显。$\Delta E > 0$，$\Delta I < 0$，说明在经济发展的同时，环境保护的压力越来越大，加之尤其是怒江流域中下游的怒江州处于三江并流自然保护区，保护区面积占整个州国土面积的 60% 以上，生态保护经费的压力超出了本州财政自身所能承受的压力，使本身就需要国家财政大力支持的怒江州财政捉襟见肘。

第二节　怒江流域开发与保护博弈分析

2003 年 7 月 3 日，怒江、澜沧江和金沙江的"三江并流区"被联合国教科文组织正式批准为世界自然遗产。同年 8 月，怒江中下游水电开发规划完成并通过评审，一些民间环保人士听说要在怒江上建坝，动用各种资源力主制止建坝。与此同时，支持开发怒江水电的人也上书中央领导，希望该工程早日上马。正反两方面的上书形成拉锯战，使中央到目前为止还没有对怒江工程定案。在本书中把参与怒江流域开发与保护的各方归结为中央政府、地方政府、企业集团、民间力量（环保组织）。

一　怒江流域开发与保护博弈过程

（一）中央政府

针对怒江问题的特殊性和重大性。中央政府在听取各方民意，综合权衡的基础上，于 2004 年 2 月，中央领导对怒江水电开发作出科学决策、慎重研究的批示。同年 5 月 20 日，全国人大常委会副委员长许嘉璐率民进中央考察团来到怒江，并就怒江水电开发问题提出了五条意见：一是在怒江电站开发论证过程中要考虑群众的诉求，究竟能给老百姓带来多少实惠；二是怒江水电开发对生态的影响面临很多科学的问题需要解决；三是"三江并流"遗产既不是怒江的也不是中国的，而是属于世界的；四是怒江的希望不仅仅在于江，还在于山；五是怒江电站的开发需要召开中央政治局常委会会议决定。鉴于怒江问题的重大性，近年来，党和国家领导人亲临怒江考察调研，解决怒江问题。

2005年5月，国务院西部办副主任王金祥同志率队到怒江调研，提出"怒江问题"是西部边疆少数民族贫困地区的一个缩影，必须采取特殊的措施加以解决，并为类似地区提供有益的借鉴。同年7月，温家宝赴云南考察工作，地方官员向他反映怒江水电建设停工已久，地方不知如何进退，希望中央能尽快定夺。温家宝回京后，即指示发改委、环保总局、水利部等有关部门"加紧论证研究，尽快拿出自己的意见"。

2006年4—6月，国务院西部办会同国务院政策研究室、国家发展改革委、国家环保局、国务院扶贫办和云南省人民政府等有关部门，组成调研组赴怒江调研，启动了"怒江问题"课题研究，形成了《调研报告》。

2007年4月19日，国家发展与改革委员会副主任、国务院西部开发办公室副主任王金祥在京主持会议，认真落实总理批示精神，再次专题听取"怒江问题"汇报。

（二）地方政府

自2003年怒江开发问题引起世人的关注以来，地方政府积极为怒江的开发四处奔走，希望尽快为怒江问题的解决得到一个圆满的结局，实现流域自身发展的诉求，为怒江流域民众谋福祉。

2003年9月中旬，怒江州人大和州政协向州人大代表及政协委员发出意见表征求意见，结果同意开发的居多。他们联合签名并发表书面意见，"强烈要求怒江流域水电资源早日开发。原云南省省长徐荣凯则希望电站规划要向环保靠一靠，环保要向规划靠一靠，以求问题的解决。同年国庆期间，云南有关方面邀请国家环保总局领导赴怒江考察。省长徐荣凯陪同国家环保局局长解振华深入到怒江实地考察，一共进行了五天漫长的讨论。"同时，部分政府官员由于坚持电站的修建一定要体现民众利益。以身作则，支持民间环保组织——云南大众流域带领怒江六库镇部分群众出去考察，力挺水电项目而被"出局"。

2004 年 3 月，全国"两会"期间，云南代表从能源角度陈述了云南水电开发的必要性。巨大的地方财政收入是对地方政府最大的诱惑。地方政府对怒江开发的决心坚如磐石："谁要是阻挡我们前进的道路，我们跟他没完！这是历史潮流，谁也阻挡不了。"

2006 年 3 月，全国人大会议期间，云南省代表团提交了"关于请求国家采取特殊措施解决怒江傈僳族自治州经济社会发展特殊困难的建议"。云南省委、省政府高度重视"怒江问题"，就怒江问题专题向国务院西部办等有关部委汇报，云南省发改委和省西部办将"怒江问题"作为云南省"十一五"区域协调发展重大课题之一，做出专门部署开展工作。同年 12 月，怒江州委书记、州长等四位同志致信温家宝总理，温总理在信上批示："请发改委、西部办会同云南省政府，统筹研究，提出怒江发展思路和措施。"国家发改委、国务院西部办和云南省委、省政府领导就落实总理批示精神分别做了具体指示。

2007 年 1 月 7 日，云南省委副书记、省长秦光荣同志要求："省发改委、西部办要主动配合国家发改委、西部办做好调查研究工作，并积极推动和筹办国务院西部办与省政府联合召开的怒江办公会议，认真落实总理批示精神。"1 月 27 日，云南省委领导批示："请发改委协同怒江州进一步向国家发改委和其他相关部门汇报怒江的实际情况，争取更大的支持。"

（三）企业集团

巨大的利润是吸引企业集团（电力公司）积极参与怒江水坝建设的诱因，企业的目标是实现其利润最大化，为了得到怒江水电开发权，企业集团一方面寻求当地政府支持。2003 年 3 月 14 日，华电集团与云南省政府签署了《关于促进云南电力发展的合作意向书》，并得到省政府的支持表态。同年 6 月 14 日，云南华电怒江水电开发有限公司组建完成。并于同年 7 月 19 日，中国华电集团公司、云南开发投资有限公司、云南电力集团水电建设有限公司、云南怒江电力集团签署了共同出资组建"云南华电怒江水电开发有限公司"的协议。另一方面寻求专家论证的支持。从 2003 年 9 月开始，国电北京勘测设计研究院牵头，委托中国科学院生态环境研究中心、水生生物研究所、动物研究所、植物研究所等代表本专业最高水平的单位编制环境影响评价补充工作，于 2004 年 11 月初提出了《怒江中下游水电规划环境影响报告书》。

（四）民间力量

2003 年 8 月中旬，国家发展与改革委员会通过了怒江流域水电开发方案。怒江兴建水电站的决定立即引起一批环保非政府组织的反对。一方面，他们通过各种方式动员媒体发出"反坝"的声音，争取舆论支持；另一方面，他们上书国务院领导，要求停止怒江水电梯级开发竭力呼吁改善生态环境，并动员各种力量干预破坏环境的行为、工程和计划，对政府形成巨大的压力。最终以国家领导人"对这类引起社会高度关注，且有环保部门不同意见的大型工程，应慎重研究，科学决策"的批示而使怒江水电开发暂时搁置。由于担心怒江工程重新启动，61 个环保组织和 99 位个人又于 2005 年 9 月起草一份公开信，并将它呈送国务院、国家发改委、环保总局等有关部委。2003 年 8 月至今，关于怒江水电开发与否的讨论，牵动了社会各方面的民间力量，包括绿色家园、自然之友、云南大众流域、绿岛等非政府组织，先后组织了十余次保护怒江的宣传活动。其中，力挺保护怒江最主要的是绿色家园和云南大众流域。他们通过做项目，开通"情系怒江"网站，搞调研、采访、考察、摄影展、资助当地初等教育等行动，促使保护怒江的行动得到社会的广泛关注，激发公众的参与意识，最终影响了决策层做出暂缓建坝的决定。

二　怒江流域开发与保护的博弈分析

在怒江流域开发与保护的争论中，主要涉及中央政府、地方政府、企业集团、民间力量。其实，我们从怒江开发与保护博弈的过程可知，地方政府和企业利益集团是命运共同体——有着共同的利益。民间力量主要是环保非政府组织。以往在国家重大工程项目决策上，地方政府拿出一个"可行"决策方案，报请有关部门审批论证通过，项目就算通过。随着我国民主决策进程的加快，民众环保意识与政府职能的转变，环保组织已是一支新生的社会群体，其活动对中央和政府的决策产生重大影响。

在怒江开发与保护的博弈中，中央政府与地方政府之间的拉锯战，似乎是一种"零和博弈"。中央政府是政策决策的制定者和推行者，地方政府接受中央政府的决策，贯彻中央政府决策。地方政府为了自身利益发展的诉求，充分行使向上表达自身利益的表达机制的权力，中央政府在倾听其利益诉求的同时，通过实地考察、调研，双方进行协商、谈判妥协。

环保组织与当地政府、企业集团就环保与发展问题、居民受益问题进行针锋相对的争论。这说明，环保组织参与到博弈三方的决策中，起到监督和督促作用，中央政府、地方政府、企业集团都积极回应公众的意见和建议，三方之间也进行有效的沟通。环保组织参与到政府决策中。中央政府在政治经济运行过程中存在着环境保护和追求经济高效益的取舍矛盾，政府在这个节点上的选择将左右着整个博弈进程。地方政府在经济收益与环境保护的选择中存在矛盾，环境保护体现的是社会收益，而公众是社会责任的主体，社会收益的追求方，环境恶化将直接影响公众。

从政策学的角度来讲，中央政府应该科学设定利益表达机制，超越各种利益群体的利益博弈，通过法律、法规、政策的完善，充分保证公众（非政府组织）在国家重大项目决策的参与权。在现实语境里，地方政府在社会经济现代化过程中的作用更显著。中国成功地从传统的计划经济体制转向市场经济体制过渡，主要得益于中央政府和地方经济一定程度的经济分权。经济分权使地方拥有一定的经济发展自主权和追求经济发展绩效的动力，地方政府拥有推动经济发展的一定制度空间。经济分权允许地方政府在中央给定的约束限度内发挥自主创造性，给予地方政府以一定的余地去实行局部的改革，进行不同方式的政策实验。[1] 就经济层面来说，地方政府是区域经济的组织者、

---

① 沈荣华、金海龙：《地方政府治理》，社会科学文献出版社 2006 年版，第 22—23 页。

调控者和服务者，承担着推动本地区经济快速健康发展的角色。①

三　怒江流域开发与保护博弈的述评

怒江流域开发与保护的博弈，作为博弈的双方，中央政府和地方政府之间体现的是整体利益与局部利益的关系。中央政府以全社会的发展为出发点，要求地方政府贯彻落实科学发展观，走新型工业化道路。而地方政府除服从和服务于中央政府之外，还要以本地区的利益最大化为目标。怒江水电开发出现的争论和不同利益群体的意见、力量博弈，是我国政府在重大事件决策历史上的一次标志性事件。决策的科学化是以决策民主化为先决条件的。民主决策与科学决策是矛盾的统一体。没有决策的民主化，就没有决策的科学化。民主化的主要职能是重大决策权力的监督与控制，在中央是否支持怒江流域开发的重大决策上，中央持慎重的态度。我们知道，重大决策是权力运用的过程。为此，在这次怒江开发与保护的争论中，公众参与、专家论证、政府决策一起参与其中，表明我国在重大项目上决策机制的重大转变。这也是我国政府在科学发展观指导下，"以人为本"执政观念的转变。

我们深知，在市场经济体制下，政府不再是社会利益的分配者，而是社会利益的协调者。② 中国环保组织的力量逐渐强大，是时代的产物。其成长是与政府、企业利益集团等群体的利益博弈、谈判妥协的产物。为此，怒江要不要开发，不是由地方政府说了算，而理应由当地居民参与到决策中来决定。这充分说明了在我国经济发展转型时期，在重大项目公共政策的制定和谋划上，需要强有力的制度安排来规范地方政府开发的冲动。同时，争论是允许的，但不能陷入一种无休止的恶性循环之中，造成怒江流域陷入被绑架的环境和被绑架的发展泥淖怪圈之中。

总而言之，我们认为，怒江问题的实质是牺牲经济保环境，牺牲

---

① 沈荣华：《中国地方政府学》，社会科学文献出版社 2006 年版，第 21 页。

② 刘恩东：《社会转型期利益集团对地方政府善治的双重意义》，《学习时报》2007 年 6 月 14 日。

当地人的经济发展权保社会利益。当地人也有发展权，剥夺发展权就应当给予补偿。对当地人来说，主要任务就是保护，维护环境而不是开发，其基本目标就是保持经济和生态的稳定，对社会而言，主要任务就是经济补偿，基本目标就是社会平均收入。只有在这两个前提下才是环境友好型开发。

第三节　为化解两难困境所做的努力

根据国家"十一五"规划和云南省"十一五"规划的要求和部署，处于怒江流域中下游的怒江州在综合考虑人口、资源、生态环境承载力和发展潜力的基础上，为实现怒江各族人民同全省、全国同步全面建设小康社会的目标，按照全州发展战略要求，结合怒江资源分布情况和高程生态差异明显的实际，怒江提出了"山顶封和禁、半山移和退、河谷建和育"的"怒江保护与开发立体建设模式"。

一　用发展的办法解决怒江经济发展与环境保护的困境

贫困是怒江生态破坏的根源；封闭是造成落后的原因；发展是解决问题的依靠；怒江的希望在于水、出路在电、怒江的希望在怒江。提出并实施"山顶封和禁、半山移和退、河谷建和育"的立体开发模式。

山顶封和禁是指海拔 2500 米以上山顶生态相对完好区，以"三江并流"世界自然遗产、高黎贡山国家级自然保护区和省级自然保护区为重点，采取封山保护的最严厉措施，禁止一切牧、耕、猎、伐等活动，严格保护原始自然生态景观。

半山移和退是指在海拔 2000—2500 米生态脆弱区和水库淹没线至 2000 米生态恶化区，以国家易地安置扶贫和退耕还林为重点，采取移民和退耕的措施，集中治理水土流失及泥石流、滑坡等地质灾害，最大限度地缓解人地矛盾；同时辅之以封山育林和生态林、经济林建设等措施，宜林则林、宜草则草，着力恢复生态。以"十一五"规划为例，对土地利用情况进行了调整（见表 5 - 3）。为使保护环境的责任和义务得到具体落实，在欠发达地区首创了向村委会派驻生态特派员，制定村规民约，充分调动民众参与生态建设的积极性与创造性，使生态建设与环境保护的每一项措施真正落到实处。

表 5 - 3　　怒江州土地开发整理规划结构调整（2006—2010 年）单位：公顷

调整至地类 开发整理类型	规模	小计	耕地	园地	林地	牧草地	建设用地	合计
耕地整理	4800.43	524.06	624.06	—	—	—	—	624.09
居民地整理	—	—	—	—	—	—	—	—
土地复垦	523.83	482.20	235.92	246.28	—	—	—	482.20
土地开发	39918.41	38915.02	489.07	4823.43	26421.9	7180.60	205.03	39120.0
陡坡地退耕	3605.00	3605.00	—	494.18	3110.82	—	—	3605.00
合计	48847.67	43626.28	1349.05	5563.89	29532.7	7180.60	205.03	43831.3

资料来源：云南省发展和改革委员会、云南省西部大开发领导小组办公室、云南省怒江傈僳族自治州人民政府：《云南省怒江州中长期发展规划》（2007—2020），2007 年，第19 页。

"河谷建和育"是指在 1570 米以下河谷开发区，以怒江水电开发为重点，建设国家水电基地，培育水电支柱产业，着力构建基础平台，充分调动各方面的积极性，通过建立怒江生态保护基金和实施"以能代赈""以电代柴"政策，解决保护的投入问题和人地矛盾突出的问题，从根本上形成开发与保护并重、经济效益与生态效益双赢的长效保护机制，从根本上解决发展问题，有力地支撑半山和山顶两大区的生态建设与环境保护。

二　完成了怒江六库电站的移民前期工作

由于怒江流域水电开发主要集中在怒江州和保山市。怒江州政府为解决发展与生态保护的矛盾，近期完成了六库电站移民前期工作。

怒江移民与其他地区移民最大的区别在于，是从条件差甚至不具备生存条件的地方移出去，既是开发与保护的客观需要，又是解决生存与发展问题的重要途径。通过移民，绝大部分群众生产生活环境和条件将得到明显改善。只要充分发挥投资者、政府和移民群众各方面积极性，用好各类工程征占补偿资金和国家移民政策，结合易地开发等扶贫措施，怒江水电开发移民工作一定能成为中国水电行业移民工程的成功典范。工程移民和生态移民问题解决好了，怒江扶贫攻坚的总任务也完成了一半，而且是最艰巨的那一半。怒江州本着"不外迁、不后靠、不上移"的原则和"搬得出、稳得住、能致富"的目标，在云南省移民局的帮助和指导下，先期开展了六库电站工程移民规划。安置片区详规已通过云南省移民局审查，迁入地土地已得到落实。在充分尊重库区群众意见的基础上，完成了134户、537人移民的实物核查和政府、业主与群众签约工作，所有库区群众支持和同意移民。其中，105户、441人要求政府统一安置，其他则要求在政府规划指导下"插花"安置。

三 开展了生态保护和移民开发的政策研究

一是在每度电中提取1分钱，作为水资源费，用于水土保持等建设。二是在每度电中提取1厘钱，建立生态保护基金，有效解决生态保护长期投入问题。三是每度电中提取5厘钱，作为生产扶持基金。四是在总电量中，留出3%—5%作为扶贫电量，以成本价供给当地农民，以电代柴，有效解决因能源结构单一造成的生态破坏。五是库区移民每人每年补助600元，为期20年，以解决移民后期基本生活保障问题。另外，在资源开发中坚持市场经济生产要素分配的原则，以土地、林地、河滩地及部分其他征占用地入股的方式，根据不同开发项目，按1%—3%的比例在总投资中计股，参与资源开发收益分配。通过以上政策的实施，让水电移民成为最先富起来的农民，让党中央放心，让专家和社会各方都满意。

四 启动了《怒江水资源保护与开发条例》立法研究工作

鉴于怒江水电开发对国家能源发展及怒江流域经济社会发展和生态保护的重要作用，怒江州人大常委会充分尊重怒江各族人民的意愿和利益，依法行使自治权，启动了《怒江水资源保护与开发条例》立法研究工作，通过立法来促进怒江流域水资源开发与保护，切实加快怒江各族人民摆脱贫困的步伐。同时结合怒江实际，认真研究移民后期补偿和生态保护机制，为少数民族自治地区通过优势资源开发摆脱贫困，提供立法和法律借鉴。目前，该条例已通过自治州人民代表大会表决，并提交云南省人大常委会列为云南省 2005 年民族立法重点工作。

第六章　破解经济发展与环境保护
两难的国内外经验

　　流域开发是一项复杂的系统工程，流域开发模式的正确选择与把握，关乎流域沿岸生态安全、居民生态健康，这是流域可持续发展的关键。综观国内外流域开发所取得的成功经验，都是选择适合流域自身发展的开发模式，本书选取几个比较有代表性的案例，并对其开发模式进行总结和分析，以期对怒江流域开发与管理提供借鉴。

第一节　国外经验

　　这里主要选取了美国田纳西河流域、澳大利亚墨累河流域、英国莱茵河流域、亚马孙河流域的开发模式与经验进行分析。

一　美国田纳西河流域的综合开发模式与经验

（一）美国田纳西河流域的综合开发模式

　　纵观流域的开发史，首先应用于发达的经济区，同时对欠发达地区的发展起到积极的引导作用。美国对田纳西河流域的综合开发就是一个成功的样板。田纳西河位于美国东南部，地处北纬30°—40°之间，是密西西比河的二级支流，全长1050千米，流域面积10.5万平方千米，流域大部分在田纳西州境内，小部分在密西西比、弗吉尼亚、北卡罗来纳、佐治亚、亚拉巴马和肯塔基6个州。

　　田纳西流域开发的背景在于1929年美国爆发全国性的经济危机，国内处于生产停滞、各业萧条、四面楚歌的境地，为了摆脱经济危机的困境，新任总统罗斯福实施"新政"，通过扩大内需的方式开展公共基础设施建设，从而有力地推动了美国历史上大规模的流域开发，田纳西流域作为一个试点，试图通过一种新的独特的管理模式，对其流域内的自然资源进行深度综合开发和统一管理，达到振兴和发展区域经济的目的。在当时田纳西流域，由于长期缺乏治理，森林遭到严重破坏，水土流失严重，经常暴雨成灾，洪水为患，在 1933 年，是当时美国最贫困落后的地区之一，每年人均收入仅 168 美元，是美国平均水平的 45%。

为了对田纳西河流域内的自然资源进行全面的、有效的综合开发与管理，于 1933 年美国国会通过《田纳西流域管理局法》① 之后，成立田纳西流域管理局（Tennessee Valley Authority，TVA）。经过多年的实践，田纳西流域的开发和管理取得了骄人的业绩，从根本上改变了田纳西流域贫穷落后。TVA 模式被视为流域开发史上的"圣经"，一直风靡到 20 世纪 90 年代，在全球得到广泛的认可与运用。

（二）田纳西流域开发利用的主要经验

归纳起来，田纳西流域开发成功的经验主要有：

（1）成立专门机构，负责流域开发，为流域开发提供法律保证。为保证流域开发的合法性和自主性，1933 年，美国国会通过《田纳西流域管理局法》，该法明确规定，TVA 由总统直接领导，实现对田纳西流域的统一开发管理，并赋予 TVA 有权规划和开发、利用、保护流域内各种资源的权利。通过防洪、疏通航道、发电、控制侵蚀、绿化、促进和鼓励使用化肥等发展经济。

（2）TVA 的成立，为流域自然资源的统一管理提供保障。TVA 授权对流域资源进行统一开发和管理的职能为流域水资源统一管理提供了有利条件，其管理职能随着不同时期流域开发目标的定位，也在不断发展和完善。TVA 成立初期，其职能主要是根据河流梯级开发和综合利用的原则，制定规划，对田纳西河流域水资源集中进行开发。以航运、防洪为主，并结合水电开发为其主要目标。至 20 世纪 50 年

---

① 罗斯福总统在 1933 年 4 月将田纳西流域管理局的职责归纳为履行一项广泛的规划职责。也就是说，为了全国整体的社会与经济福利，去合理利用、保护和开发田纳西河流域及其邻近地区的资源。

代，基本上完成了田纳西河流域传统意义上的水资源的开发利用，并对森林资源、野生生物和鱼类资源展开保护。20 世纪 60 年代后，环境问题的凸显，TVA 重点加强流域内自然资源的管理和保护，从而达到提高居民生活质量服务的目的。

（3）良性经营的运行机制，灵活有力的管理体制是流域管理可持续的关键。TVA 是联邦政府机构权力的经营实体，其经营上的良性循环主要依靠政府的扶持；开发电力等盈利项目，积累资金；发行债券筹措资金等。灵活 TVA 的管理体制之一就是地区理事会，它是具有 TVA 董事会和具有咨询性质的机构。负责参与地区资源管理，参与流域开发管理，直接向总统负责和国会负责。

（4）流域管理的作用。田纳西流域综合开发与治理的基本经验如图 6－1 所示，其最基本的着眼点就是从防洪入手，综合开发利用水资源，从而带动相关产业的发展。促进地区发展和繁荣是 TVA 成立

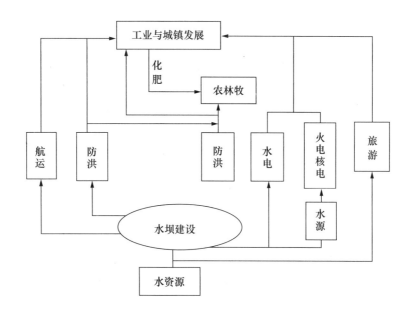

图 6－1　田纳西流域综合开发与治理模式的内在机制

资料来源：张文合：《流域开发论——兼论黄河流域综合开发与治理战略》，水利水电出版社 1994 年版，第 127 页。

之初的宗旨，通过 70 余年的实践表明，TVA 实现了该目标。不仅流域经济取得了巨大发展，流域环境也得到了极大的改善，当前，这里是美国电力、炼铝、军工和化肥的重要生产基地，也是著名的旅游胜地。TVA 在资源保护、发展经济的同时，对流域内社区居民提供技术和资金，支持流域内社区的长期发展，为流域内的居民提供了大量就业机会，有力地促进流域整体的经济发展和社会稳定，改变该地区贫穷落后的面貌，使其成为美国比较富裕、经济充满活力的地区。

总之，美国的典型全能流域管理模式是 TVA。1933 年批准成立的田纳西流域管理局 TVA 是美国最著名的以流域为基本单位的水管理组织，是一个被授权全面管理许多与水有关产品和服务的联邦公司。其业务包括航运、发电、防洪、工农业供水、娱乐、生态保护等多方面。管理局下设 6 个办公室，即农业及化学工业办公室、电子办公室、工程设计及施工办公室、自然资源办公室、社会发展办公室和管理办公室。TVA 模式是十分成功的，其成功的管理体制的特点在于：充分体现了立法在流域开发与保护中的作用；体现了责权利的高度统一；体现了政府的服务职能与企业盈利的有机结合；具有流域管理与区域管理结合的特点。流域生态化区域发展政策是田纳西流域开发成功的关键。即生态化区域发展理念、生态化产业成为流域经济增长点、尽最大可能减少流域开发产生的生态负效应。

二　澳大利亚墨累河流域的开发模式与经验

(一) 澳大利亚墨累河流域的开发模式

澳大利亚墨累—达令流域（Murray – Darlin Basin，MDB），MDB 河是澳大利亚第一大河流，全长 2589 千米，MDB 流域包括昆士兰州、新南威尔士州、维多利亚州和南澳州的部分地区以及澳首都直辖区，流域面积 107.2 万平方千米，是澳大利亚面积最大的流域，约占澳大利亚国土面积的 1/4，是重要的农牧产业基地，拥有澳洲 50% 的羊群以及 25% 的牛群，耕地面积占澳大利亚总面积的一半，灌溉面积 153.33 万公顷，占全国的 75%。流域总人口约 223 万，占全国总人口的 11%。

19 世纪末，由于人口主要聚居区的干旱和饮水冲突促成了澳大利亚历史上第一份水协议。于1901年在联邦政府的协调下,墨累河流域的新南威尔士州、维多利亚州和南澳州达成了分享水资源的协议,河水连同取水权从州到城镇到灌区再到农户层层进行配置,1917年开始实施,严格的水量分配支撑墨累—达令流域经济社会的大发展,该流域由此成为澳大利亚经济最富庶的地区之一。但由于水资源的粗放利用和污水无序排放,于20世纪60年代引发环境问题的爆发,灌溉引起的盐碱化和内涝尤其突出。90年代,随着用水的急剧增长导致河流水量减少,墨累河滋生了大量蓝藻,造成全国严重的水质危机。

为实现MDB的和谐发展,在其开发模式上澳大利亚采取了集权与协商相结合的流域管理模式。管理机构发生一系列变化:由墨累河委员会到墨累—达令流域委员会再到墨累—达令流域管理局(见图6-2)。这种模式的实施,更加有利于水资源配置与生态环境保护。这为流域开发中,生态与经济协调发展提供了保证。

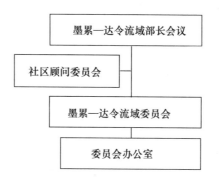

图6-2 墨累—达令流域委员会机构

墨累—达令流域委员会取代墨累河委员会,1988年1月1日正式成立。该管理结构由三个层次组成,如图6-2所示。第一层是部长委员会,有联邦和各个州政府组成,来自各个州政府的部长通过会议来管理分配土地、水资源及其他环境份额。第二层是部长会议的执行机构。由两个机构组成,其一是墨累—达令流域委员会,每个州代表来参与土地、水资源和环境问题的讨论,委员会的委员通常是各个机构的首脑。其二是委员会办公室，它从技术上支持委员会的决议，采取行动。如调节水库库容，分配各州水资源，制订流域的长期的自然资源管理计划。第三层是社区顾问委员会，由地区的代表以及特殊利益集团的代表组成，他们直接向部长委员会汇报，任务是向委员会汇报执行中的政策及工程的影响及其后果。

（二）澳大利亚墨累河流域开发的成功经验

MDB 模式的主要特色是整体流域管理、水资源的公平合理利用和协调管理。在决策过程中十分重视让所有相关社区和政府部门的参与。流域管理机构决策的有效性主要在于政府的合作与支持，其决策不是以各个州的需求为基础，而是以整个流域的总体利益为基础。针对流域的实际问题，通过模拟分析，形成一系列的重要战略，以指导政府和各社区以最好的方式解决问题。要求社区参与所有长远决策的整个过程，鼓励社区参与决定有关流域的未来，要求政府和社区一起长期承担义务。该流域的行动计划由政府、流域内阁、社区顾问委员会、流域委员会及其各部门组成的多层次、有效的流域整体组织共同完成。

整体流域管理（Integrated Catchment Management，ICM）和水决算是 MDB 模式中最具特色的两个思路和方法。ICM 通常要考虑一个区域的防止土地的退化、保护水资源、维护生物的多样性、促进可持续发展多个目标，在决策过程中让所有社区和政府部门参与，特别要明确判识社会经济目标，从而从整体上促进区域水和土地资源的协调管理，有自己的特色。其特点是流域整体观——空间整体、过程整体、战略整体、利益整体等，这被称为 ICM 哲学。认为流域面临的困难是广泛而复杂的，任何单一政府不能有效解决；流域内的人、机构和政府所采取的行动应当对下游的其他地区负责，流域的任何特殊资源、任何部分管理，不能与其他部分分离。流域委员会的有效性主要在于参与政府的合作与支持，其决策不是以各个州的需求为基础，而是以整个流域的总体利益为基础。

MDB 的 ICM，实行流域水资源系统的总体公平分配、合理利用和协调管理体制，是 MDB 模式被普遍推崇的一个主要方面。其主要内容是实施水改革，进行水决算，开展水贸易（Murray Basin Ministerial Council，1997）。水改革的主要内容是提高水作为一种稀缺资源和珍贵资源的认识；将水文系统、河流和地下水作为完整系统加以考虑；按环境需求进行水分配；水价必须与消费相关联；水价要包括供应水的所有费用；水权应与土地财产权分立并建立水贸易制度；将有价值的改革偿付与改革进程相联系，由联邦政府直接奖励州政府以实施改革。

三　莱茵河流域开发模式与经验

莱茵河源头在瑞士境内阿尔卑斯山，全长 1360 千米，其中 867 千米流经德国；流域面积 25.2 万平方千米，其中德国占 10.2 万平方千米。早在公元前，日耳曼人就在莱茵河流域繁衍生息，建立了古老的欧洲文明。经过沿岸各国的共同努力和近两个世纪的开发建设，莱茵河及其支流沿岸形成了化工产业带、钢铁、冶金、机械、制造业产业带、山水旅游产业带。流域内发达的工业、贸易、航运业促进了金融、保险、信息服务等第三产业的发展。

（一）莱茵河流域开发模式

主要是通过流域的整体规划，通过水能资源开发和水电建设、产业发展与结构调整、河道整治与"江海直达"航运网、港口建设和城市化、水资源开发与保护、完善相关的法制建设等方式进行流域开发。

（二）莱茵河流域开发的成功经验

虽然莱茵河流域走的是一条"先污染，后治理"的开发模式。通过近两个世纪的不断开发建设，莱茵河流域取得了举世瞩目的社会—经济—环境综合发展效益，成为全球流域开发的成功典范，并积累了许多宝贵经验。

一是规划先行、环保优先。莱茵河沿岸的开发，总体上看，是有序合理进行的。作为一条国际河流，各国在开发过程中虽然曾出现一度缺乏统一规划、各自为政的情况，但充分利用市场机制配置资源的基本功能，使流域间各国在流域开发上实现了很好的协作。比如，荷兰莱茵河"三角洲工程"就是流域经济协作规划的杰作。基于流域内各国共同利益的驱动，沿江各国加强了不同历史阶段全流域发展规划的协调和合作，从而提高了流域经济整体意识。如德国在其流域开发中高度重视协调好开发与保护两者的关系，在整个流域的开发过程中，奉行开发与保护、发展与环境相协调的宗旨。

二是综合开发利用水资源。比如荷兰制订的"三角洲计划"，体现了全面开发，综合利用，多层次、多方效益相兼顾的特色，包括航运、防洪、旅游、发电、灌溉等，同时，还要有利于环境保护自然生态平衡。流域各国都能够紧密结合各河段的实际，以梯级开发为中心，实行干流并举的综合开发方针，优先开发水能资源和水运资源。

三是重视基础设施建设。具体而言，就是大力发展能源工业，大规模建设莱茵河电厂；建设码头、机场、流域沿岸的公路、铁路，发展水陆交通，形成立体式综合交通运输网络，为产业集聚、企业集聚奠定坚实的基础。

四是积极引进国际资本和技术。国际资本和技术的引入，为企业的发展注入新鲜的活力，为流域经济社会的发展赢得时间。在莱茵河流域沿岸开发中，德国虽然是西欧工业起步较晚的国家，但是，由于大力引进和吸收当时英国、比利时等国家的大量资金和技术，使其沿河产业能很好地进行配套选择与重点培育，进而使其综合优势得以充分发挥，有力地促进了产业的优化组合。

四　亚马孙河流域的开发模式与经验

（一）亚马孙河流域的开发模式与经验

亚马孙河是南美洲第一大河，同时也是世界上河网密度、流域面积、水流量最大的河流。亚马孙河发源于秘鲁南部安第斯山脉，一路向东，沿途经过厄瓜多尔、哥伦比亚、巴西、委内瑞拉、玻利维亚、苏里南和圭亚那等国家。沿途接纳了 1000 多条支流，全长 6480 千米，最终注入大西洋。亚马孙河流域面积 705 万平方千米，约占南美大陆总面积的 40%；每年注入大西洋的水量约 6600 万立方米，相当于世界河流注入大洋总水量的 1/6；亚马孙河水量的 1/4 为沿岸居民使用，1/4 流入大海中，1/2 则为热带雨林所吸收，蒸发后形成降水，因而循环不息的水资源，在亚马孙河流域维持着世界上最大的热带雨林。

亚马孙河流域人口稀少，经济以采集、渔猎、迁徙农业和粗放牧业为主，大部分地区尚未开发。主要经济活动中心和河港为贝伦、玛瑙斯与伊斯托斯。自20世纪60年代开始，流域诸国为开发利用该地区的自然资源，正在勘探和开采矿产资源、组织移民、拓垦农业区、发展养牛业、铺设交通线，并加强区域合作。

流域沿岸各国发展经济，支持或鼓励公路和高速公路的建设，以及大牧场、淘金、开发橡胶、伐木场、农业经济、水力发电、煤、铁矿、铝矿等其他自然资源的开发。

流域上游的巴西通过设置自由贸易区的方式来促进经济的发展，在亚马孙州的首府玛瑙斯设置自由贸易区，并提供各种优惠政策，免费向国内外私人资本开放，创造较完善的投资环境，从而吸引大量外资，使玛瑙斯成为巴西进口贸易的集散地，同时也是世界著名的旅游胜地，贸易区的设置与发展极大地推动了落后北部地区的开发。

在不同阶段，成立不同的管理机构对经济发展与环境保护之间统筹协调。1953年成立"亚马孙经济开发计划管理局"，开始对亚马孙地区进行有计划的开发，1996年以"亚马孙地区开发计划管理局"代替"亚马孙经济开发计划管理局"，以一种军事开发的方式对亚马孙地区进行大规模的开发，规划亚马孙开发的面积达500万平方千米。20世纪70年代，宣布发展穿越亚马孙地区的高速公路。20世纪末是亚马孙历史上的转折点，由于各大媒体的重点放在了从事和发展亚马孙地区上，这将对世界上最大的河流系统和最大的热带雨林的生态系统产生重要的影响。

根据巴西的法律，建立不同类型的自然保护区。比如国家公园、生物保护区和生态保护区。亚马孙河流域是地球上生物多样化的地区之一，为保持生物多样性，建立自然保护区对其实施保护。

亚马孙合作条约组织：一个合作和可持续发展机构。《亚马孙合作条约》于1978年3月由玻利维亚、巴西、哥伦比亚、厄瓜多尔、圭亚那、秘鲁和委内瑞拉在巴西利亚签署执行。该条约的主要目标是以保护自然环境和合理利用自然资源实施联合行动，以促进亚马孙各个地区的和谐发展。同时，保证经济增长和环境保护的平衡，提高该区域居住人民的生活水平。

（二）亚马孙河流域开发的经验

亚马孙河流域开发的经验归纳起来主要有：一是成立专门的地区开发计划管理局，对流域进行统筹规划管理。二是制定环境法，对实施项目进行环境影响评价。三是成立亚马孙合作条约组织，签署双边或多边协议。为了对亚马孙河流域进行合理的开发，使其在开发过程中生态与经济协调，流域各国签署了双边或多边协议。改变其管理制度，主要是正确处理发展经济与资源保护、生态平衡的关系，合理分配土地使用权，实现可持续发展。

第二节　国内经验

国内流域开发中，生态与经济协调发展的先进模式与经验，这里主要选取黑河流域、太湖流域和浙江安吉模式来分析。

一　黑河流域开发模式与经验

（一）黑河流域开发模式

黑河流域是我国西北地区第二大内陆流域，位于河西走廊中部，北纬 37°41′—42°42 与东经 96°42′—102°之间。全长 821 千米，横跨三种不同的自然环境单元，流域面积约 14.29 万平方千米，北部与蒙古接壤，东以大黄山与武威盆地相连，西部以黑山与疏勒河流域毗邻。在行政区划上，包括青海省祁连县的大部分，甘肃省的张掖市、临泽县、高台县、山丹县、民乐县、肃南县、嘉峪关市、酒泉市、金塔县，内蒙古自治区的额济纳旗以及国防科研基地东风场区。沿交通干线呈带状分布于绿洲地区。

由于黑河流域地处干旱荒漠区，随着生产的发展，流域内生态经济系统的矛盾越来越突出，流域生态系统在自然和人为活动的双重作用下，使原本就脆弱的生态系统，加剧了生态系统的退化、恶化。人口环境容量、土地承载力越来越低。为了缓解生态系统和经济系统的巨大压力，达到生态系统与经济系统的协调发展。在对黑河流域整个系统充分调研、摸清家底的情况下，针对黑河流域生态系统具有复合系统、高级系统、开放系统、水资源在该系统中的独特作用、系统环境的特殊性等客观现实，提出了系统耦合发展模式。

（二）黑河流域的成功经验

通过充分调研、摸清当地人口、资源与生态环境的条件下，在生态系统极端脆弱，但又关乎国计民生的关键区域，选择适合有利于本地区经济发展与生态环境协调发展的模式，是实现流域和谐稳定的良方。黑河流域最终选择走农牧业耦合、农产品加工业耦合的循环经济发展模式之路。

二　太湖流域开发模式与经验

（一）太湖流域的网络开发模式[①]

太湖流域位于长江下游河口段南侧，北邻长江，南濒钱塘江，东临东海，西以天目山、茅山等山区为界，位于东经 119°08′—121°55′、北纬 30°—05′32°08′ 之间。行政区划分属江苏、浙江、安徽和上海三省一市。太湖流域总面积为 36895 平方千米，其中，江苏占 19399 平方千米，占 52.6%；浙江 12095 平方千米，占 32.8%；上海 5176 平方千米，占 14.0%；安徽 225 平方千米，占 0.6%。

太湖流域是我国经济最发达的地区之一。2006 年，以 0.4% 的国土面积、3.750‰ 的人口创造了我国 12.63% 的国内生产总值。[②] 区域总人口 4932.40 万，人口密度达每平方千米 1336.87 人，是我国人口密度最高的地区。太湖流域自古以来就有"鱼米之乡"之称，同时又是我国蚕茧、淡水鱼、毛竹、湖羊、生猪、毛兔、茶叶、油菜籽、食用菌等多种农产品的著名产地。

由于近年来，行政分割和土地资源区域协调机制的缺位，造成太湖流域土地资源成割据局面。流域内土地资源开发利用呈现出农业用

---

① 傅春：《中外湖区开发利用模式研究——兼论鄱阳湖开发战略》，社会科学文献出版社 2009 年版，第 125—173 页。

② 《中国统计年鉴（2007）》，经整理而得。

地比重大、区域差异明显；建设用地扩展迅速，生态用地减少趋势明显；人均耕地面积占有量小，耕地质量下降；土地利用率低，利用难度大等特点。其次是太湖流域的水资源总量在减少，质量在下降。虽然太湖流域具有丰富的生物资源，但是，由于不合理的开发，流域内生物资源急剧减少。由于太湖流域人口密度高，城镇化率高，产污排污集中，加之湿地水体交换能力差，太湖流域水质急剧恶化，造成了生物多样性的损害。为扭转这种经济发展与生态不协调的局面，太湖流域在开发中，充分利用太湖流域形成的以太湖湖体为中心，纵横交错的河网为连接桥梁的网状水系。同时，利用太湖流域交通运输体系和城镇体系均比较发达，比较完善的交通网络和大、中、小城市合理配置的城市群的优势，对太湖流域采取网络式的区域开发模式，实现了流域开发中生态与经济的协调。

（二）太湖流域网络开发的成功经验

一是抓住机遇，立足区域的优越条件，促进城乡一体化。紧紧抓住经济全球化、区域产业集聚和新城开发的机遇，在城镇化发展已初具规模、政府积极引导的情况下，充分利用湖区良好的经济地理条件，宏观经济政策和优越的人力资源条件，是太湖流域城镇化高度发展的成功经验。

二是系统规划，统筹管理，促进湖区资源综合利用。以湖区优势为依托，以区域资源空间合理配置和产业间的合理配置为主要内容，以区域内各种资源要素间和产业间、地域间的经济技术联系、市场供求联系为纽带，推进区域经济、社会和生态环境相协调发展。构建统一的区域经济运行与管理机制，产业规划与产业结构调整创新机制，以消除流域内产业雷同、产品重复、规模过小和过度竞争等倾向。

三是打破地域的限制，加强区域经济合作，促进区域共同发展。加强地区间的经济合作，追求共同的利益进行专业化的分工合作，以生产要素的合理流动和优化配置为核心，实现流域共同发展。

四是合理开发、调整不合理的产业结构，提高水污染治理水平，运用科学的技术手段加强湖泊资源管理与保护，促进经济社会的和谐发展。在太湖流域的开发利用过程中，爆发了几次污染规模大、破坏程度强的"蓝藻事件"，水环境遭到严重破坏，居民和工业用水无法正常供应，扰乱了经济社会秩序，造成了不小的经济损失。但是，自1990年以来，对太湖流域的污染治理是中央和地方的常规性工作，并为此花费了数百亿元，虽然该流域贡献了全国12.63%的国内生产总值和22.1%的财政收入，但是，经济发展带来的环境困扰不容忽视。为此，吸取教训，调整产业结构，在开发的同时注重对太湖的保护，同时运用现代科学技术手段加强对太湖水质的监测，以达到太湖流域在开发过程中，做到生态与经济的协调。

三　浙江安吉开发模式与经验[①]

（一）浙江安吉开发模式

安吉地处浙江省西北部，邻近上海、杭州、南京、苏州等城市，被誉为"都市后花园"。安吉气候宜人，属亚热带海洋性季风气候，气候温和湿润，气候宜人，年平均气温在15—17℃。在20世纪80年代，安吉作为浙江20个贫困县之一，为脱贫致富，下决心走工业强县之路，利用良好的山林、矿山等自然资源，兴办了一批造纸、化工、建材、印染等资源消耗型和重污染型产业。最终的结果是牺牲绿水青山换来了金山银山，使安吉经济获得了快速的增长，摘掉了贫困县的帽子。然而，粗放式的发展虽然让安吉经济实现了短期的增长，但也为此付出了巨大的生态环境代价。尤其值得一提的是，当时安吉境内天荒坪镇余村，是安吉县最大的石灰岩开采区，"靠山吃山"，村里集体经济年纯收入达300多万元，余村一度成为安吉最富裕的村。因为开矿，余村常年烟尘漫天，树叶被厚厚粉尘覆盖，平时村民连窗户都不敢开，日积月累，年复一年，在20多年的时间，致使全村生态系统被严重破坏，百姓并未得到想要的幸福生活。1998年，安吉被国务院列为太湖水污染治理重点区域，受到了"黄牌"警告。

2005年8月，时任浙江省委书记的习近平到安吉调研，首次提出

---

① 经济发展与环境保护关系调研小分队：《如何破解经济发展与环境保护的关系》（安吉篇），http：//www.360doc.com/content/17/0801/15/45973571_ 675855211.shtml。

了"绿水青山就是金山银山"的重要思想。之后，安吉以"两山"重要思想为指引，在保护生态的前提下发展绿色经济，用发展经济的成果反哺生态保护，实现了生态环境保护与经济发展的"双赢"。

（二）安吉模式的经验

1. 转型发展：留住绿水青山，放弃金山银山

一是安吉关闭一些对环境污染的厂矿企业，实现绿色转型。1998年，安吉县余村利用开矿积累的资金开发龙庆园景区，建成湖州市首个由农民兴办的旅游项目，并扶持村民开办了十几家农家乐。2003年，余村毅然决然地做出由"石头经济"向"生态旅游经济"转型的决定。先后投入8000余万元，对全县74家水污染企业进行了强制治理，关闭了33家污染企业，拆除了有30年历史、规模和税利列全县之首的孝丰纸厂制浆生产线。

二是对不符合环保要求的企业一律不准落户。印度尼西亚金光集团投资近50亿元的造纸项目，投产后年税收可达10亿元，因为环保问题被淘汰了；台资项目天湖度假村，房子已造好，环保没达标，县政府赔偿了700万元，停了这个项目……近三年，170多个5000万元以上的投资项目因环保评估不达标被否决，其中超亿元的项目就有十多个。

2. 发展绿色产业：绿水青山就是金山银山

十几年来，安吉践行"绿水青山就是金山银山"的理念，探索"生态立县"，立足全县资源潜力、环境承载能力和发展定位，优化国土空间开发，全面推进经济转型发展，将"绿水青山"转化为"金山银山"。因地处浙北山区、天目山北麓，境内山清水秀，万顷竹海使得安吉名列"中国十大竹乡"之首。在不断的实践探索中，安吉走出了一条生态经济化、经济生态化的道路，三次产业实现了融合发展。

在生态工业方面，提升传统产业，培育新兴产业，大力发展生态工业。仅竹制品加工2014年销售收入就达180亿元，占工业总产值的1/3，从业人员近5万，全县农民平均增收7800元。如今，坐拥优越生态环境的安吉县，以竹产业为代表的绿色产业已成为经济支柱。

无论竹林培育、竹产品加工还是竹旅游资源的开发，安吉都走在全国乃至世界的前列。可谓"一根翠竹挑起百亿元产业"。

安吉竹产业实现了从原来卖原竹到进原竹、从用竹竿到用全竹、从物理利用到生化利用、从单纯加工到链式经营的 4 次跨越。在安吉，每一根竹子都要"吃干榨净"，通过科技创新，安吉竹业对一根竹子实现了从竹叶、竹竿到竹根甚至竹粉末的物理与化学的全竹高效利用。从"以竹代棉"的竹纤维服饰、家纺，到竹叶黄酮天然饮料，再到竹根雕，甚至细碎的竹屑、锯末都能废物利用，变废为宝。

竹制品从单一的竹凉席发展到了竹质结构材料、竹装饰材料、竹日用品、竹纤维制品、竹质化学加工材料、竹木加工机械、竹工艺品、竹笋食品八大系列 3000 多个品种，形成了竹产业配套完整的产业链。竹地板产量占世界产量的 50% 以上，竹工机械制造产品占据了 80% 的国内市场并出口多个国家和地区。

在第一、第二产业发展的基础上，以商贸和休闲为主体的第三产业快速发展。国际竹艺商贸城从 2007 年开张以来，交易额逐年增长，已成为有一定影响力的竹产品商贸活动平台。近年来，竹林的生态景观功能日益凸显，以竹博园、大竹海等为主的竹海旅游和农家乐快速兴起，极大地促进了安吉休闲旅游产业的发展。

一根翠竹，催生了一个产业，撑起了一域经济，富裕了一方百姓。安吉全县现有竹产品企业 2000 多家，年销售收入亿元以上的企业就有 11 家。安吉以占全国 1.8% 的立竹量，创造了全国 20% 的竹业产值。

第三节 对怒江流域的启示

通过对发达国家、发展中国家、国内先进地区在流域开发中生态与经济协调发展的先进经验与模式的梳理，世界各国和地区对流域的开发主要采取三种管理体制：一是以行政分区管理为主；二是流域管理为主；三是流域管理结构与行政分区管理机构相结合。管理机构的设置主要采取三种形式：一是流域管理局；二是流域协调委员会；三是综合性流域机构。

其流域开发模式与管理对怒江流域开发得到的启示：

（1）遵循发展与保护并重、开发与治理通行的基本原则是流域开发成功的根本出发点。流域生态系统是一个由经济、人口、资源、环境等各个子系统，相互联系、相互影响而构成的复合系统，因此，流域开发是一项系统工程，对其中任何一个子系统的开发都会对其他子系统产生较大的影响。

将流域作为一个整体，成立统一的协调机构，并对流域拥有规划、开发、利用和管理各种资源的广泛权力；流域的开发、资源的利用，必须把促进流域内经济发展和人民生活的改善摆在重要的位置；在制定规划和开发过程中，同时要考虑流域生态环境的改善或重建（何大明、冯彦等，1994）。在流域开发与治理中不仅注重自然条件的改善，而且更加注重生态环境的保护和资源、环境、人口的协调发展。同时，更加注重通过制定长期性的战略规划，实现对水资源的综合开发和利用。因此，流域开发应着眼于流域生态经济系统的整体性，根据流域区内各个子系统的具体条件，树立起因地制宜，整体化的开发思路。

（2）因地制宜选择开发重点，综合利用，形成各具特色的开发模式，是流域开发的主要手段。根据区情、域情，确立开发的主要目标，选择合理的开发模式，综合利用水资源的发展战略是切实可行的。国外大多数流域的战略规划都是以多目标和综合协调开发为特点。一般而言，短期目标主要是建立起策略的执行基础和共同管理的基础，保护和增加流域特别是跨边界地区的环境指标监测、统一环境政策、促进公众参与、促进公共和私人部门的行动及两者之间的协调。长期目标是通过提高流域的管理水平，保持流域的综合利用和可持续发展。其主要内容包括区域开发、污染治理、工业布局、交通与城镇建设等方面的综合协调发展。

从全局考虑，最合理地利用土地，才能够使经济发展与环境保护"双赢"，或以较小的代价取得最大的收益。在进行经济建设时，一定要先进行环境影响评价，确定其对环境的影响程度，并及时采取措施，整治环境。

（3）设置专门开发机构、健全法规、完善管理是流域经济与资源环境协调发展的根本保证。北美五大湖区的密西西比河流域在开发过程中，设立了流域管理局，它是由国会立法建立的独立机构，经济上完全自主，行政上不受执政更迭的影响，从而能有效协调流域区各开发部门的利益与责任，保证流域开发的长期稳定性。可以看出，流域综合开发的过程中区域、部门之间矛盾较多，条块分割较为严重。解决问题的途径之一就是通过立法，设立专门的管理机构来协调流域区的开发。

（4）重视规划中多方案科学论证，确保开发决策正确、措施得当，是流域开发的必要条件。流域开发的规模大，影响深远，许多重大项目是涉及资源、环境与经济可持续发展的百年大计，处理不当往往会带来不可挽回的经济和生态环境损失。不能再走先污染，后治理的开发之路。北美五大湖区的密西西比河在开发过程中，陆军工程师团体本身设有自己的科研机构，而且还与有关高校、科研单位广泛合作，建立了最大的密西西比河水系整体开发模型，为水资源的综合开发提供科学的依据。因此，流域开发的重大项目一定要先进行多学科、多部门、多方面的系统论证，然后才能付诸施行。

（5）加强流域间的经济合作，促进流域协调发展是流域开发成功的动力支撑。太湖流域"网络"开发模式表明：在开发过程中打破地域限制，促进城乡经济一体化，加强区域经济合作，为追求共同的利益目标而进行专业化分工，以生产要素的流动和优化配置为主要主体实现"双赢"，能实现城乡共同繁荣、区域共同发展。系统规划、统筹管理，能有效地促进流域区资源的综合利用。

（6）推进流域法制化进程，做到立法先行，有法可依，实现流域和谐发展。流域法治是指各级政府对流域的管理工作不仅需要有法律依据，而且也必须严格依照法律执行。法制建设的完备程度是衡量流域经济发展水平和开放程度的一个重要标志。凡是在流域开发中取得成功的地区，无不建立一套完备的法律法规来规范约束流域开发与管理，其内容非常全面，涵盖了流域开发与管理、水土保持、工业布局、农业发展、城镇建设、环境保护、区域综合开发等各个方面，从而对于流域开发与管理权力赋予长久、稳定的权威保障，保证了流域的科学规划和合理布局，提高了流域综合多目标开发和利用水平和层次，而且有力地推动了产业带的形成及流域地区经济与社会发展和进步。因此，流域开发首先应制定法律法规，这样不仅使开发有章可循，有法律保障，而且可以避免政策易受形势所左右出现朝令夕改的现象，减弱旧体制形成的障碍，协调各方利益冲突，保证开发能够长期、健康和有序进行。

（7）加大资金投入力度，加强基础设施建设，构筑流域交通网络。基础设施建设是流域开发、各类生产要素流通的重要基础。根据发达国家流域开发的经验，加强基础设施建设，构建综合交通体系，不仅有利于流域两岸产业和城市的衔接，还能大大提高流域两岸对腹地的经济辐射能力。

（8）深化改革开放、积极筹措资金。改革是流域开发的动力，开放是流域开发的关键。要充分发挥企业在流域开发中的主体作用，深化国有企业和城镇集体企业改革，鼓励企业根据自身特点选择与生产力水平相适应的所有制形式，积极发展，混合所有制经济，壮大企业规模，提高竞争力，要放手发展个体经济，鼓励企业跨行业、跨领域、跨地区、跨所有制兼并。坚持全方位对外开放，大力承接国际产业转移，吸引国际资本流入，积极鼓励个体私营经济与跨国公司和大企业进行配套，促进产业集群的形成和发展。

（9）大力发展服务业，提升产业结构水平，增强流域自身竞争力。服务业不仅是先进生产力的标志，也是现代化的标志，这是国际上的经验，也是经济发展的一个规律。从全球经济发展看，发达国家经济重心已转向服务业，产业结构呈现从工业型经济向服务型经济转型的总体趋势。怒江流域地区旅游资源丰富，应发展生态旅游，探险旅游为重点，加强旅游资源的整合开发，加快形成新型的怒江流域旅游产业带。在发展过程中，坚持科学规划，突出特色，充分调动当地的主观能动性，发挥创造力，以水和文化为主题，依托怒江流域各具特色的旅游资源，将历史景观与现代景观、自然景观与人文景观结合起来。鼓励民间资金参与旅游资源的开发。在加强旅游硬件建设的同时，强化旅游人才培养与开发，扩大宣传攻势，搞好配套服务，提高旅游服务质量和旅游经济效益，推动旅游风光带的形成与旅游经济的快速发展。

总之，因地制宜、发展特色；公司合作，组建实权机构；采用"点—轴—圈"开发模式，实现流域共同发展；立法先行，有法可依；整治航道，发展交通；科技先导，以人为本；合理规划，科学布局，形成产业带；重视方案论证，坚持分类指导开发；重视环保，走可持续发展道路；利用自然，人文景观，大力发展当地富有特色的旅游业。

第七章 兼顾发展权与可持续性的怒江流域开发模式选择

第一节 开发模式概述

一 流域开发的定义

一般来说，开发通常是指某一个项目的开发，某一个产业的开发，主要是指经济的开发。流域开发是对流域的自然、经济和社会资源进行综合利用，在不损害环境与生态效益的基础上，获得最大的经济增长和社会发展，以促进流域区经济社会可持续发展为目的的区域开发。流域开发是指在全流域范围内，综合开发各种自然资源，协调人地系统共生，合理布局工农业生产，使人口、资源、环境和经济发展（PRED）相协调的一个地域经济过程。[①] 我们认为，流域开发是自然资源、区位资源、经济技术基础、智力资源、市场和信息资源的综合开发和综合利用过程。但是，具体到某一个流域，要根据各个流域的具体情况，因地制宜地选择适宜的流域开发。

二 流域开发的模式

流域经济开发是一项十分复杂而庞大的系统工程，其开发模式受到各流域的规模及在区域经济中的地位和作用不尽相同。学者们提出或总结的流域开发模式因研究角度的不同而有很大的差异。张庆宁

---

① 李大军、杨先寿：《脆弱生态约束下猫跳河流域开发的 PRED 协调机制》，《能源与环境》2009 年第 4 期。

（1993）把流域开发模式归结为自然灌溉农业模式、电力灌溉复合单向模式、资源的初级开发导向模式、分离性综合开发导向模式和协同发展导向模式。从开发目标视角来看，随着流域开发的逐步深入，针对开发中不断出现的新问题，以及人们对于流域开发的认识不断提高，流域开发模式逐步演进和完善总体上经历了单一目标开发、多目标开发（综合开发）和整体开发三大类型。[①]

三　流域开发的原则

（一）坚持统筹兼顾、协调发展

流域的开发不仅要考虑现实的经济、生态、社会效益的最大化，而且要考虑长远的系统协调发展问题。[②] 流域发展就是要实现流域各地区之间以及人口、经济、社会和环境之间的协调发展。流域经济的协调可持续发展不仅是指一个地区内部资源的合理配置，而且更是一种各区域之间经济优势互补、层次有序的发展模式。环境与经济是经济、社会发展的物质基础和物质源泉，人与自然的矛盾是人类生存和发展的基本矛盾，经济、社会和环境的相互作用伴随人类经济发展和开发利用自然的全过程。因此，协调经济、社会和环境的关系不仅是社会发展也是流域经济发展过程中一个较为核心的问题，实现经济、社会和环境的可持续发展始终是生态经济追求的目标。

（二）坚持环境优先，保护与开发相结合

要坚决维护流域良好的生态环境，保持生态平衡和健康，按国际标准，河流的开发利用率不得超过40%，人类活动产生的污染物总量不能超过相应区域的环境容量，各类有害物质即使通过食物链的富集作用也不应对人类和其他生物产生危害，保持物种多样性，使流域内保持一定的物种和遗传基因资源，保持足够的森林、水面、湿地面积等，将水资源可持续利用和流域生态建设摆在十分重要的位置，限制

---

① 陈丽晖、何大明：《澜沧江——湄公河流域整体开发的前景与问题研究》，《地理学报》1999年第55期。

② 武友德：《不发达地域经济成长论》，中国经济出版社2000年版，第260—261页。

人类为了实现暂时的经济目标而盲目地损害环境。坚决遏制浪费资源、破坏资源的现象，以可持续的方式开发利用河流的价值，实现开发与保护的平衡。

（三）坚持适度和合理的开发与利用

人类的经济和社会发展对于自然资源的开发和利用必须维持在资源和环境所能承受的范围之内，以保证发展的持续性，过度的开发利用会导致环境的破坏和资源的枯竭。每一条河流对于自然和社会系统的承载力都是有限的，只有在其承载力的范围之内，才能保持流域人口、资源与环境可持续发展。因此，经济社会系统的发展必须以河流的承载力为前提，以水资源供需平衡为基本条件，确定流域经济社会发展的合适的目标和规模。坚持适度原则，在合理有效开发的同时，防止人类对流域环境的侵害；重视生态与水的密切关系。

（四）多目标、综合开发原则①

要根据流域内资源要素的组合特点，进行综合开发与治理。开发利用与流域内各地区的经济发展有着密切关系，各地区之间的经济联系也会随着水资源的开发利用而不断地得到加强和加深，其必然是一个多种资源相互匹配、多个目标反复权衡的综合开发过程，必然遵循综合开发即多目标开发原则。在开发过程中，不仅有资源开发利用的目标，也应有治理保护方面的目标，追求经济效益、社会效益和生态效益的统一。

第二节 开发模式选择

世界各国流域开发的以往经验表明：流域开发是一项十分复杂而庞大的系统工程，其开发模式的选择既要受到各国各地区经济实力和生产力发展水平的限制，又要受到各流域的规模以及在区域经济中的

---

① 张文合：《流域开发论——兼论黄河流域综合开发与治理战略》，中国电力出版社1994年版，第5页。

地位和作用不尽相同，所以流域不可能有统一的开发模式。前面的章节对怒江流域生态环境现状、经济发展现状的分析，指出，怒江流域面临经济发展与环境保护的双重困境。通过流域开发中，破解经济发展与环境保护两难的国内外经验对怒江流域开发的启示，探寻怒江流域的开发模式。

一 有机农业开发模式

（一）有机农业及其产生背景

1. 有机农业内涵

有机农业是指在生产中不使用人工合成的肥料、农药、生长调节剂和畜禽饲料等物质，不采用基因工程获得的生物及其产物为手段，遵循自然规律和生态学原理，采取一系列可持续发展的农业技术，协调种植业和养殖业的关系，促进生态平衡、物种多样性的发展和资源的可持续利用。[①] 我们认为，有机农业开发是环境友好型的开发模式。

2. 有机农业的功能与特征

（1）有机农业的生态功能。从生态角度来讲，农业环境直接影响到整个流域的生态环境安全。"十二五"时期，我国经济的增长已进入以环境优化、生态协调发展为主线的新阶段，现代农业的发展应充分考虑流域内生态环境、保持流域内生态系统的稳定性，走持续发展环境友好型农业新模式是题中应有之义。发展循环经济，促进农业生产与环境建设。

（2）有机农业特征。以自然资源尤其是可再生资源为基础；有效地利用太阳能和生物系统的生产潜力；维持土壤肥力；最大限度地实现植物养分和有机物质的循环；不使用自然资源以外的物质；维持生态系统和农业景观的基因多样性；向畜禽提供适应其行为本性的生活条件等。

3. 有机农业开发的宏观背景

（1）环境友好型农业的提出。环境友好型农业将生态文明、循环

---

① 张兵生：《绿色经济学探索》，中国环境科学出版社 2005 年版，第 133 页。

经济的理念应用到农业经济建设中①，其目标是在农业生产过程中和产品生命周期中减少资源、物质的投入量和减少农业废弃物的产生排放量，实现农业经济和生态环境效益的"双赢"，从而找到实施农业可持续发展战略的根本途径、实现形式和技术措施。

发展环境友好型农业是经济发展与生态可持续发展的必然选择。环境友好型农业模式注重环境保护和农业污染防治，主张建立作物、土壤微生物、家畜和人的和谐系统；按照生态环境和资源的特点发展多种经营、多种农产品互补、轮作等生产手段，实现资源优化配置。同时，环境友好型农业模式将生态环境保护与农业发展有机结合起来，注重两者相互促进、共同发展，目标是获得生产发展、生态环境保护、能源的再生利用和经济效益四者统一的综合性效果，能在长期不对其环境造成明显改变的条件下产生较大的生产力。

面对中国发展现代农业利用科学技术这样的现实情景和怒江流域的实际，在兼顾经济发展和环境保护的双重困境下，积极试点发展低碳农业、开发有机农业是环境友好型的农业开发。

（2）国际国内背景。有机农业起源于 20 世纪 20 年代的德国和瑞士，基于应对石油农业而产生的一种生态和环境保护理念。自工业革命以来，科学技术获得突飞猛进的发展，极大地推动和加速了人类进步的进程，同时人类对科学技术的不恰当运用，也造成了诸多负面的影响，比如植被迅速减少、水土流失加剧、土壤肥力下降、沙化和盐碱化严重、生态环境遭到严重破坏等，使农业可持续发展面临困境，为此，人类亟须在尊重自然规律的基础上重新审视自己的农业生产方式和生活方式，重新认识大自然，了解大自然，寻找适合自己发展的农业生产方式。基于这样的客观现实有机农业应运而生。自英国的霍华德和巴尔福（Howard and Balfour）从健康的角度提出有机农业概念伊始，到 20 世纪 70 年代，以生态环境保护和安全农产品生产为主要目的有机农业在欧盟、美国、日本以及

---

① 王晶：《积极建设有机农业，践行我国可持续农业发展战略》，《经济视角》2010 年第 3 期。

部分发展中国家得到快速发展。截至 2006 年，全球有 138 个国家和地区从事有机农业生产，有机农业面积达到 3040 万公顷，有机农场超过 70 万个。①

20 世纪 90 年代以来，随着生物技术和信息技术为主的高新技术的不断突破与应用，科学技术在农业增长中的贡献不断提高，成为现代农业的新内容。科学家将应用生物技术培育高产、优质、多抗的动植物新品种，研究生物农药、生物化肥、动植物生长调节剂等生物制剂。生物农药、生物肥料将大大减少化学肥料、化学农药的使用量，降低生产成本，减少环境污染；信息技术在农业中的应用也越来越广泛。未来农业发展很大程度上取决于信息拥有量与应用程度。信息技术的标准化、系统化、应用化、网络化，将提高先进技术的普及率，提高决策科学化的水平。②

化肥和农药是现代农业发展的支柱，曾经为解决人类粮食问题做出贡献，但是，化肥和农药的高耗能、高污染的弊端已经被认识，它不仅影响土地的有机构成、农作物的农药残留诱发食品安全，而且化肥和农药的生产过程本身消耗大量的化石能源、产生大量的二氧化碳的排放。联合国粮农组织新近指出，耕地释放出大量的温室气体，超过全球认为温室气体排放总量的 30%，相当于 150 亿吨的二氧化碳。据其估计，生态农业系统可以抵消掉 80% 的因农业导致的全球温室气体排放量。无须生产工业化肥每年可以为世界节省 1% 的石油能源，不再把这些化肥用在土地上还能降低 30% 的农业排放。

（二）怒江流域有机农业开发的战略意义

1. 提高农民增收、实现经济公平的必然选择

有机农业是一种新型的农业生产经营方式，对于实现农业可持续发展、增加农民收入及就业、满足人们生活需要具有重要的作

---

① 张新民、陈永福、刘春成：《全球有机农产品消费现状与发展趋势》，《农产品加工》（创新版）2009 年第 3 期。

② 魏蔚：《中国农业领域的环境治理与低碳发展模式》，《经济要参》2010 年第 19 期。

用。传统的农业生产方式已经不适应新形势下对农业生产的要求，农业生产过程中化肥、农药等大量的残渣滞留在土壤中，破坏土壤有机质含量，形成土壤的板结、硬化、使土壤肥力下降。土壤吸水性差，导致水土流失严重。土壤健康是农业生态系统健康的基础，保持生态系统健康强调预防性措施和方法。有机农业倡导健康生产和健康消费观念、产品（食品）安全意识、质量标准。怒江流域通过发展有机农业，将有机农业的生产观、价值观、消费观、环保观融入人们的社会生产、生活当中。提高思想认识水平，发展生产的目的是提高物质生活和精神生活水平，在保护生态环境前提下，通过合理改造自然、利用自然，创造物质财富，更好地保持人类社会健康发展。

2. 保护生态、维持环境与经济持续发展的途径

有机农业的开发有利于培育健康生态系统，提高生态服务功能。有机农业禁止使用合成肥料和农药，代之以有机肥料和利用生物多样性减少耕地轮作，从而建立生态系统内稳态机制，挖掘系统内部资源，保持和提高生态系统的生产率，减少环境污染。怒江流域产业结构的调整，是实现环境友好型农业的必由之路。有机农业向社会提供无污染、美味、营养丰富的安全食品，以满足人们的生活需要和社会需求，对减轻环境污染、提高产品的市场竞争力、提高农业生产可持续发展具有重要的现实意义。

3. 保持生物多样性的现实诉求

有机农业生产是通过不减少基因和物种多样性，不毁坏重要的生境和生态系统的方式来保护利用生物资源。随着全球日益变暖和气候更为异常，有机农业在促进和缓解全球变暖方面的作用至关重要，有机农业通过减少对农业化学品的需求，降低了非再生能源的使用。怒江流域发展有机农业的宗旨是在无污染，保持及促进土壤肥力，营养全面、健康，遵循可持续发展原则，能促进生态环境的平衡、丰富生物的多样性。通过多样性种植、降低作物营养水平、充分发挥农业生态系统的内在自然调节机制，建立稳定的农业生态系统，保持系统内物种的多样性。提高土壤肥力，改善土壤质量，减少温室气体排放、

规范野生采集行为，保护野生资源与自然环境，对转基因产品进行控制。[①]

（三）怒江流域有机农业开发的优势

1. 生态环境良好

传统农业由于实施大量的农药、化肥等，带来了严重的环境与资源问题，自然生态系统遭到破坏，土地生产能力持续下降。怒江流域是有生态环境的特殊性、独特性、多样性以及民族地区自然环境的共同性。怒江流域海拔落差大，气候呈垂直分布，流域内山高坡陡、沟谷纵横、气候类型多样、植物种类丰富。土地以坡地为主，水土流失严重，土地贫瘠；耕作方式落后。两岸耕地化肥、农药施用量均较小，因此，农药、化肥产生的农业面源污染也较小，具有未受环境污染的良好生态环境区位优势。

2. 劳动力资源优势

有机农业是传统农业与现代科技有效融合的劳动密集型产业，由于传统农业中的农药、化肥和杀虫剂等农业措施在有机农业中尚未找到良好的替代措施，很多诸如病虫草害防治等农业劳动要通过手工来完成，在其产前、产中、产后等环节的专业分工上均需要大量的劳动力的投入。2008 年年底，怒江流域总人口 616.8 万，其中，农业人口有 548.1 万，占总人口的 88.9%。农业劳动力资源丰富。流域内域工业化程度低，以农业为主，流域内农业劳动力具有高度相似性。潞西市总人口 37.8 万，其中，农业人口 29.9 万，占总人口的 79.1%；怒江州总人口 53.3 万，其中，农业人口 45.8 万，占总人口的 85.9%；保山市总人口 246.4 万，其中，农业人口 221.9 万，农业人口占总人口的 90%；临沧市总人口 238.2 万，其中，214.6 万，占总人口的 90.1%。孟连县总人口 13.4 万，其中，农业人口 11.6 万，占总人口的 86.6%；西盟县总人口 9.3 万，其中，农业人口 7.8 万，占总人口的 83.9%；云县总人口 18.2 万，其中，农业人口 16.5 万，占总人口的 90.7%。流域内农业人口比重大，为发展有机农业提供了大量的劳

---

① 孟凡乔：《有机农业的环境保护作用》，《世界环境》2008 年第 1 期。

动力。

3. 技术保障

中国有四千多年的农耕文明，历史上传统的"粮猪型"小农家庭内部以农业为主的综合生产，农户在种田兼养禽畜的同时，开展家庭工副业，由于其生产过程与自然合一，原本就是"种养结合"生态化的有机农业模式。① 生态农业的发展及农业科研在有机农业方面取得的一些探索性成果，如免耕、合理轮作、生物肥、生物防虫治虫以及现代高科技激光技术在农业上的应用等，都为有机农产品的开发提供了良好的技术。同时发展绿色食品也为怒江流域有机农产品的开发提供了借鉴。因此，我国农业研究无论在生态环境治理、品种选育及栽培管理，还是产品产后加工储藏等方面都积累了大量的技术储备，例如，地方特色品种（豆类、特色菜）的选育、生物防治技术及产品（植物类农药）、生物肥料快速堆腐及生产、节水技术、就地保鲜等，一些新技术不断产生和推动。②

4. 耕作方式的相似性

有机农业的开发与传统原始农业精耕细作方式有极大的相似性。耕作方式的相似性反映在经济发展水平上，而经济发展水平的高低一般可以从经济总量和人均生产总值上来衡量。怒江流域整体社会经济发育程度低，与内地比，生产力水平相对较低，农业生产发展水平在其流域内除保山市的腾冲县、隆阳区、龙陵县、昌宁县，德宏州的潞西市，怒江州的兰坪县、泸水县、贡山县，临沧市的临翔区、耿马县等经济发展相对较好外，大理州的云县，普洱市的西盟县、孟连县，临沧市的凤庆县、永德县、镇康县、沧源县、双江县，怒江州的福贡县经济发展水平极低（见表 7-1）。

---

① 石嫣、程存旺、温铁军等：《印度农民的有机农业技术、组织和制度创新及对我国的启示——基于印度卡纳塔克邦的田野调查》，《生态经济》2010 年第 11 期。

② 丁长琴：《我国有机农业发展模式及理论探讨》，《农业技术经济》2012 年第 2 期。

表7－1　2008年怒江流域各地州、市县生产总值及人均生产总值

单位：万元、元

地区	生产总值	人均生产总值	地区	生产总值	人均生产总值
隆阳区	824312	9131	镇康县	118078	6901
腾冲县	503456	7979	双江县	99171	5534
龙陵县	206100	7522	耿马县	230133	8135
昌宁县	252357	7347	沧源县	100147	5769
施甸县	171697	5307	云县	144210	6948
孟连县	80267	6004	潞西市	320041	8502
西盟县	34253	3694	泸水县	134797	7251
临翔区	235783	7745	福贡县	43497	4581
凤庆县	223076	4921	贡山县	27048	7271
云县	387768	8517	兰坪县	216423	10168
永德县	159700	4366	察隅县	7769	3034

资料来源：《云南统计年鉴（2009）》和《西藏统计年鉴（2009）》，经整理而得。

5. 政策优势

2002—2008年，在"中央一号文件"中均提到了要发展"有机农业"或"有机食品"。为贯彻落实中共中央、国务院关于扩大无公害农产品、绿色食品和有机农产品生产供应的要求，全面提高农产品质量水平，切实保障农产品消费安全，大力增强农产品市场竞争力，促进农业增效和农民增收，农业部于2005年8月8日以农市发〔2005〕11号文件形式，就无公害农产品、绿色食品和有机农产品发展，发表了《关于发展无公害农产品绿色食品有机农产品的意见》。提出发展无公害农产品、绿色食品和有机农产品是农产品消费安全的有效保障，是增强农业综合竞争力的迫切需要，是增加农民收入的重要举措，也是推进农业增长方式转变的战略选择。[1] 2005年4月1日正式实施的中国《有机产品（GB/T19630）》国家标准则从技术和管

---

[1]　中华人民共和国农业部：《关于发展无公害农产品绿色食品有机农产品的意见》，《农业质量标准》2005年第5期。

理层面给中国有机农业的发展提供了保障。① 2014 年"中央一号文件"提出："加大农业面源污染防治力度，要支持高效肥和低残留农药使用、规模养殖场畜禽粪便资源化利用、新型农业经营主体使用有机肥、推广高标准农膜和残膜回收等试点。"农业部办公厅 2015 年 2 月发布的《2015 年农产品质量安全监管工作要点》提出，要大力推进无公害、绿色、有机和地理标志农产品发展，有机农产品要坚持因地制宜和生态安全。各省市也积极响应号召，出台了一系列的政策，鼓励和支持有机农业的发展。②

怒江流域属边疆民族地区，国家对其发展有机农业有政策的扶持。同时发展有机农业符合国家的方针政策。我国社会发展导向是建设资源节约型、环境友好型社会，建设生态文明，形成节约能源资源和保护生态环境的产业结构、增长方式、消费方式。发展有机农业与国家的大政方针相吻合，是今后农业产业结构调整，大力发展的方向。

（四）有机农业开发模式

1. 在怒江峡谷区怒江州，云县、西盟县、孟连县可选择资源密集型和劳动密集型

有机农业相对传统农业是劳动密集型产业，上述地区可依托丰富劳动力，发展有机农业，可以借鉴印度、泰国、巴西、意大利的做法。充分利用当地的自然条件发展适合的有机农业项目，是快速发展有机农业的一个重要的途径。同时，把生态旅游和有机农业发展有机结合起来。开展生态旅游，生态保护是生态旅游的一大特点和基本前提，强调保护当地资源，在旅游经营过程中繁荣经济，提高居民生活品质。有机农业的开发就是保持生态系统的稳定性、维持生物多样性。生态旅游是旅游可持续发展的制高点，有机农业是农业可持续发展的制高点，两者结合具有相得益彰的环境保护价值，可以有效地解

① 孟凡乔、叶晨、焦子伟等：《伊犁地区绿色食品和有机农产品生产现状、问题辨识与对策分析》，《新疆农业科学》2008 年增刊第 45 期。

② 农业部办公厅：《2015 年农产品质量安全监管工作要点》，《今日农药》2015 年第 3 期。

决以往生态环境保护与发展经济之间的矛盾，促进生态、农村和社会的协同发展。

2. 在下游的保山可选择资金密集型

保山市在怒江流域中是经济发展水平较好的一个地区，农业基础设施完备、土地资源丰饶，农业科技水平有一定的基础。可以借鉴美国、澳大利亚、德国、日本等发达国家的做法，借助科学技术上的优势，充分应用现代科学技术成果，推进有机农业的发展。美国将农业科研、教学、生产紧密结合，形成了一套"三位一体"的有机农业发展模式，有效地提高了农业技术在有机农业中的应用。

3. 有机农业的保障体系

借鉴国内省市发展有机农业的先进做法，完善政府官员绩效考核体系。政府将地方有机农业发展的情况纳入地方的政绩考核中，强化地方政府对有机农业的重视程度，从而有力地引导各地有机农业的发展。例如，辽宁省北票市把农业标准化和农产品质量认证工作纳入乡镇干部考核指标，而江苏省将有机农业的发展写入了江苏省市、县长环保目标责任状中。保障体系是建立生态有机农业发展的科技支撑的重要环节，为使有机农业开发模式有效运转；必须建立有机农业发展的组织保障体系；建立生态有机农业标准化生产示范体系和发展的技术；建立生态有机农业发展的环境保障体系和完善配套服务；建立健全有机农业"公司＋农户"生产组织模式。一般来说，可以采取以下四种具体模式：一是公司和农户直接签订协议，由公司提供生产技术和统一供给主要投入物资，公司以一定价格回收产品，简称订单式。"公司＋基地＋农户"的经营模式，与农户签订保价收购合同，农户生产出的产品通过公司进入市场，完全解决了农户担心的销售难的问题，使农户的基本利益得到了保证，同时为农户提供产前、产中、产后服务。二是公司通过合作社和农户打交道，即"公司＋农民合作组织＋农户"的合作社式。三是公司把农民的土地租过来，吸收农民成为员工，进行有机农业的生产，简称反租倒包式。四是"互联网＋经营"模式。

（五）发展有机农业应注意的问题

发展有机农业要以流域内的资源优势为依托，突出特色。流域内的怒江州要从保护"三江并流世界遗产"生态环境的需求出发，将保护生物物种资源、集约发展生态农业和推进生态环境保护作为核心要素，结合退更还林（草）等政策，优化农业内部产业结构。依托怒江州丰富的林地资源，典型的立体气候特征及多物种间的相互依存关系，发挥种植业和养殖业的互补优势，充分利用梯次时空组合不同生物种群，发展林下、林间种养殖业，实施"林药、林菜、林草、林禽、林畜、林游"等多物种共存、多层次配置、多时序交错、多级物质能量循环利用的立体种植、立体养殖、立体种养的生态农业格局，提高能量的循环效率、物质转化率。[①]

二　生态旅游开发模式

（一）生态旅游概述[②]

1. 生态旅游的内涵

生态旅游的兴起和发展有着深刻时代背景。从人类发展的演进看，人类社会已经历了采猎文明、农业文明、工业文明向生态文明过渡的阶段。生态旅游的内涵表现在：

（1）生态旅游是一种旅游形式（模式）。作为旅游消费方式或行为方式的生态旅游。不管是旅游发展模式，还是旅游产品，最终都将归结到旅游者的活动上来。所谓生态旅游消费方式或行为方式，是指在旅游活动过程中，旅游者以自然资源和生态环境为价值取向，以生态学原则指导自身行为，尽量减少自身活动对生态环境的破坏或不良影响，是一种对生态环境负责任的旅游消费方式或行为方式。

生态旅游是一种旅游形式而不是一种经营管理旅游的思想或方法。生态旅游强调的是一种生态平衡，而可持续旅游是从可持续发展的概念引申出来的旅游业发展的原则，适用于所有能够在长期发展过

---

① 李益敏、张丽香、王金花：《资源环境约束下的怒江州农业产业结构调整研究》，《生态经济》2015 年第 2 期。

② 蔡定昆：《生态旅游区旅游解说系统构建的理论与实践》，转引自陈亚颦、明庆忠《旅游解说系统的理论与实践》，云南大学出版社 2007 年版，第 165—172 页。

程中与自然、社会、文化环境保持和谐发展的旅游形式。生态旅游是可持续旅游的一种,但可持续旅游绝不仅限于生态旅游。

(2)生态旅游的对象是原生的、自然与人文融为一体的和谐的生态系统。国外生态旅游的对象强调的是自然环境,如1988年谢贝洛斯·拉斯喀瑞将它定义为:生态旅游作为一种常规的旅游形式,游客在欣赏和浏览古今文化遗产的同时,置身于相对古朴、原始的自然区域中,尽情考究与享受旖旎的风光和野生动植物。然而,对于有着五千年文明的中国来说,自然景观被赋予了神秘的文化色彩。自然与文化、人与自然保持和谐共生,形成了良好的生态系统,因而原始的自然和人与自然和谐共生的生态系统都是生态旅游的对象。

(3)生态旅游对象应该受到保护。与传统大众旅游相比,生态旅游不主张一味地满足游人对旅游的要求,而应对其实行一定的限制,强调在享受自然的同时要对生态系统保护做出贡献。一般情况下,在生态旅游区内不允许使用机动车,要求游客将垃圾分类收集,游客的活动必须以不打扰当地居民和生物的活动为前提等。

1995年中国生态旅游研讨会给生态旅游下的定义也指出,生态旅游是在生态学的观点、理论指导下,享受、认识、保护自然和文化遗产,带有生态科教和科普色彩的一种专项旅游活动。因此,生态旅游是一种"保护性旅游",在森林中观鸟则是一种生态旅游,其前提是鸟类的生存环境不被破坏或干扰。

(4)生态旅游的目标。区域发展包括经济、社会、环境、人口等方面的发展。生态旅游作为一种旅游发展理念,认为只有同时具有保护资源和促进社区经济发展功能的旅游是生态旅游。生态旅游的目标是人、自然、社会的有机统一。生态旅游不以利润最大化作为其发展的目标。对于传统大众旅游来说,利润最大化是开发商追求的目标。生态旅游虽也强调经济效益,但它追求经济、社会和生态效益的融合,因此它寻求适宜的利润和环境资源价值的维护。生态旅游的受益者是开发商、游客和当地居民。在传统大众旅游中,由于开发商追求利润最大化,不控制旅游人数,不考虑环境的承载力,而旅游者追求享乐,所以其最大受益者是开发商和游客,而由旅游活动带来的环境代价主要由当地居民承担，其受益与环境代价相抵，所剩无几或入不敷出。生态旅游通过约束旅游者和开发商的行为，使之共同分担维护景观资源价值的成本，从而使本地居民也成为生态旅游的直接受益者，获取长期的收入。1992 年生态旅游协会的概念就强调生态旅游的发展应在尽量不改变生态系统完整的同时，创造经济发展机会，在财政上使当地居民受益。

（5）生态旅游是一种环境教育手段。生态旅游是学习自然、保护自然的高层次的旅游活动和环境教育活动结合的手段。旅游经营者要通过各种形式的宣传和影响使游客受到生动具体的教育，使生态旅游区成为提高人们环境意识的天然大课堂。

总而言之，对生态旅游内涵的认识是一个不断升华的过程。生态旅游是一种以可持续旅游为原则，以人与自然和谐共生的生态系统为对象，通过对它的保护性开发，使开发商、游客和当地居民都受益，使大众受到环境教育的旅游形式。

2. 生态旅游的特征

（1）保护性和教育性。生态旅游强调对旅游资源和旅游环境的保护性开发、利用。传统旅游由于在开发时没有充分地考虑旅游活动可能带来的生态冲击，无视旅游资源和环境的社会和生态价值，盲目追求经济效益，这就使传统的旅游保护旅游资源和环境的措施不可能真正落到实处。而生态旅游将生态保护的思想融入旅游开发和管理的过程之中，不仅重视经济效益，同时强调旅游资源和环境的生态效益和社会效益，是一种"保护性旅游"。

教育性，即生态旅游不仅向人们提供游娱的场所，而且使游客在游娱的过程中接受自然与人类和谐共生的生态教育。通过生态旅游，使游客走向自然，在自然中学习和认识自然的价值，达到自觉地保护环境的目的。生态旅游所强调的主要是传统旅游所没有充分重视的生态环境教育功能。

（2）自然性和生态性。生态旅游有一个核心思想，即生态旅游是维护人与自然和谐统一的一种旅游形式。① 生态旅游与传统旅游相比，它的对象主要是自然资源②、自然环境及自然景观。旅游者脱离人为的粉饰、脱离刻意的雕塑、脱离一味的模仿，走入大自然、回归大自然、接受大自然的熏陶。回避大自然，缺乏大自然，就没有生态旅游存在的前提。自然性是生态旅游的主要特征。

生态资源和生态环境是人类生存和生活的重要构成。生态旅游之所以能产生和发展，正因为它反映出人类对生态的一种高层次的回归，满足了人们对生态资源和生态环境的一种渴望。没有生态景观，没有与生态景观相协调的生态环境，没有合乎自然规律的生态平衡，就不可能有生态旅游的产生和发展。生态旅游既是生态环境和生态资源对旅游者身心和生活的一种保护，又是唤起人们树立生态保护意识的一种特殊旅游过程。总之，生态旅游离不开生态，只有依赖和保护生态，才有可能实现生态旅游的持续发展。所以说，生态性是生态旅游的一个重要特征。

（3）多样性和融入性。自然和生物的多样性使世界千姿百态、色彩斑斓，呈现出神奇和无限的生命力。生态旅游是对传统旅游的一种发展，它的意义就是把旅游同自然、生态和人类有机地结合在一起，使其变得更富有生机、更富有多样性、更富有活力。实践告诉我们，自然和生物的多样性，使生态旅游的内容更丰富，项目更多，参与者更广泛了，随着生态旅游的发展，其活动将日益丰富多彩，其形式将会更加多样。自然和生态从来就是人类生存和发展的载体。因此，人们与自然、与生态资源和环境本来就是互相交织、互相融合而密不可分的。生态旅游是一种以自然生态景观和人文生态景观为对象的旅游形式。一方面生态资源、生态环境需要人们去开发利用，才可显现其意义和价值；另一方面生态旅游本身又引导旅游者去认识自然和生态，去享受自然和生态，去保护自然和生态，去改善自然和生态。这种人与自然生态、旅游者与自然生态的关系，就构成了生态旅游的人

---

① 田喜洲：《论生态旅游规划》，《农村经济》2003 年第 12 期。
② 李维长：《国际生态旅游发展概况》，《世界林业研究》2002 年第 4 期。

性特点。因此，生态旅游规划、设计、管理者及从业人员，应该依据生态融入性特点，充分考虑和营造一种相互合融的旅游环境，引导旅游者去感受大自然、去欣赏大自然、去保护生态资源和生态环境。

（4）专业性和普及性。生态资源与生态环境是多门学科构成的一个系统科学工程[①]，生态旅游具有自然性、生态性、多样性，它以生态、自然、环境为依托，这就决定了其具有较高的科学和文化内涵。生态旅游在项目、路线、设施、服务的设计及管理具有很强的专业性，能使游客在较短的时间内获得回归大自然的享受和满足，启发和增强游客热爱和保护大自然的意识，自觉保护旅游资源和生态环境。生态旅游属于高层次的专业旅游活动范畴，其旅游取向多集中于具有不同生物学特性和生态学特征的自然景观。

（二）怒江流域生态旅游开发的必要性

（1）怒江流域具有丰富的自然生态旅游资源和人文生态旅游资源。流域区内生物资源的多样性、独特性、丰富性，组成了一个完整的生物群落生态系统，但生态极其脆弱。为保护其完整性，生态旅游是最好的途径。

（2）基于怒江流域生态的特殊地位，国家要生态、地方要发展、农民要生存。保护是必需的，发展中的问题只能在发展中解决，生态旅游为怒江的经济发展与生态保护提供了思路。

（3）生态旅游实现经济的发展和资源利用。生态旅游通过吸纳当地企业、个人参与生态旅游的经营与管理，开发生态旅游产品，并通过生态旅游利益的回馈机制，实现对当地资源利用方式的转变，促进当地产业结构的调整和可持续发展战略的实施。达到以发展生态旅游来促进当地经济的发展，从而实现经济发展与旅游的互动，最终达到经济发展与生态环境的保护的"双赢"。

（三）怒江流域生态旅游开发所具备的条件与优势

1. 资源禀赋优势

怒江流域由于其特殊的地理区位优势造就了独特的自然、人文、

[①] 王跃华：《论生态旅游内涵的发展》，《思想战线》1999 年第 6 期。

社会旅游资源（见表7-2）。自然风光的独一性和民族文化的多样性是怒江旅游资源的特点，人与自然融为一种宗教信仰，和谐相处是怒江生态旅游开发的独特优势。流域内流域旅游资源的丰富性、独特性，为开展各种旅游提供了条件。怒江流域下游的思茅是拉祜族、佤族的主要居住地。各少数民族保持浓厚的民族传统，是研究人类发展和进行旅游考察的重要题材。思茅是昆明—版纳—大理、丽江金三角旅游圈的必游之地，境内以森林、民俗、人文自然景观为主的旅游资源丰富，尤以森林旅游著称。区内有孟连大黑山等风景区、西盟"三佛祖"佛房旧址等人文景观。

表7-2   怒江流域主要旅游资源一览

地区	资源特色
怒江州	听命湖、高黎贡山自然保护区、石月亮、高山冰啧湖、干地衣比湖、腊乌崖瀑布、独龙河谷、丙中洛、怒江第一湾、碧落雪山、锣古箐、怒江大峡谷、大羊肠高山草甸、片马口岸、百花岭傈僳族无伴奏四声部合唱、坎桶村、石门摩崖石刻、白汉洛教堂、三江并流、驼峰航线、飞机残骸、兰坪铅锌矿等
保山市	腾冲有火山资源、奇特的草海资源、有被举为"物种基因库"和"自然博物馆"的高黎贡山原始森林资源、四季如春的气候资源及世界级的腾冲热海地热资源。腾冲县拥有马克思主义哲学家艾思奇故居、民国代总理国民党元老李根源故居、滇西抗战遗址、国殇公墓、和顺侨乡等人文旅游资源等
临沧市	云南滇红茶的故乡、白莺山茶自然历史博物馆、三百年古茶园、泼水欢歌醉耿马、"摸你黑"狂欢节、3000年崖画谷景区、班洪抗英遗址、翁丁佤族原始村落、南滚河国家级自然保护区、跨国溶洞、中国碗窑土陶文化村等
西盟县、孟连县	"茶马古道"、孟连、西盟"绿三角"边境风情思茅、孟连娜允古城、西盟勐梭龙潭、中华普洱茶博苑等
云县	"风花雪月"的美称，即下关风、上关花、苍山雪、洱海月。独特的风俗民情民族文化旅游资源，云龙天池风景区等
潞西市	风景名胜主要名胜有潞西市的芒市民族文化宫、树包塔奇观、芒市镇南传上座部佛寺、三仙洞。傣族的"泼水节"、景颇族的"目瑙纵歌节"、中缅胞波狂欢节、勐巴娜西风情节、珠宝文化节、葫芦丝文化节等

2. 逐步改善的交通环境

怒江流域内大理市的玉龙县、保山市交通基础设施经过"九五""十五"的建设、思茅机场的建成，已形成比较发达的交通网络体系。临沧、普洱市的孟连县、西盟县、怒江州所辖四县交通基础设施也在进一步改进和完善中。如怒江江州已完成剑兰公路、沧江口至六库油路工程建设，修通了独龙江公路等。

3. 政策机遇

国家"十二五"规划把西部大开发提高到一个新的战略高度，新一轮西部大开发，为怒江流域生态旅游的开发提供了难得的机遇，同时云南省"十二五"规划更加重视怒江流域的各州、市、县的旅游规划工作。流域内的怒江州在"十一五"期间旅游业本着"三年打基础，五年创品牌，八年成支柱"的发展目标的基础上，"十二五"期间加强了各方面的旅游规划和宣传工作。

（四）怒江流域生态旅游开发的制约因素

1. 自然生态环境、社会生态系统脆弱

怒江流域内，随着人口的增加和经济社会的发展，人们对自身生存发展的诉求，温饱问题还没解决。免不了毁林开荒、对森林过量砍伐，森林资源遭到严重破坏，造成覆盖率下降。同时，植被受损、落后的陡坡耕种、刀耕火种、轮歇丢荒等生产方式造成水土流失严重。导致土壤肥力下降，最终引发地质灾害，对当地生态环境产生严重影响。再者，流域内除保山市、临沧市、潞西市外，怒江州、云县、孟连县、西盟县由于历史、自然、区位等因素影响，总体发展水平低，经济活动简单，生产活动受制于自然。尤其是怒江州、孟连县、西盟县的主体民族都是由封建社会、奴隶社会甚至原始社会形态直接进入社会主义社会。50 多年来，该地区生产力水平总体上取得了较大进步和提高，可以说，纵向比是天翻地覆、横向比是差距甚远。各民族在生产生活方式、思想观念上，至今还保留着一些原始而封闭的习俗。流域内整个社会生态系统还相当的脆弱。

2. 基础设施总体薄弱、接待能力有限

流域内除保山市、大理州的基础设施、交通比较发达外，怒江州、孟连县、西盟县相对滞后。对于旅游必须具备的六大要素仅具备资源优势，而其他五要素食、住、购、娱、交通都很缺乏。怒江州虽然旅游资源禀赋在某种程度上位居流域内各州、市、县榜首，但受地形地貌的制约，怒江州至今还未有机场。

3. 资金匮乏、人才短缺

诚然，前面对怒江流域经济发展现状的分析可知，怒江流域经济发展水平与内地相比，相去甚远。我们知道，旅游业是一个前期需要高投入的产业，旅游开发之初必须投入大量的资金进行景区、景点、基础设施的建设。怒江州的贡山县、泸水县、福贡县、西盟县、孟连县等处于我国西部边境地区，边境地区由于国家发展导向的侧重点不一样，其重心在于"稳定第一、发展第二"，边境县的基础设施建设投入相对少。流域内的保山市、大理基础设施较好，旅游发展态势较好。怒江州、西盟县、孟连县的旅游才刚刚起步。旅游所需要的人才，相对短缺。尤其是缺少各个景区景点旅游解说的专门人才，这严重制约了生态旅游的开展。

（五）怒江流域生态旅游开发模式的构想

1. 开发的宗旨与目标

（1）开发宗旨。以旅游促开发、以开发促发展。通过生态旅游的方式，让人们增加对大自然的关心、保护自然、保护环境。通过旅游达到环境教育的目的，从而有利于环境保护的开展，同时，通过旅游活动，带动相关产业的发展，为当地人解决就业问题。从而增加经济收入，把旅游经营过程中的一部分收入用来对环境的维护。这样，既做到资源的合理持续利用，也给当地获得了发展的权利。

（2）总体目标。建设"大环线"：打通贡山至德钦、泸水至腾冲、丽江至兰坪、福贡至维西四条滇西北旅游环线，把大理—丽江—迪庆—怒江—腾冲—德宏各精品景区点串联起来，形成云南省最具有吸引力和最具有旅游价值的"三江并流"黄金线路。

2. 开发方式

（1）资源保护型旅游模式。资源保护型旅游模式是从资源保护和建设的角度出发来实现旅游业的可持续发展。在旅游资源的保护方面，首先要强调旅游资源的合理开发，开发必须控制规模，开发必须有规划指导，不能破坏生态脆弱带，不能过多、过度开发，同时要实现"边开发、边保护、边建设"的目标。在旅游区、点上要积极营造绿色旅游环境，可以张贴一些绿色环保标语，对游客进行宣传教育，做到"环保从我做起"，同时景区内建生态厕所。在这一方面可以借鉴云南昆明海埂公园生态厕所的建设经验，通过土壤渗滤技术，充分利用在地表下栖息的土壤植物、动物、植物根系以及土壤所具有的物理、化学特性，将污水净化。

（2）环保旅游模式。环保旅游是"用旅游养环保，以环保促旅游"，以形成环保产业与旅游产业对接的新型旅游产业[①]，它寻求用市场机制来解决旅游中的环境问题，来实现两种产业的结合。环境是旅游发展的基础，而旅游业发展却为环保产业发展提供了经济支撑，要打破环保依靠社会，依靠政府行为而旅游依靠市场消费的旧局，用市场作为两者的产业结合点，使旅游的外部性内部化，把环境保护和建设作为旅游发展的重要目标，实现旅游发展与环境保护共同发展。任何旅游活动都会造成一定的环境破坏，环保旅游将引导旅游产业向着综合性的方向发展。在两种产业产权界定的情况下，可以通过旅游资源有偿使用、征收旅游环境污染费和建立良好的管理机制来保证环保旅游的顺利发展，这在某种程度上也体现了资源合理运用和环境保护的原则，是旅游产业和环保产业循环发展建设的重要途径。

（六）促进怒江流域生态旅游开发的对策

1. 科学规划，保护开发

怒江流域生态环境的特殊性和独特性，为了使怒江生态旅游得到持续性发展，在开发过程中以保护为主，注重自然生态系统和民族生态文化的完整性，在保护的基础上，进行有选择的开发。遵循生态学原理，科学选择项目，合理规划布局，做好环境影响评价，确定环境承载力。根据怒江流域内各个州、市、县的具体情况，制定切实可行

---

① 卞显红:《环保旅游的概念、实质及其实现途径初探》,《江西社会科学》2001 年第 8 期。

的生态旅游发展规划。把旅游规划放在地方经济社会发展的整体规划中，基础设施建设、生态保护、农业开发项目等有机结合起来，统筹考虑，相互协调。景区、景点布局要保持自然景观的真实性与完整性，并与其自然环境相协调。

2. 高度重视民族文化的保护与传承，加强各族人民的积极参与

怒江流域地处偏远，与外界交流少，这是一些原始神秘的风俗习惯得以保留下来的原因，但是，随着改革开放以来，外来文化的大量进入，致使当地各民族的世界观、人生观、价值观发生变化，民族文化的同化甚至遗失，古朴而神秘的历史遗迹面临消亡的境地。在开发生态旅游产品时，加强多民族文化的深度开发与保护，体现当地民族文化的特异性。不要把民族文化庸俗化，要有精品意识，突出同一民族不同地域文化的特色。不能把文化资源"现代化"，对各民族的民族风情要体现真实性、原生性。例如，在开展民俗风情体验游等旅游活动中，让村民参与其活动。村民一方面为旅游者提供食宿服务，另一方面为游客展现原汁原味的民族文化，实现生态旅游者游憩、感受原汁原味的民族文化的独特内涵。村民从生态旅游接待中获得经济利益的同时，促使其自觉保护生态环境和民族文化。

3. 加大政府扶持力度、拓展融资渠道的多元化

怒江流域地处边疆、少数民族地区，贫困面大，必须加大政府扶持力度。结合滇西北旅游区整体发展的思路，给予解决怒江发展旅游业的启动资金。流域内基础设施建设，结合西部大开发对基础设施建设的部署，在政策上给予倾斜，在资金上给予扶持，加大公路、机场、水电建设的投资力度。国家对怒江绿色走廊和农业示范区建设给予资金扶持。把怒江绿色产业发展纳入云南省绿色经济支撑体系，并在怒江自然保护区立项建设野生种质资源库，争取国家重点扶持。在国家、省级层面，把少数民族旅游人才的培养列入扶贫项目之中进行扶持。通过政府的指导和推动，加快怒江生态旅游业有序发展。构建灵活、多样的市场化融资渠道，积极参加国内外各种招商引资活动，直接吸引地方、集体、个人的资金投入旅游开发建设。利用国家对中西部倾斜的优惠政策和边疆、民族自治地方可以享受的特殊政策，制

定较为宽松的吸引外资的政策，以优惠政策吸引中外投资者共同参与旅游业发展。以项目特许权、运营权或收益权融资等新方式，引导投资者对旅游开发建设进行投资，以利益吸引资金。拓展接融资渠道，旅游企业通过发行旅游债券、股票等其他融资凭证以筹措资金，鼓励国内外客商合资、合作到怒江投资旅游。

4. 加大宣传力度、打造三江并流自然文化遗产品牌

为了做大做强旅游业，怒江州紧紧围绕"三江并流"世界自然遗产，创建东方大峡谷国际知名品牌，并通过昆交会、旅交会、民族节庆等活动，大力宣传和推介怒江，大大地提高了怒江州的知名度，实现全州旅游业跨越式发展，借"外脑"为旅游添创意。怒江州泸水县打造3.0版本的野奢度假型旅游产品①，同步在顶层设计时加快文创产业的发展，把泸水的民族文化优势转化为文旅产业优势，让泸水的地方土特产借助文创的赋能，走进千万游客的心里。加大对该县驼峰航线大IP的新产品开发。从旅游产品的角度来将，旅游IP就是其形象认知产品，是区别于其他旅游产品的独特个性。例如，2004—2015年，接待海内外游客从58万人次增加到265万人次，实现旅游业总收入从23786多万元增加到1.235亿元，旅游业对地方经济发展的支柱作用日渐凸显。

5. 着力做好怒江流域旅游解说系统规划，构建生态旅游解说系统，保护景区生态环境

生态旅游是使游客在旅游过程中，受到环境教育、获得知识、陶冶情操的活动，是实现保护与发展相协调的手段之一。开发生态旅游就是为了发展经济，而保护好环境就能促进和保证生态旅游的高产出和高效益。构建生态旅游解说系统的意义在于，通过解说系统的合理规划，提高景区的建设和管理水平，从而有效地发挥其保护资源、教育与服务大众的作用，更好地挖掘景区的文化内涵，塑造景区整体形

---

① 野奢度假型旅游产品是旅游市场的新宠。"野"：一是地域上的"野"，具有天然美景之地；二是在产品设计上的"野"，不仅粗犷野性，更与大自然完美统一。"奢"：一是物质上满足旅游者的享受之需；二是精神上的"奢"，艺术、文明与自然完美结合，为旅游者带来独特而难忘的度假体验。

象。其作用表现在：一是提高民众保护生态环境的意识，实现生态旅游的可持续发展；二是为生态环境保护提供了必要的经费来源，实现生态旅游的良性循环；三是改善了当地生态环境质量，维系生态平衡，保障资源的持续利用。

6. 完善相关配套设施网络体系

继续加大旅游基础设施建设力度，推进旅游营地、沿江观景台、旅游标识等服务体系建设，不断提升景点景区档次；加快怒江流域内独龙江创建 4A 级景区力度，打造全新旅游平台。围绕"吃、住、行、游、购、娱"六大方面积极推进"互联网＋旅游"行动方案，搭建怒江特色旅游信息化平台，推动传统旅游行业的转型和发展，聚焦特色旅游和民族民俗文化，怒江流域的绿水青山，不仅是发展特色文化旅游的载体，而且是文化创造的内容资源，做大做强"美丽云南·生态怒江"的影响力。

三　循环经济开发模式

（一）循环经济概述

1. 循环经济的定义

"循环经济"的思想萌芽可以追溯到环境保护兴起的 20 世纪 60 年代。当时美国经济学家 K. 鲍尔丁提出了"宇宙飞船理论"①，可以作为循环经济理论最早雏形。循环经济思想来源于人们对资源稀缺性的认识。根据亚当·斯密的经济原理，经济学有两个基本观点：一个是人类发展的资源存在某种稀缺性；另一个是人类发展需要最有效地配置稀缺资源。当前人类面临的稀缺资源为自然资源。循环经济是一种资源节约型经济，发展循环经济就是要保护日益稀缺的自然资源，提高其配置效率。循环经济的本质是生态经济，是以生态价值为为核心的新的发展观实现的基本路径，它既是一种科学的思想理念，又是

---

① 该理论认为，地球就像在太空中飞行的宇宙飞船，要靠不断消耗自身有限的资源而生存，如果人们像过去那样不合理地开发资源、破坏环境，超出了地球的承载能力，就会像宇宙飞船那样走向毁灭。为此，人们必须在经济过程中认识到资源环境枯竭与环境问题的严峻性，并且思考以一种新的"循环经济"代替旧的"单程式经济"，从依赖于资源消耗的线性增长模式转变为依靠生态型资源循环来发展经济。

一种先进的经济模式。循环经济的核心是资源循环利用、最大限度地提高资源的使用效益，其结果是节约资源，提高效益，减少环境污染（见图7-1）。其特征表现为"两低两高"，即低消耗（低开采）、低污染（低排放）、高利用率和高循环。

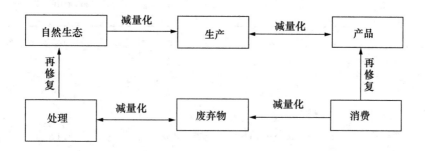

图7-1　循环经济示意

循环经济是发端于传统的线性经济，是对线性经济、末端治理等传统经济发展模式的反思，是一种先进的经济形态。其比较优势如表7-3所示。

表7-3　　　　　　　　　循环经济与传统经济的比较

比较项目	传统经济	循环经济
运动方式	物质单向流动的开放式线性单程式经济（自然资源—产品生产—废物排放）排放	反馈式流程（资源—产品—再生资源）
资源利用	粗放经营，一次利用；高开采、低利用、高排放	资源循环型利用；低开采、高利用、低排放
环境影响	废物高排放，对环境不友好	废弃物零排放或低排放；对环境友好
追求目标	经济利益（产品利润的最大化）	经济利益、环境利益和社会持续发展利益
经济增长方式	数量型增长	内涵型发展
环境治理方式	末端治理	预防为主，全过程控制

比较项目	传统经济	循环经济
理论基础	政治经济学、福利经济学等传统经济学理论	生态系统、工业生态学理论等
评价指标	单一经济指标（GNP、GDP、人均消费等）	绿色核算体系（绿色GDP）

资料来源：高岚、田明华、吴成亮：《环境经济学》，中国林业出版社2007年版，第256页。

2. 循环经济的特征

循环经济是以资源的循环利用为核心，以环境保护为前提，以自然资源、经济、社会协调发展为目的的新型经济增长模式。在经济活动中，要求把经济活动组织成一个"资源—产品—再生资源"的反馈式流程，其特征是低开采、高利用、低排放和再使用。其所有的物质和能源都要能在这个不断进行的循环中得到合理和持久的利用，以把经济活动对自然环境的影响降到尽可能低的程度。从根本上降低生态平衡与经济发展之间的矛盾冲突。循环经济是解决经济与环境不可兼得的经济发展模式。循环经济就是保护环境的经济，其本质就是一种生态经济。循环经济不仅可以减少温室气体的排放和其他污染物的排放，而且可以在生产、流通、消费全过程实行资源节约和充分利用，倡导资源的重复利用。循环经济作为一种科学的发展观和一种全新的经济发展模式，具有自身的独立特征。具体体现在以下五个特征。

（1）新的系统观。循环是指在一定系统内的运动过程，循环经济的系统是由人、自然资源和科学技术等要素构成的大系统。循环经济观要求人在考虑生态与消费时不再置身于这一大系统外，而是把自己作为这个大系统的一个有机组成部分来研究符合客观规律的经济原则。

（2）新的经济观。循环经济观要求运用生态学规律来指导经济活动。在生态系统中，经济活动超过资源承载力的循环是恶性循环，会造成生态系统的退化；只有在资源环境承载力内的良性循环，才能使生态系统平衡地发展。

（3）新的价值观。循环经济在考虑自然时，把自然作为人类赖以生存的基础，其需要维持良性循环的生态系统。

（4）新的生产观。循环经济的生产观念要求充分考虑自然生态的承载能力，尽可能地节约资源，提高自然资源的利用效率，循环使用资源，创造良性的社会财富。

（5）新的消费观。循环经济要求人们走出"拼命生产、拼命消费"的传统工业经济的误区，提倡物质的适度消费、层次消费，在消费的同时充分考虑废弃物的资源化，建立循环生产和消费的观念。同时，要求通过税收和行政手段，限制以不可再生资源为原料的一次性产品的生产与消费。

3. 循环经济的原则

循环经济遵循"5R"原则①，即减量化原则、再利用原则、再循环原则、再生化原则和替代化原则，五者的优先顺序是：减量化—再利用—再循环—再生化—替代化。具体来讲，减量化原则就是减少进入生产和消费流程的物质量，是循环经济的第一法则。据此，减量化原则也被称作减物质化，针对输入端，将重点放在通过预防的方式预防废弃物的产生，而不是以末端治理的方式加以避免。再利用原则就是延长产品和服务的时间强度。再循环原则即提高废弃物品的综合利用效率。再生化原则即在减量化、再利用、再循环原则的基础上，必须考虑自然资源的简单再生产乃至扩大再生产，从源头上控制资源合理使用应遵循的重要原则。替代性原则即在生产过程中，应致力于可替代性自然资源的开发使用，从而替代和减少对非可再生性自然资源的使用。循环经济"5R"原则实质上是节约与开发并重思想的体现。只有这样，才能使自然资源可持续利用，循环经济才能真正成为可持续发展的保障。

---

① 刘静暖、代栓平：《对循环经济的再认识——从"3R"到"5R"原则》，《税务与经济》2006年第3期。

4. 循环经济模式类型

一般来说，在循环经济的实施与发展上，可以分为三个层面的发展模式。一是企业内部的循环模式。企业要通过清洁生产手段，对生产工艺实行全过程控制，即从原材料进厂到产品出厂实现一系列的跟踪监控，以求得原材料和能源的节省。生产过程中产生的废弃物可以重新加以利用，能源也可以根据生产工艺的具体要求采取由高向低的多级循环利用，产品进入市场后的最终消费过程所产生的绝大多数残余物完全可以返回到工厂再利用。二是企业间的循环模式。从工业系统着眼于组成生态性工业链，把相关的经济组织连接起来，形成资源共享和副产品互换的产业共生组织，使一家工厂排放的"三废"成为另一家工厂的原材料和能源。三是社会整体循环模式。大力发展绿色消费市场和资源回收产业，鼓励绿色消费和适度消费。要从资源开采—产品生产—商品消费—城市社区的社会整体，去考虑如何能实现资源—产品—废弃物—再生资源的物质流动，形成闭合回路。

（二）怒江流域发展循环经济的实证研究：以怒江州兰坪县为例

1. 兰坪县基本概况

拥有中国铅锌之都——金顶位于怒江州兰坪县境内。基于当前怒江水电资源开发暂未定论的现实情景下，为缓解怒江经济发展与生态保护的困境，加大对兰坪铅锌矿开采与利用综合治理力度，走工业园区的循环经济发展之路，也是资源节约型、环境友好型、转变经济发展方式，保护环境的重要举措。

兰坪县位于北纬 26°06′—27°04′、东经 98°58—′99°38′，位于滇西北"三江并流"纵谷区的核心区域。2007 年全县辖金顶、拉进、营盘、通甸和兔峨、石登、中排和河西 4 个乡镇。全县人口 20.37万。拥有世界 1/3 的锌，1/6 的铅资源，已探明的铅锌储量高达 2000多万吨，潜在经济价值达 1000 亿元。以怒江州 50 万人口计算，人均拥有量高达 40 多万。2005 年与云南冶金集团、四川省宏达集团强强联手，以增资扩股的方式组建成云南金鼎锌业有限公司，投资 15 亿元的兰坪 10 万吨电锌采选冶项目一期工程的建设，这标志着国家级有色金属基地建设初具雏形①，已经使怒江步入实施新型工业化的道路。兰铅二期 10 万吨电锌、3 万吨碳酸锶、16 万吨尾气制酸项目和 180 万吨干法水泥项目前期工作已全面展开，更加使兰坪成为工艺最先进、环保最科学、效益最好、规模最大的现代锌工业基地，真正成为中国的锌都。

2. 兰坪县铅锌矿循环经济的技术分析

本书选取废弃物再利用的生产模型。假设废弃物生产的循环经济产品 C 的市场价格为 p，原料中废弃物甲的用量为 y，废弃物乙的用量为 z，产品的生产成本函数为 ay + bz，其中，a、b 为成本系数。生产要素的费用都包含在生产成本中。生产函数表示为 $Q = ky^{\alpha}z^{\beta}$，这里 Q 是循环经济产品 C 的数量，设 $\alpha > 0$、$\beta > 0$ 表示生产要素指数，反映技术进步、工艺等因素对产品生产的作用，$\alpha + \beta < 1$，$k = k_1$，k_2，k_3，k_4……为产量系数，表示科技进步、管理水平、企业文化理念以及法制、政策环境等因素对生产量 Q 的影响（K_i 代表其中某一因素）；且有 $dQ/dy > 0$，$d^2Q/dy^2 < 0$；$dQ/dz > 0$，$d^2Q < 0$。废弃物再利用追求净收益最大，其生产函数为：

$$\text{Max} \quad pQ - (ay + bz) \tag{7-1}$$

$$\text{s. t} \quad Q = ka^{\alpha}z^{\beta} \tag{7-2}$$

$$y \geq 0, \ z \geq 0 \tag{7-3}$$

构造拉格朗日函数：

$$F = pky^{\alpha}z^{\beta} - (ay + bz) + \lambda_1 y + \lambda_2 z \tag{7-4}$$

应用库恩—塔克条件，得：

$$\frac{\partial F}{\partial y} = \alpha \kappa p y^{\alpha-1} z^{\beta} - \alpha + \lambda_1 = 0 \tag{7-5}$$

$$\frac{\partial F}{\partial z} = \beta \kappa p y^{\alpha} z^{\beta-1} - b + \lambda_2 = 0 \tag{7-6}$$

$$\lambda_1 y = 0, \ \lambda_2 z = 0 \tag{7-7}$$

当 $\lambda_2 = 0$、$\lambda_1 = 0$ 时，得：

---

① 欣华：《怒江："基地"与"品牌"齐飞》，《云南经济日报》2005 年 4 月 2 日第 2 版。

$$y^* = \left[\frac{1}{kp}\left(\frac{a}{\alpha}\right)^{1-\beta}\left(\frac{b}{\beta}\right)^{\beta}\right]^{1/(\alpha+\beta-1)}, \quad z^* = \left[\frac{1}{kp}\left(\frac{a}{\alpha}\right)^{\alpha}\left(\frac{b}{\beta}\right)^{1-\alpha}\right]^{1/(\alpha+\beta-1)}$$

$$(7-8)$$

净收益 $F = (1 - \alpha - \beta)\left(\frac{pka^{\alpha}\beta^{\beta}}{a^{\alpha}b^{\beta}}\right)^{1/(1-\alpha-\beta)}$ $\qquad$ $(7-9)$

由于 $1/(1 - \alpha - \beta) > 0$，成本系数 a、b 越大，净收益 F 越小。

3. 兰坪县铅锌矿企业向循环经济园区转移的条件

假如厂址在循环经济园区以外的利用废弃物企业有意向转移到园区内，假设企业保持已有的技术水平，即 α、β 值不改变，设废弃物加工企业通过转移，产量系数由原来的 k_0 变为 k、成本系数由 a_0、b_0 变为 a、b，根据式（7-9）可以导出。

如果存在 $\kappa/a^{\alpha}b^{\beta} \succ k_0/a_0^{\alpha}b_0^{\beta}$ $\qquad$ $(7-10)$

净效益 $F = (1 - \alpha - \beta)\left(\frac{pka^{\alpha}\beta^{\beta}}{a^{\alpha}b^{\beta}}\right)^{1/(1-\alpha-\beta)} \succ$

$$(1 - \alpha - \beta)\left(\frac{pk_0 a^{\alpha}\beta^{\beta}}{a_0^{\alpha}b_0^{\beta}}\right)^{1/(1-\alpha-\beta)} \qquad (7-11)$$

即如果满足式（7-11），产业转移使企业的净效益增加，这是区外企业循环经济园区转移的条件。

在循环经济园区内，发挥了专业化生产的优势，各个企业以产业链为纽带，相互依存与促进，相互共生，实现产业集聚的效应。由于靠近原料产地，交易费用减少；基础设施、公共服务和知识信息得到共享；同类产业集聚强化了区域产业形象，扩大了市场影响；在这些因素的综合作用下，能够使产量系数由区外 k_0 增大为 k，成本系数 a_0、b_0 减小到 a、b。如果式（7-11）对所有入园企业都成立，循环经济园区的集聚效应就充分显现出来。

4. 促进兰坪发展循环经济的措施

企业是发展循环经济的主体，企业只有盈利，才有发展循环经济的积极性，根据循环经济产生的模型的解，企业希望增加循环经济的收益，必须从改善 α、β、a、b 的值。

（1）关键技术"瓶颈"的突破。循环经济技术富有商业价值。发展循环经济，首先要能"经济"，才会有循环。科学技术是发展循环经济的重要支撑，即环境无害化或环境优化技术是循环经济的技术载体。环境无害化或环境优化技术主要包括预防污染的工艺技术和产品技术，同时也包括治理污染的末端技术。因此，企业要高度重视科技创新，开发具有知识产权、有实用价值的废物再利用技术。即能够构建技术上可行、经济效益好、财务能盈利的生产函数。这些技术在经济活动中的运用，可以导致物质资源在生产过程中的有效循环，对实现循环经济与发展提供了技术上的支持。

（2）转变发展观念，开拓发展思路。企业需要有强烈的责任心和高度的使命感，坚持经济增长、环境友好、技术跨越相结合的原则，先节约、后开源，改进生产流程，使资源高效使用和循环利用，实现最优化生产、最大限度利用、最小量的废弃，增大 k 值。

（3）以现代企业制度的要求，完善其运行机制。即以现代企业制度的要求，建立健全的资源节约制度，加强资源消耗定额管理、生产成本管理和全面质量管理，建立车间、班组岗位责任制度，完善计量、统计核算制度，加强物料平衡。吴敬琏曾经说过，制度重于技术。因为制度对人的行为具有导向作用。一个国家的经济活动要有效运转，就需要完善制度设施或规则体系，保证市场机制的有效运转，以减少经济行为的外部性，抑制人的机会主义倾向，为人们之间的互利合作和公平竞争创造条件，并提供一个有效和长期的激励机制。建立有效的激励和约束机制，完善各项考核制度，节约有奖、浪费受罚，调动职工节约降耗、废弃物综合利用的积极性，有效提高生产效率，节约生产成本，减小 a、b 的值。

（4）完善循环经济产品链，以求整体效益的综合提高。循环经济是"减量化、再利用和再循环资源化"基础上的综合平衡经济。循环经济的"减量化"原则要求在生产和服务过程中，尽可能地减少资源消耗和废弃物的产生，核心是提高资源利用效率；"再利用"原则要求产品多次使用或修复、翻新或再制造后继续使用，尽可能地延长产品的使用周期，防止产品过早地成为垃圾；"资源化"原则要求废弃物最大限度地转化为资源，变废为宝、化害为利，既可减少自然资源的消耗，又可减少污染物的排放。为此，完善兰坪铅锌矿工业生产过程环节，要从各个环节变废为宝，形成循环经济的产品链和产品网，用效益较大的收益来弥补收益小甚至没有净收益的项目，在整体上能够取得良好的社会、环境和经济效益。

（5）政府的作用与责任。循环经济是对经济发展模式的变革，是在环境资源稀缺的情况下，追求经济发展的生态效率目标。传统市场经济中的环境资源配置存在市场失灵，需要政府的制度安排加以矫正。政府是推动循环经济运行和发展的责任主体，完善的市场机制是推动循环经济运行和发展的根本动力，市场机制与政府行为的耦合能够产生促进循环经济发展的最佳效应。发展循环经济是节省资源、保护环境的重要举措，具有较大的外部正效益，符合可持续发展的长远利益。兰坪县循环经济发展的政策、法律的制定要符合其自身实际，且重在落实。因此，各级政府要大力支持，用优惠政策帮助企业降低利用废弃物加工成产品的费用（即减小 a、b 值）。例如，在"三废"利用项目建设中，坚持用地优先，立项优先，环境影响评价优先；对"三废"综合利用实行奖励政策，利用收取的排污费部分资金支持企业开展"三废"利用的研究开发；对于利用"三废"制造的产品，按国家规定减免税收、优先采购等。在制定和完善发展循环经济的政策和相关法律法规时，怒江州兰坪县循环经济发展模式要充分渗透怒江州"生态立州、生态活州、生态强州"的发展战略体系。具体是生态经济体系、资源保障体系、环境承载体系、生态文化体系、能力建设体系五大体系。

四　碳汇贸易开发模式

（一）碳汇贸易及其产生背景

全球目前有四大碳汇：大气、花的空间、海洋和森林。据 ITCC 估计，陆地生态系统当中储存了 2.48 万亿吨碳，其中有 1.15 万亿吨储存在森林生态系统中。碳源是指二氧化碳排放的一切源头。森林是陆地生态系统最大的碳库。森林不仅在维护区域生态环境上起着重要作用，而且在全球碳平衡中做出了巨大的贡献。森林维持着大量的碳库（占全球植被碳库的 86% 以上）。同时，森林也维持着巨大的土壤碳库（约占全球土壤碳库的 73%），森林生态系统每年固定的碳约占整个陆地生态系统的 2/3。[①] 森林的碳汇作用是指森林吸收并固定二氧化碳的能力，根据专家计算，每公顷阔叶林大约吸收一吨二氧化碳，放出 0.73 吨一氧化碳。

1992 年的联合国环境与发展会议上各国领导人签署了《联合国气候变化框架公约》。缔约国在 1997 年达成《京都议定书》，于 2005年正式生效。清洁发展机制是《京都议定书》中引入的三种灵活机制中的一种。它规定发达国家可以和发展中国家进行合作，发达国家可以在发展中国家的项目中投入资金和技术，使其在工业发展进程中提高技术和能源的利用率，减少二氧化碳的排放量或增加吸收量，以在发展中国家获得的"减排份额"履行本国在《京都议定书》承担的义务。清洁机制分为"减排项目"和"碳汇交易汇项目"。"减排项目"是减少温室气体排放的项目，主要在工业、能源部门通过提高能源利用效率，采用替代性或可更新型能源来减少温室气体排放。"碳汇交易项目"注重森林的碳汇作用，通过土地利用、土地利用变化和林业项目活动增加陆地碳贮量的项目。如造林再造林、森林管理、植被恢复等（见表 7 - 4）。

表 7 - 4 　　　　　　　　　　　增加碳汇的主要途径

类型	增加碳汇	保护碳储存	碳替代其他
森林	造林和再造林、森林施肥、延长轮伐的时间	减少砍伐、防止因集约农业或放牧毁林、火灾管理、病虫害管理	以其他生物能源替代薪柴、木产品深加工、延长木产品使用寿命、木产品和纸的循环使用、发展替代产业
耕地	秸秆还田、施肥管理、免耕、退耕还林和还草、退化土壤恢复、施有机肥	防止土壤退化、施肥管理、水管理、植被保持	发展生物燃料、发展替代产业

---

① 刘国华、傅伯杰、方精云：《中国森林碳动态及其对全球碳平衡的贡献》，《生态学报》2000 年第 5 期。

续表

类型	增加碳汇	保护碳储存	碳替代其他
草地	人工林、种草、草地施肥、灌溉	防止过度放牧、围封草场	采取合理的畜牧业管理措施、发展替代产业

资料来源：中国环境与发展国际合作委员会：《能源与环境：中国环境与国际合作委员会年度政策报告》，中国环境科学出版社 2010 年版，第 57—58 页，经整理。

(二) 怒江流域发展碳汇的实践

碳汇交易是基于《联合国气候变化框架公约》和《京都议定书》中对各国二氧化碳排放量的规定而设定的一种虚拟交易。发达国家通过在发展中国家投资造林，以增加碳汇，抵销自身碳的排放来达到《联合国气候变化框架公约》和《京都议定书》规定的标准。2004 年 12 月，欧洲市场上碳额度价格为每吨 8.47 欧元，2007 年欧洲市场上碳额度价格上涨为每吨 22.86 欧元，交易量也一直呈现出上升趋势。

目前，流域内保山市腾冲县已经开展了森林碳汇试点工作。怒江州现有资源特点：人均耕地少，人均土地收益低，大力发展传统农业，不利于水土保持；不利于怒江生物多样性的保护与可持续发展，必须立足于怒江州的实际，走怒江州特色的低碳之路，使旅游业成为怒江州脱贫致富的战略性支柱性产业。把低碳旅游业培育成为怒江州第一支柱产业，使其发挥先导产业和富民产业的作用，发挥环境友好型和资源节约型的生态产业优势，承担起怒江经济发展与生态保护的双重使命，大力发展低碳旅游，打造怒江流域低碳旅游产业集群。

有关研究资料表明，森林面积虽然只占陆地总面积的 1/3，但森林植被区的碳储量几乎占陆地碳库总量的一半。森林植被的生长通过光合作用吸收了大气中大量的二氧化碳，每增加 1% 的森林覆盖率，便可以从大气中吸收固定 6000 万—7100 万吨碳。森林是二氧化碳的吸收器、贮存库和缓冲器。通过植树造林、草原修复、湿地保护、土地利用调整和海洋管理等措施，可以发挥森林碳汇潜力，改善生态系统的自我调节能力。因此，增强碳汇成为保护自然碳库，扩大碳汇，减少大气中的二氧化碳，清除大气中的温室气体最有效的途径之一。

怒江州应在充分调研的基础上，开展造林项目的可行性研究，在适宜大面积造林地区开展造林碳汇的试点项目，同时积极寻求怒江州峡谷区造林碳汇项目的国际谈判。通过 CDM 机制为怒江州峡谷区造林项目吸引投资，通过市场实现森林生态效益价值补偿，不仅能为怒江州带来一定数量的林业建设资金，还有利于当地人民的就业，有利于当地水土保持，生物多样性的保护，从多个方面促进峡谷区社会经济和环境稳定发展，实现怒江州低碳经济的长期可持续发展。引进市场机制，建立污染权交易中心。怒江可以建立一个污染权交易中心，污染权过剩的企业和污染权缺乏的企业可以在产权交易中心进行让渡，只有通过市场机制才能激发企业节约资源、保护环境的动力。在具体实施过程中，可以参照国际碳汇市场的交易。

（三）怒江流域发展碳汇的措施

1. 以观念更新推进低碳经济发展

对怒江流域而言，通过发展观念的更新来推进低碳经济发展具有重要的现实意义和理论意义。对生态地位显赫但又极其脆弱的怒江流域来说，只有抓住机遇，坚持生态就是生产力，生态就是效益，生态就是出路的信念；保护好生态环境，利用好生态环境，使生态成为生活之源，才能不断提高其生活质量。

2. 加强国际合作与交流，积极开展碳汇贸易

立足于国情、省情、州情实际，加强国际交流与合作，借鉴国外先进地区低碳经济发展的成功经验，根据《京都议定书》框架下的清洁发展机制，发达国家提供资金和技术在成本较低的发展中国家开发风力发电、太阳能发电等减排项目，并用由此而产生的"核证减排量"抵扣本国承诺的温室气体排放量的机遇，积极引进国外低碳经济领域的先进技术与装备，吸引更多国外资金投入到怒江低碳经济建设上来。探索建立低碳产品标准、标识和认证制度，建立完善温室气体排放统计核算制度，逐步建立碳排放交易市场。

3. 建立科学的 GDP 核算制度，规范政府行为

中国自改革开放以来，形成的 GDP 至上的理念，加之中国 1994

年分税制改革①，造成财权上移，事权下移，地方政府面临财政入不敷出的窘境，着力发展经济缓解财政压力成了地方政府工作的重中之重。随着科学发展观的逐步落实和推进，科学发展观深入人心，人们认识到 GDP 既不能反映资源、环境统筹协调发展的状况、经济增长的质量和结构，也不能全面反映人们实际享有的社会福利水平。因此，建立科学的 GDP 核算制度，才能进一步规范各级政府的行为，进而引领经济社会真正步入循环、低碳、环保的发展轨道。

4. 建立完备的法律政策体系

发展低碳经济带来的是政策的支持，借助政府有形之手和市场无形之手的合力推动。建议国家应尽快出台《低碳经济促进法》，以法律形式保障低碳经济的有效推行和促进生物能、水能等的进一步开发。同时，建立和健全执法监督机制，开展普及环境保护、低碳经济法律等的宣传活动，培育全民低碳意识，倡导低碳生活方式。

五 异地开发模式

(一) 异地开发的由来

国外发展权转移，实际上就是今天我们所说的异地开发，最早是在 20 世纪 70 年代被纽约市用来保护具有历史建筑的一种方法。为保护私人土地上独特的名胜和文物古迹，以往可选择的办法是把它们作为保护区卖给承诺实施保护的政府或社会团体，如自然保护区，但是这会耗费庞大的资金。另一种办法是对私人的土地实行管制，但是这会遭到土地所有者的反对。② 因为他们承担土地不开发而出现的机会成本，但保护的收益却归全社会享有。土地发展权可以看作是从土地所有权分离出来的一种物权，它是指所有权人将自

---

① 1994 年，中国进行的分税制改革，分税制将收入集中于中央而引起的地方缺口被认为是导致地方（基层）财政困难的原因：财权的层层上收，事权的层层下移。导致了"中央财政喜气洋洋，省市财政勉勉强强，县级财政拆东墙补西墙，乡镇财政哭爹叫娘"的局面。分税制集中了地方的财政收入，提高了中央财政占总收入的比重，通过税收返还和转移支付补助的形式来弥补地方财政支出的缺口。

② ［美］汤姆·泰坦伯格：《环境与自然经济学》，严旭等译，经济科学出版社 2003 年版，第 559 页。

已拥有的土地变更现有用途而获得的权利。土地所有者可以将土地的发展权卖给开发商，开发商利用购买的土地发展权，在非保护区构建更高或更密的建筑。这样就产生了一个发展权的市场，土地所有者出售发展权获得土地不被开发的补偿，开发商利用发展权获得更多的利润。发展权转移的思路首先承认所有土地都有平等的开发权利，通过创立土地发展权的市场，将土地开发行为引导向更适合土地发展的地区，来推动有较高农业价值的土地、环境敏感区和具有战略意义的土地保护。

　　我国的生态移民[①]政策脱胎于扶贫政策，它是解决生态脆弱地区和重要生态功能区生态恢复和保护，实现群众脱贫的一项重要手段。生态移民政策和扶贫政策两者之间存在"你中有我，我中有你"的密切关系。当前，尤其扶贫工作面临的主要困境是如何解决源于恶劣自然条件而造成的贫苦问题时，生态移民政策与扶贫政策的结合显得更为紧密。我国西部有诸多偏远地区，自然环境恶劣，不具备"就地扶贫"的条件而且扶贫的成本太高，只有通过移民，才能解决他们的脱贫问题，其中生态移民是一种重要途径。

　　（二）异地开发的内涵

　　异地开发，亦称"异地扶贫开发"或"生态移民"。[②] 简单地说，就是为了让某一地区承担环境保护的责任、提供生态服务而将居民迁至生态服务区的移民。生态移民改变了原居住地群众传统的生活方式，缓解人口对生态环境的压力，保护生态环境，使人口、资源、环境与社会经济协调发展。

　　承担生态保护责任的生态保护区大多是欠发达地区。生态保护区面临生态植被脆弱、交通不便、工业基础薄弱、信息闭塞等工业发展的限制。生态保护区面临着生态建设和脱贫致富的双重压力。生态保

---

　　① 我国生态移民始于20世纪90年代，从学术的角度看，生态移民包含两方面的含义：一方面是指生态移民的行为，即将生态环境脆弱区分散的居民转移出来，使他们居住到新的村镇，从而保护或恢复生态环境，促进经济发展的活动；另一方面是指移民的主体，也就是在生态移民实践中被移出来的农牧民。

　　② 丁四保等：《区域生态补偿方式的探讨》，科学出版社2010年版，第217页。

护区不仅付出了生态保护方面的必要投入，而且承担了生态保护所需的机会成本。这些成本应该在生态受益区之间进行合理的分摊或补偿。生态服务的受益地区为了承担部分责任，接纳生态服务的提供区域的居民作为补偿，并为其提供条件促进其发展。

欠发达地区的生态保护地区通过这种迁移，跳出本区域的限制，在邻近的生态受益发达区域找到一块新的发展平台，得到了梦寐以求的发展机会。而生态服务受益地区获得了清洁水和大气，获得了生态安全甚至是生态环境的改善，这在当代发展方式下是一项优质的区域投资环境，它们的发展势必会对生态服务区域产生积极的发展效应。

（三）异地开发的内容

根据国家发改委国土开发与地区经济研究所对我国生态移民问题的有关研究，生态移民包括生态脆弱区移民和重要生态区移民两种。生态脆弱区移民如甘肃、宁夏 20 世纪 80 年代开展的吊庄移民和近年内蒙古牧区的生态移民；重要生态区移民如三江源国家级自然保护区的生态移民。

1. 移民计划

我国实施真正意义上的生态移民是从 2000 年开始的。目前，我国政府组织的移民包括工程移民和生态移民。我国生态移民的扶贫移民开发按照群众自愿、就近安置、量力而行和适当补助四项原则进行。在充分尊重民意、民族风俗习惯基础上进行移民。同时强调，注意让移民有稳定的经济收入，建立新的产业。各种政策要配套、要到位，如土地的使用证、新的户口证，都让移民拿到手。

2. 移民政策

对符合移民条件的迁移户，国家给予专项补偿。但不同省份因情况不同，补偿标准也随之不同。比如，宁夏六盘山移民的标准为"易地搬迁的投资标准为人均 3500—4000 元，基础建设的人均补偿标准为 2500—3000 元，移民建房补偿标准为人均 1000 元。而甘肃移民安置中，安置一个移民安排资金的标准为 3000 元左右。此外，在土地、户籍等政策上，对生态移民也有相应的优惠和扶持政策。

（四）异地开发①对怒江流域发展的战略意义

1. 保护怒江流域生态环境的重要举措

随着人口的大量增长，人口容量超过怒江流域中游（怒江州）资源环境的承载力，这是导致怒江生态环境遭到破坏的主要原因之一。人们为了生存，处于海拔 1500 米以下的植被几乎被砍伐殆尽，最终导致生态环境的严重破坏，引发水土流失、滑坡、泥石流等自然灾害的频繁发生，严重影响人民的生产生活。只有通过生态移民，有效地解决贫困人口的生态问题，生态环境保护和建设，才能从"越穷越垦、越垦越穷"的怪圈中走出来，使生态环境得到真正的改善，从而达到生态环境保护和建设的目标。

2. 退耕还林补偿方式的路径抉择

2002 年 4 月 11 日发布的《国务院关于进一步完善退耕还林政策措施的若干意见》明确指出："对居住在生态地位重要、生态环境脆弱、已丧失基本生存条件地区的人口实行生态移民。对迁出区内的耕地全部退耕、草地全部封育，实行封山育林育草，恢复林草植被。"实行退耕后，怒江流域怒江大峡谷区，对于 25°以上坡陡耕地较多、自然条件恶劣、退耕后难以生存的峡谷区农民，实施"生存条件"有两种转换方式：一种方式是将多次补偿转化为一次补偿，与其长期多次给予物质财政扶贫，倒不如一次性将其迁移到生存条件比较好的地区；另一种方式是与其国家拿出巨额资金在退耕当地修路筑桥，通电饮水，改善基本的生产生活条件，倒不如结合退耕还林还草工程，开展异地安置，实施生态移民。

3. 能快速提高移民生活水平和质量

怒江峡谷区交通闭塞、生存环境恶劣，其现有经济发展的程度和水平，严重制约着当地民族的生存发展。要彻底改变这种落后的状况，最好的办法就是通过生态移民，把贫困人口从不适宜居住的地区转移到生产生活条件较好的地区妥善安置，使其在新的环境中快速地解决温饱，提高生产质量和水平。

---

① 在本书中，为了表述方便，异地开发、生态移民视为同义语。

4. 有利于提高怒江城镇化水平

通过生态移民，把居住在怒江峡谷区的贫困农民，从不适宜人口居住的峡谷区转移到条件较好的地方，这必然会促进人口的适度集中。人口的适度集中必然会促进农村小城镇建设，促进市场经济的发育。

（五）怒江州异地开发的现状

怒江州的异地开发扶贫真正进入实质性是在 1996 年，截至 2005 年，全州共完成 36833 万人，跨地州迁往临沧、德宏转移安置 5000 人，县内安置 31833 人。实施异地移民搬迁后，移民生产生活等各方面得到较好的妥善安置，但也存在不少问题。当前，怒江州境内 12.7 万贫困群众需通过易地安置才能摆脱贫困，其中居住在保护区内 6 万人，除部分固边守土不能搬迁转移之外，大部分都要搬迁，州境内通过产业转移、城镇发展等措施仅可安置 6 万人。

（六）怒江州异地开发的障碍分析

1. 移民基数大，资金投入供需矛盾突出

当前，怒江州需异地搬迁扶贫人口有 12.7 万，其中，丧失基本生存条件的有 5.4 万人，因自然灾害频繁需异地搬迁的有 4 万人，生态移民的有 3 万人。无论是扶贫移民还是生态移民在实施移民搬迁过程中都需要大量资金。据国家有关部门测算，帮助一个移民解决基本生产、生活问题需要投入资金 5000—10000 元。"十一五"期间，按怒江州每年计划安排不少于 5000 人的异地开发指标计算，每年要投入 2500 万—5000 万元的异地开发扶贫资金。怒江州从 2001—2005 年在异地开发扶贫项目中，累计投入财政扶贫资金 0.31 亿元，年均仅 620 万元。[①] 同时，国家的移民专项资金投入规模有正在缩小的趋势。这将加剧移民开发投入需求的矛盾。

2. 环境容量有限，安置压力大

怒江流域中游的怒江州，境内山高谷深、沟壑纵横的高山峡谷地

---

① 冯芸：《云南怒江傈僳族自治州实施异地开发与生态移民的障碍分析及对策》，《新疆农垦经济》2009 年第 30 期。

貌造就了自然条件制约下人地矛盾突出的困境，环境容量有限，州内可供安置移民数量有限。同时，云南90%以上是山区，除南部和西南部相对富余外，其他区域都非常贫乏。这样，在选择移民安置接收地时，无论是采取州内还是州外安置，均存在较大压力。

3. 移民适应性问题

对处于贫困怒江峡谷地区的移民来说，长期居住于封闭的社会经济圈中，自身文化素质较低，思想观念落后，开拓进取精神缺失，移民后很难找到社会认同感和归属感，自我发展能力很差，无法适应新的生活，陷入社会孤立。这在怒江实施移民扶贫搬迁的各个阶段均存在部分移民的回迁现象。

（七）怒江州异地开发的总体思路

除把移民一部分安置到气候条件较好的思茅、德宏、版纳等地外，需把传统的农业移民和产业移民、城镇移民结合起来，走现代移民之路。在怒江峡谷地区自然条件十分严酷，缺乏基本的生存条件，人口的数量超过土地的承载力，"一方水土不能养活一方人"的地方，异地开发是脱贫致富，兼顾经济发展与生态保护的唯一途径。只有组织异地开发，减轻人口对土地的压力，才能使一部分人实现异地脱贫，另一部分人实现就地脱贫。

（八）怒江州异地开发的路径与保障措施

1. 异地开发的路径

异地开发有三种选择：一是传统的农业移民，即由农村到农村；二是产业移民，即从一种产业到另一种产业，包括农业内部的产业结构变化，如从种植业转向林业，从粮食作物转向经济作物等；三是城镇移民，即由乡村进入城镇、从事第二产业后，还可以从城镇迁往城市。① 具体途径如下：

（1）政府主导、市场导向、产业移民与城镇移民相结合。人口迁移的方向在一定程度上取决于社会的发育程度，怒江峡谷现阶段仍然

---

① 张惠君、陈铁军、和润培：《怒江峡谷经济》，云南人民出版社 1997 年版，第 356—357 页。

处于农业居主导地位的阶段，人口迁移必然以农村迁往农村为主。怒江中上游地区主要是少数民族地区，居住的主要是少数民族，民族和宗教问题较敏感，少数民族的生产方式、生活方式、宗教信仰等较为复杂，对区域外生活的适应能力较弱，因此，对生态移民应慎重。人口与环境矛盾引发的生态型贫困是生态移民的主要动因，生态移民是解决生态型贫困、保护生态环境，实现可持续发展的必然选择。在生态移民中，政府"必须开辟一种途径，使生态移民能够获得等价的，并且在其文化背景上可以接受的各种资源和挣钱机会"。① 具体来说，首先，政府应给予生态移民及其迁入地区一些优惠政策，为生态移民提供职业培训，创造就业机会；其次，产业移民和城镇移民有助于解决怒江峡谷异地开发中存在的问题。

（2）生态移民与发展生态产业相结合。积极做好调整产业结构的规划，发展移民主导产业，促进当地经济可持续发展。产业是区域经济发展的基础，产业发展落后是边疆民族地区经济落后的重要原因之一。调整产业结构，加大发展经济项目的扶持，寻找新的替代产业，加快山地农业向旅游业、畜牧业、林果业转换。以解决经济来源，增加经济收入。发展新型产业，帮助移民提高生活水平，脱贫致富。

在妥善处置好生态环境保护的前提下，按照"自愿、自主"的原则，把部分生态移民安置在保护区附近，通过创办公益性林场等，让一部分有技术、有承包能力的农民承包经营，借鉴其他地区"公司+基地+农户"的特色发展模式使移民得到转产安置。就怒江州所辖四县而言，贡山县、福贡县、兰坪县在退耕后可以种植草果、核桃、花椒、中药材等经济林业，兰坪县发展肉羊、肉牛、生态土鸡等畜牧养殖业，福贡县可以依托当地得天独厚的自然景观和民俗风情发展生态旅游业，一方面有利于当地旅游产业、绿色生态产业链的培育，形成新的经济增长极；另一方面为生态移民开辟新的生活途径，有效地减轻移民的就业压力。

---

① 迈克尔·M. 塞尼：《移民与发展》，施国庆译，河海大学出版社1996年版，第26页。

（3）移民开发与劳务输出相结合。打破行政上的地区封锁，进行行政区划的调整。人们不能改变自然条件，却能改变自己的地理位置，人是可以迁移的。在市场经济条件下，只要打破某些传统障碍、思想障碍、行政障碍、社会障碍以及信息障碍，人们会自然地向收入高的地区流动、向条件好的地区流动。加强对农村富余劳动力积极引导，通过专业技能培训，提高移民的劳动技能，稳定有序地实施农村劳动力转移输出、打破城乡二元结构，实现区域协调发展。

（4）增强移民的后续发展能力。根据当地经济发展水平等相关市场因素，制定合理的搬迁费用补偿机制，打消农户的顾虑，减少阻碍移民计划顺利进行的一些不确定性因素。建立和完善移民社会保障体系。加快生态移民的社会网络建设和保障体系的形成，这是贯彻执行国家移民政策"迁得出，稳得住，能致富"目标的制度性保障。包括移民最低生活保障、医疗保险、养老保险、发展基金、社会互助等体系的建设和完善，以解决生态移民的后顾之忧。

（5）少数民族传统文化的保护与发展问题。在异地开发和生态移民过程中，移民的生产生活方式以及与此相关联的社会关系、文化习俗会不可避免地发生变异。我们深知，文化与地域环境、生产方式等密切相关，生产方式的变迁必然引发文化的转型，文化的多样性和生物多样性一样是人类和谐发展不可缺少的基本条件。为此，建议在移民区实施"教育移民"战略。加大财政对移民区域基础教育的转移支付，可率先普及十二年义务教育；政府大力扶持发展农村寄宿制学校，减轻移民负担、提高教育质量、促进农村师资力量整合，让"部属高校"给予移民区更多的录取名额。这样，政府通过教育、文化部门的政策引导，提高生态移民的受教育水平，在基础教育和文化设施方面推进民族文化的发展影响。

2. 保障措施

（1）拓展资金来源渠道，探寻多元筹措机制。生态移民工作的成功与否，最终取决于能否保证移民的生产生活得到改善，使移民能否实现可持续发展。实现生态移民目标，需要稳定的财政支持。在国家加大怒江流域生态环境整治的同时，加大国家对怒江中游扶贫资金的投入和整合力度。鉴于"怒江问题"的特殊性——集边疆、民族、生态、贫困为一体的非常特殊的区域,建议国家扶贫办、省扶贫办将怒江州列为全国、全省特殊贫困问题的典型地区从资金、政策上给予重点扶持和特殊关照。建议应尽快启动政府、企业、社会多元化投融资机制,鼓励社会捐助、企业对口帮扶,努力拓宽资金渠道。就当地本身而言,要改变单纯的"等、靠、要"的传统思维方式,应该主动出击,用资源换资金、用特色换资金、用市场换资金。利用本地的特色资源、制定优惠的政策,吸引国内外投资者前来投资。以真正开放的姿态引资,使资本要素流入,以缓解和推进怒江异地开发、生态移民资金的缺口,从而更好地为怒江流域移民安置创造良好的基础条件,以保障移民后续问题的有效解决。

(2)探索移民安置和途径的新思路。移民开发是异地开发的主要形式,有分散和集中两种形式。其中,集中安置有利于形成竞争环境,有利于先进生产、生活方式的拓展,优良传统文化的传承和农业科技的普及;有利于发展教育科技文化、节省公共设施和其他共享资源的投资成本和管理开支成本,从而形成集体合力,把过剩劳动力向建筑、运输、服务、加工等行业就地转移;有利于合理利用土地资源,形成农场化的规模经营,乡(镇)、村控制人口和实现社会治安综合治理。①

六 生物产业开发模式

(一)怒江流域生物产业开发的重大意义

产业发展是经济持续稳定发展的重要基础和前提,是贯彻落实科学发展观、促进经济社会又好又快发展的关键。怒江流域生物资源具有得天独厚的优势。生物资源是怒江流域的命根子和聚宝盆,若搞好了,可以说碗里有饭吃,建设有钱花,既富裕当地老百姓,又有利于国家发展。在怒江流域实施生物资源开发,是发展高效创汇农业的重要组成部分,是世界关注的开展生物多样性与农业多样性的高科技产业,是调整产业结构的战略举措。实现生物资源的开发将把广大农民

---

① 邹东涛:《中国西部大开发全书》,人民出版社2000年版,第583—613页。

组织进现代化的生物产业体系中，以"公司＋基地＋农户"为基本，基地作为优质原料生产的第一车间，能有效地提高劳动者的素质，也为农民的收入增长奠定一个良好的基础。从全球气候变化、世界各国面临产业结构调整，转变经济发展方式的角度来看，在"十二五"期间以及今后未来时期，培育壮大生物产业是实现云南科学发展的重大战略，怒江流域应紧紧抓住这个重大的历史机遇，充分利用其生物资源种类多样、分布广泛、特色鲜明的优势，发展怒江流域特色经济，其发展的过程，很大程度上就是开发生物资源优势、发展生物产业的过程。

　　第四章经济公平与发展权视角下怒江流域经济发展现状的分析表明，怒江流域产业结构同质化严重。加快生物产业发展是怒江流域调整优化产业结构，培育产业核心竞争力的重要举措；发展生物产业抢占生物经济制高点，让生物产业成为引领怒江流域经济持续发展的主导产业；同时，生物产业具有关联性强、效益显著的特点。发展壮大生物产业有利于推进农业现代化，可以减轻节能减排压力；生物产业作为21世纪新经济体制下催生的新兴高技术产业，不仅本身具有低能耗、污染少的特点，而且发展生物产业的过程实质上也是保护环境、建设生态、扩大环境容量；发展生物产业能有效地缓解就业压力，是农民增收的重要渠道。大力发展生物产业，对于有效开发利用怒江资源，拓宽怒江流域发展空间，扩大群众增收渠道具有不可替代的作用。

　　总而言之，开发生物产业能够实现怒江流域经济发展方式的转变，经济发展与生态保护、社会进步的统一，经济社会发展与人的全面发展的统一，开发生物产业是实现怒江流域科学发展的重大战略，加快发展生物产业意义尤为重大。

　　（二）怒江流域生物产业开发的优势分析

　　怒江流域具有丰富的生物资源、生物多样性和民族文化多样性。怒江流域发展生物产业的优势明显，主要表现为区位优势、生物资源优势、政策优势和科研优势。

1. 区位优势

怒江流域处于低纬度、高海拔之间，立体气候明显，具有生物生境成长的有利条件。气候、土壤条件优越，发展基础较好。流域内立体气候差异明显。

处于怒江流域中上游的怒江州气候具有年温差小、日温差大，干湿分明，四季之分不明显的低纬度高原季风的特点，同时因受地貌和低纬度差异的影响，具有北部冷，中部温暖，南部热；高山寒冷，半山暖，江边炎热；部分地区雨季早，干季短暂，温季持续时间长，无春旱，立体气候显著的独特特征。海拔在 910—3600 米区域，呈现出南亚热带、中亚热带、北亚热带、暖温带、中温带、寒温带和高寒带七种气候类型，年平均气温在 4.2—20℃，最热月平均气温达39.8℃，积温在 350—7374℃，全年降水在 200 天以上，土壤类型丰富以棕壤土、黄棕壤为主，土壤理化性偏酸，沙壤 pH 值在 4.5—5.5，钾元素丰富适宜多种植物生长。怒江中下游的保山市属山地中亚热带季风气候，具有"一山分四季，十里不同天"的立体气候，年均气温在 14.8—21.3℃，年无霜期在 238—336 天。境内有潞江坝，昌宁县湾甸坝、柯街坝、龙陵县木城、勐兴等干热河谷区，具有开发热带水果和高附加值热带经济作物的优越条件。怒江流域下游的临沧市，北回归线横穿辖区南部，属典型的季风气候。总面积 24469 平方千米，其中，山区面积占总面积的 98%，坝区面积仅占总面积的2%，耕地面积 352.38 万亩。流域境内的云县，立体气候明显，适宜多种植物生长。潞西市地处低纬高原，热量丰富，气候温和，属南亚热带季风气候，年平均气温在 19.6℃，适宜多种植物生长。普洱市的西盟县、孟连县属于高原型季风气候，介于大陆性气候与海洋性气候之间，雨热同季，冬无严寒，夏无酷暑。雨量充沛，年降雨量 1585.5毫米，其中，西盟县年最高降雨量达 3000 毫米以上，为云南降雨量之最。年均气温 18.5℃，崇山峻岭之间，镶嵌有若干地热河谷和热区坝子。多数地方，草经冬而不萎，花非春而放，适宜各种植物生长。

2. 生物资源优势

怒江流域特殊的地理环境和气候条件使其成为自然资源的宝库，

其中生物资源是最具特色、最具优势的资源之一。生物资源禀赋特征明显：首先是种类多样。怒江流域汇集了全国 1/3 以上的高等植物和动物种数，包含大量具有重大经济价值的物种和种质资源。其次是分布广泛。怒江流域集中了大量的名贵中药材、动植物等物种资源，是云南乃至中国发展生物产业的一个"富矿"（见表 7 - 5）。

表 7 - 5　　　　　　　　怒江流域生物资源一览

地区	主要特色生物资源
怒江州	陆生植物 6000 种以上，其中高等植物 3000 余种，国家级保护植物不少于 42 种，动物 488 种，国家级保护动物 61 种，形成特有的生物基因库
保山市	已知的植物有 2200 多种，其中高等植物 1400 多种。高黎贡山国家级自然保护区植物尤为丰富，被誉为"天然植物园"和"稀有植物避难所"
临沧市	植物资源丰富，有乔木 89 个科，426 个属，3700 多种，属国家保护的珍稀濒危植物桫椤、秃杉、滇石梓等 40 余种。兰花品种 100 多种，占世界兰花品种的 1/2 以上。药用植物品种有 3000 种以上，野生植物药资源总量约 9666 万千克，药用植物诃子产量居全国之首，最高年产达 70 万千克，堪称"药物王国"
西盟县孟连县	季节性雨林、季雨林、季风常绿阔叶林及后期发展的杉木林、橡胶林、思茅松林、竹林、龙血树、橡胶、楠木、柚木、紫柚木等
云县	活立木蓄积量 2377 万立方米，森林覆盖率 64.81%。主要有核桃油、天麻、野生食用菌等林下资源系列产品
潞西市	高等植物 257 科，2564 种。属国家级重点保护植物 39 种，其中国家 I 级保护植物 4 种，国家 II 级保护植物 17 种，国家 III 级保护植物 18 种
察隅县	有红豆杉、云杉、檀香、香樟、云南松、马尾松等 300 多种野生树种

3. 政策优势

政策优势主要是《国家"十二五"规划》《云南省生物产业发展"十一五"规划》《云南省人民政府关于加快推进生物产业发展的意见》（云政发〔2008〕27 号）、《云南省人民政府关于实施加快推进优势生物产业发展计划的通知》（云政发〔2009〕38号）、《云南省人民政府发展生物产业办公室关于印发2009年度实施优势生物产业推进计划目标任务责任分解的通知》（云政生物办发〔2009〕3号）和云南省生物产业发展大会精神。

4. 科研优势

怒江流域拥有雄厚的科研机构——临沧市茶叶科学研究所。负责生物资源开发创新产业的研究、开发、推广工作，推进产业技术进步。

（1）负责茶树品种、栽培技术的研究、开发推广，古茶树遗产的保护、研究、利用工作。

（2）负责热带作物、生物化工原料的品种及栽培技术的研究、开发和推广。

（3）负责生物药材品种及规范化栽培技术的研究、开发和推广。

（4）负责茶叶、澳洲坚果、咖啡等生物资源产品的加工技术、加工工艺及机具的研究、开发和推广。

（三）怒江流域生物产业开发的指导思想和基本思路

1. 指导思想

坚持生态建设产业化、产业发展生态化的方针，以市场为导向，农民增收、恢复生态，减少自然灾害为目标，规模化生产为目标，走产业化发展之路，立足科技兴产业，采取政府引导与市场行为相结合的运行机制，多渠道筹措资金，形成以龙头企业为中心辐射全流域，面向国内外市场，独立自主，可持续发展的怒江生物产业体系。

2. 基本思路

面向国内国外市场，以市场为导向、科技为手段、优势资源为基础、特色经济为目标，深化改革，扩大开放，完善机制，营造良好的发展环境，集中布局生产力，促进科技与经济的有机结合，以高新技术为起点，以市场和龙头加工企业的培育、产品创新为突破口，以优势原料基地建设和优质产品为后盾，采取"市场牵龙头，龙头带基地，基地连农户"的经营模式，以组织培育生物产业农户形成产业联合会和种植专业协会为基本的运作方式，政府主管部门运用政策、经

济和法制手段加以扶持、引导和规范，扩大对外开放，吸引民营企业
参与产业发展，多渠道增加产业的科技投入，提高产品的科技含量和
附加值及劳动者的素质。通过政府与企业之间的双向承诺，培育重点
龙头企业，带动流域生物产业的发展和产品结构的创新及消费市场的
开拓。把生物产业建设为促进农民增收，地方财政增长，改善生态环
境的绿色生态产业。

（四）怒江流域生物产业开发的具体内容

怒江州在 2000 年以前，林业一直是怒江州的支柱产业和主要的
财政支柱。开发的生物资源条件好，有可供开采的多种生物物种；得
天独厚的立体气候和地形，有利于生物资源的生产；不适宜粮食生
产，但是，适宜畜牧等其他生物资源开发的荒山荒地多。怒江州可以
利用其生物资源优势，大力发展林产业，加快生物产业的开发如生物
医药、经济林木漆树的加工生产等。

新中国成立初期，保山就十分重视对热区资源优势的利用。早期
主要种植棉花、甘蔗、咖啡、胡椒、橡胶等经济作物，今后应加大香
料烟、热带水果、蔬菜等经济作物的培育力度。临沧市应巩固发展畜
牧、蔗糖、茶叶、橡胶、果蔬等传统优势产业，培育核桃、烤烟、咖
啡、澳洲坚果、生物药材、木薯、膏桐等后续特色优势产业体系，形
成具有市场竞争力的产品。

（五）促进怒江流域生物产业开发的措施

1. 实施科技兴产业的战略

一是加强对生物相关应用基础、产品开发、产业化经营的研究。

二是加强人才培训。

三是加强与科研院校的合作，加强产业科技支撑体系建设，紧紧
围绕劳动者素质，依靠科技进步，生产优质产品，打造品牌。

生物产业是继 IT 产业之后的一项新型产业，今后怒江流域应着力
发展壮大龙头企业，打造云南生物产业发展的"排头兵"。我们深知，
任何一个产业的发展，最终都要依靠企业的成长壮大来支撑，没有强
大的企业就没有产业的核心竞争力。目前，怒江流域生物企业总体上
呈现数量小、规模小、分布散的局面，在全省有影响力、发挥龙头带

动作用的企业非常少。因此，要把发展壮大企业作为怒江流域生物产业发展的主要着力点。建议从政策、工作各个方面加大扶持力度。一是扶持龙头企业；二是加快民营和中小企业发展；三是加强企业间的联合协作。

2. 推进原料基地建设，提升规模化标准化水平

培育发展壮大怒江流域生物产业，需高度重视有基地无规模、有规模无标准的问题。既要能够满足企业加工需求，又要满足市场供应需求。要明确基地建设的主体是企业，尤其是龙头企业。要鼓励企业以"公司＋基地＋农户""公司＋专业合作组织＋基地＋农户"等产业化经营模式，与农民建立稳定的购销关系和合理的利益分配机制，保证优质专用原料的有效供给。

3. 加强科技创新，增强生物科技支撑能力

生物产业领域是云南省加强自主创新的重点。生物科技是云南省科技力量中的最强力量，但是，在科技成果的转化和应用上还存在科研机构与企业脱节、科研人员与市场脱节等问题。要发挥生物科技对生物产业的支撑引领作用，要攻克一批生物产业共性、关键性技术科技专项，重点推进普洱茶关键技术，野生食用菌、野生中药材人工促繁及规模化发展，生物质能源高效转化和深加工等重大关键技术攻关。

4. 创新投融资机制，破解生物产业发展资金困境

研究表明，在资源日趋枯竭的今天，对资源高效利用的自主创新是引领科技发展趋势的创新。生物产业是资金密集型产业，要创新思路、拓宽渠道，加快形成以政府投入为导向、企业投入为主体、社会资本广泛参与的多元化投入机制，为加快产业发展建立稳定的资金保障。政府应加大投资的力度，同时减少企业的负担。

七 生态友好型水电开发模式

(一) 怒江生态友好型水电开发模式构建的必要性

怒江流域生态地位显赫但极其脆弱的现实，保护必须优先。但保护并不是说不允许开发，这种开发的前提条件是生态友好。怒江生态友好型开发模式的构建，必须是建立于水电与生态相互作用层的关键

问题的解决之下。怒江水电的开发既面临着来自生态环境的压力，同时也面临着来自生态环境的动力。

怒江生态环境的现状特点决定了怒江水电开发既面临地质灾害、生境敏感、重要自然保护区、重要水源保护区和脆弱性极高五个方面的生态压力，又面临人类发展过程与怒江生态环境所产生的人地关系冲突。这些因素共同发挥作用影响怒江的发展，怒江水电开发工程属大型工程，其对环境的扰动较大，其面临的生态问题较其他人类活动更加突出。

同时，怒江生态环境的改善，生态移民、生态补偿机制的构建、当地民众生态意识教育、新的发展空间、怒江经济新的发展模式却为怒江水电的开发提供了动力。水电开发对于怒江来说是一个被正式提出来，并有望改变怒江贫困—落后—生态脆弱恶性循环的一项举措，是怒江发展包括生态发展的需要。怒江发展的落后，使当地相关产业的发展空间受到很大程度上的限制，现有的地域空间已经很难再支持怒江经济跨越式发展的实现，勉强进行各种开发只会对生态环境造成更大的破坏，而水电开发将以新的发展模式来促进怒江发展局面的改观，同时，对环境所造成的压力相对来说也较小，在经济发展的基础上，可为生态环境建设提供更多的技术资金支持，从这一点来看，怒江水电开发也是有巨大生态驱动力的（见表7-6）。

在压力与动力共存的外部开发环境中，怒江水电的开发唯有着眼于生态问题的解决来制订相关的开发方案，才有可能变生态压力为动力，也只有在考虑经济目的之余，关注更多的生态问题，致力于改善当地的生态环境现状，为生态环境的可持续发展提供相关支持，才有可能降低来自生态环境方面的压力，以及由生态保护问题所导致的社会上对怒江电站开发的反对之声，对于怒江水电的开发可以说是得生态者得大坝。因此，有必要探讨生态友好型的水电开发模式。

表 7 – 6 　　　　　　2011—2020 年六大重点水电开发基地规划

单位：万千瓦、%

水电基地	"十二五"（2011—2015 年）				"十三五"（2016—2020 年）			
	开发规模	投资规模	装机容量	开发率	开发规模	投资规模	装机容量	开发率
金沙江	3900	2580	2580	34	420	1510	4090	53
雅砻江	550	1080	1410	48	334	510	1920	66
大渡河	890	550	1160	43	220	900	2060	77
澜沧江	760	825	1721	54	324	315	2035	63
怒江	920	18	18	0.5	915	670	688	19
黄河上游	350	156	1096	62	150	320	1416	81

资料来源：中国电力企业联合会：《电力企业"十二五"规划研究报告》，第52页，转引自李纬娜、王奇华《水电提速困局》，《南风窗》2011年第10期。

（二）怒江生态友好型水电开发模式构建

生态环境友好型经济发展模式是在发展本地区经济的同时，立足于本地区的自然资源和人力资源的有效组合，根据当地的实际情况，合理地配置资源，有效地利用资源，最大限度地节约资源，遵循可持续发展观以及生态学原理和经济发展规律，坚持以环境伦理观为指导原则，尽可能地避免对环境的污染和对生态的破坏，大力降低资源的破坏性开发和浪费，保护生态环境。水电工程和其他人类活动一样，不管该活动开展的时间、空间有何不同，都会对生态环境产生影响。在这样的前提下，最大限度地减少人类活动对自然生态环境的影响，增加人类活动与生态环境的协调度就构成了实现人类发展与环境保护的"双赢"之道。

1. 已有水电开发处理生态问题的常规模式

水电开发的不同环境其产生的生态影响是不同的，对于水电的不同开发环节可以视其为水电开发系统中不同节点要素，与之相对的便是生态系统产生不同生态问题，这些问题我们可将其视为生态系统发展中的不同节点。已有水电开发在处理与生态环境的关系时，采取的是一种点对点模式，即出现问题，解决问题的一种模式。① 这种模式通过在对当地生态环境研究的基础上，借鉴已有水电开发的生态影响来预测将要进行水电开发的生态影响。此模式的优点在于，可充分借鉴已有的水电建设生态影响经验，以及生态环境脆弱性驱动因素来判断水电开发的生态风险性，研究中资料较为容易获取，研究方法较为成熟。但缺点则在于对策实施的效果不理想，实际开发中新问题的出现常使生态负面效应加大。研究的预测性较差，研究结论滞后，使水电开发负面生态影响控制不理想，进一步导致水电开发中生态阻力的加大，影响到水电工程的可持续发展能力。

2. 交叉互动——点面结合模式的构成

点面结合模式既强调水电开发不同节点产生的不同生态影响，同时，又注重水电开发每一环节对生态系统整体功能产生的影响，并对每个问题的防治受影响的单个要素进行综合考虑，考虑这些单个要素发生变化之后，整个生态系统的功能可能发生的变化。以水电建设工程的常规生态影响及控制对策研究为基础，结合当地生态建设的需要目标，找到两者有机的结合点，以促进两者协同发展为目的，进行水电建设与生态建设，两者的建设是互为基础，缺一不可。此模式的优点在于，将水电开发系统与生态系统视为协同发展的两大系统，各自功能的优化必须以对方的功能优化为基础，有利于避免开发中对生态影响认识的片面性，对于兼顾生态系统的整体性将起到积极的作用。但该开发模式的缺点则在于水电开发系统与生态建设系统在时间周期上的不一致性，水电开发系统短则几年，长则几十年，但对于生态系统的建设来说，所需时间则相对较长，水电建设开发不可能等生态系统建设好后再进行，所以说，对于此开发模式的应用，重点在于前期生态环境的建设，加强生态保护意识，为水电建设工程的开展事先就提供好一个良好的生态环境，然后再进一步实现工程项目与生态的共

① 具体的点对点模式可以参见云南省发展和改革委员会、云南省西部大开发领导小组办公室、云南省怒江傈僳族自治州人民政府《云南省怒江州中长期发展规划》（2007—2020）（2007年）第164—669页有关内容。

建、共促模式的开展。

（三）两种不同模式的对比分析

第一种模式在考虑水电开发与环境的相互关系时，则侧重于对已发现或是必然存在的生态影响进行研究并采取调控措施。其基本操作模式表现为针对在水电开发中面临的每一个生态压力或是问题采取相对的工程技术措施来降低或消除这种生态压力。如采用该模式对怒江水电进行开发，首先需要对怒江高发的自然灾害采取相应的措施，这些措施包括对水土流失问题的措施，应对滑坡、泥石流问题的措施等，这些措施需要在水电开发前在相关的环境影响评价中得以体现。采用该模式对怒江进行水电开发其优点在于所研究问题及提出对策的针对性较强，生态保护的近期效应相对明显，水电开发的成本较低，便于实施和管理，但从生态系统的特点来看，我们虽然可以将一个完整的生态系统划分为不同的组成要素，对于生态系统中存在的问题我们也可以将其根据研究的需要进行分类界定，但系统论的观点告诉我们，生态系统内部各要素之间是紧密相连的，其中任何一个要素的变化都会引起其他要素的变化，进而影响整个系统功能的发挥。对生态系统整体性的忽视，使现有的水电开发模式或是水电开发环境影响评价方法及结果将不可避免地带有片面性，在这种片面性之下所制定的相关对策措施其近期环境效益虽然比较明显，但长远效应将不会如近期效应那样好，甚至导致生态环境的破坏。因此，对于生态友好型水电开发模式的构建，我们应该将其建立在生态系统观之下，既注重对单个生态要素的研究，又要善于从系统的整体性出发考虑相关问题，提出相关对策。

相对于第一种模式，第二种模式的出发点不仅仅局限于水电开发系统，还针对水电开发中出现的问题进行重点防治。同时，对水电开发区域生态特性的研究及生态建设是与水电开发协同进行的。即两手抓的模式，一方面如第一种模式一样，重点对水电开发可能引起的生态问题进行研究分析；另一方面对水电开发区域生态意识的特征，已有生态问题的成因，以及某些生态问题的发展规律、当地居民的生态意识、生态文化进行研究和分析，同时结合水电开发建设积极开展各类生态重建和恢复工作，如对建坝区域两岸森林植被的保护、更新，对水体、水质的净化等工作。这一模式的开展之中，生态环境的改善、生态系统更新需要较长的时间，而水电项目开发从项目提出到动工其时间一般相对较短，无法等生态环境有所改善后再开工，因此，对于生态系统的改善工作必须是先于水电的开发工作，对于生态问题已经很突出，又急于开发水电带动当地发展的水电工程来说，则应在水电开发过程中密切监视工程生态影响，同时开展生态系统恢复和重建工作，其开发的重点在于提高水电建设过程的生态友好型设计，包括水电开发目的的生态友好型，即将解决生态问题列为水电开发的重要目的；水电施工的生态友好型即尽量减少施工工程对于生态的破坏；水电移民的生态友好型即减少移民安置过程中对环境的破坏；提高移民的生态保护意识，发挥移民中传统的有利于保护生态环境的意识，提倡移民先进的生产意识，降低生产对环境的依赖性，改变其原有的资源利用方式；水电运营的生态友好型，即承担起环境治理的责任，致力于提高当地人民的生活水平，解决生态脆弱与贫困的恶性循环。

八　其他特色产业

怒江流域的怒江州：人地矛盾突出，对农业、农村经济和农民增收主要依靠种植业的怒江人民来说，应以畜牧和林果产业发展为重点，积极培育生物资源开发创新产业、林下产业、水产养殖等特色产业，构建农村特色产业优势群，带动农民增收。泸水县的特色林产业、漆树产业、林果业，紧紧抓住国家、云南省高度重视林产业建设与生态保护的机遇，在现有林果基地的基础上，结合退耕还林扩大林果产业种植面积，用5—10年时间，营造百万亩林果基地，重点建设好核桃、漆树、花椒、膏桐种植基地，大力发展云黄连、草果、石斛、五味子等中药材，培育地方名、特、优、新产品。兰坪、泸水县冷凉山区马铃薯生产区；福贡油菜生产区；兰坪芸豆、杂豆生产区；泸水优质稻生产区；泸水亚热带水果、甘蔗生产区；兰坪杜仲生产基地、亚麻生产区；贡山旱谷、小杂粮生产区；福贡茶叶生产基地等。当前，兰坪县与兰坪绵畜牧业有限公司进行合作，共同实施养殖业发展项目，形成了"公司＋基地＋农户"的发展模式。临沧市的澳洲坚果种植示范基地超过2250公顷，有咖啡、天然药物品种、以盆栽观赏植物类为主的花卉产业。普洱市丰富的草场和水利资源，可大力发展特色养殖业。处于怒江流域中上游的怒江州海拔在970—2800米区域，属温凉带和寒温带，年平均气温在3.3—8.4℃，最热月平均气温≥10℃，积温在3280—5100℃，全年降水在200天以上，土壤以棕壤土和黄棕壤土为主，土壤理化性偏酸，沙壤 pH 值在4.5—5.5，钾富，氮中上，缺磷，温暖湿润，多雾日照少。很适宜漆树的生长。如地处高黎贡山深处泸水县的三河村，森林覆盖率高达85.5%，有着得天独厚的发展优势。三河村以"林—药""林—菜""林—草""林—畜"四种模式大力发展林下经济，草果、核桃、花椒、刺笼包等高原特色产业蓬勃发展，实现了经济效益和生态效益双丰收。2009年2月，三河村成立了草果专业合作社，把全村草果种植户聚拢起来，从事草果种植、收购、加工和销售工作。截至2015年，合作社入社成员已发展到351人，草果种植面积也由建设初期的85公顷，发展到现在的标准化种植基地800公顷，其中有机产品基地认证面积333.33公顷。2015年，合作社销售草果干果180吨，实现销售收入648万元，盈利65.4万元，社员人均收入3600元，辐射带动周边1500多户，户均增收1.4万元，成为怒江州发展林下经济促农增收的典型。[①]

第三节　开发模式评价

一　评价依据

流域是一种兼具自然区域属性和行政区域属性的特殊类型的区域，除区域所具有的一般属性（客观性、地域性、可度量性和系统

---

① 付雪晖：《云南泸水县三河草果专业合作社成国家级示范社》，《云南日报》2016年2月1日。

性）外，还具有自身的特性①，即整体性和关联性、区段性和差异性、层次性和网络性、开放性和耗散性。开发模式的选择必须要用系统的思维范式和宏观战略作为指导依据，所构建的流域开发模式既兼顾流域自身客观实际又具有前瞻性。符合未来流域和谐发展的思路，适应低碳社会发展的需求。

本部分提出的开发模式既要兼顾经济发展，又要做到环境的可持续。诚然，这种模式必然要遵循绿色发展，可持续发展。也就是要摒弃传统的发展观，资源的有限性和人的欲望的无限性决定了人的生存要以节约资源为前提，否则就会遭到自然的报复，无论是产业结构的演进还是经济的稳定发展都是基于资源的大量投入，要建设"资源节约型、环境友好型"社会，既不能为降低资源消耗而不发展经济，又不能走发展经济以资源、环境的消耗为代价，切实可行的方式是在现有资源投入量的前提下大力提高资源的利用效率，追求"低投入、高产出"的发展模式。

我国"十二五"规划提出了"推行循环型生产方式、健全资源利用回收体系、推广绿色消费模式、强化政策和技术支撑"的理念。循环经济的发展推动产业结构的调整和升级，通过高新技术产业的发展保质保量地提高经济发展水平；推动产业结构从"高消耗、高污染"的以资源为基础的产业向"低消耗、高清洁"的以知识为基础的高新技术产业转变。另外，产业结构调整是大力发展循环经济的重要手段，为经济的可持续增长提供重要的保障和工具。

二　评价原则

（一）科学性原则

即开发模式的选择以科学思想为指导，以事实为依据。具体来讲，就是以怒江流域客观存在的资源禀赋条件、生态基础、制度基础、社会经济发展水平的事实为依据，使所提出的开发模式具有可实践性。

---

① 流域自身的特性具体参见张文合《流域开发论——兼论黄河流域综合开发与治理战略》，中国电力出版社1994年版，第1—2页。

（二）可持续性原则

可持续性原则要求怒江流域既要发展经济又要维护好环境，在其发展任何一种产业时，必须是"绿色发展、低碳发展"，即生态产业。生态产业其产业结构是生态化的。产业结构的生态化是基于自然生态环境系统的承载能力，在企业内部实行清洁生产，在产业和产业间实现资源的循环再利用，降低废弃物对环境的影响，减少产业废物的输出，提高资源的利用效率，充分利用可再生资源和清洁能源，降低废物对环境的影响，实现产业发展与生态环境的协调。随着清洁能源的开发和利用技术、低碳技术、产业链技术、资源梯级利用技术、信息技术等技术水平的不断提高，资源利用水平不断提升，可再生资源、能源利用强度不断加大，产业活动对环境的影响水平不断下降，从而使产业结构生态化有了强有力的技术支撑和保障。[①] 生态产业要求能源低碳化。能源是维持社会健康运转的"血液"，低碳社会将依托低碳能源实现社会有效运转，低碳能源能使能源利用效率极大提高、无碳和可再生能源在社会经济发展中发挥重要作用。

绿色发展理论的基本内涵在于：一是人类对传统的生产方式、生活方式的反省，是建立在环境容量和资源承载力的约束条件下，把环境保护作为实现可持续发展重要支柱之一的一种新型发展模式。二是将环境资源作为经济发展的要素，把"五位一体"即经济、政治、文化、社会和环境作为可持续发展的目标，把传统产业升级改造作为支撑，以新兴产业（即依赖于高科技、低能耗、绿色生态）为导向，在保持经济稳定增长的同时，促进技术创新，最大限度地减少对生态环境的负面影响，最大限度地降低资源能源的消耗。

"绿色经济"为"绿色发展"奠定了坚实的物质基础，其包含两方面的内容：一方面，经济要环保。基本要义在于经济的发展要建立在资源和环境承受的阈值之内，任何牺牲环境和资源来谋求经济的增长都是不可持续的。另一方面，环保要经济。也就是说，从环境保护

---

① 李云燕：《论循环经济运行机制——基于市场机制与政府行为的分析》，《现代经济探讨》2010 年第 9 期。

中获取或谋求经济效益，从而维系自然生态系统健康持续稳定，把"绿色"作为新的经济增长点。生态化的物质基础即建立生态化的产业体系。基本要义是指在经济发展过程中，经济发展的方式、产业的布局等方面都要符合保护环境的基本要求。生态化的动力支柱，就是建立生态化的科技体系。在工业文明时代，科学技术的发展和应用在于强调人类改造自然的能力起到多大的作用，但生态文明建设主要强调依靠科学技术的进步来修补已经破坏的人与自然的关系。

三　模式总体评价

本章提出的有机农业的开发模式、生态旅游开发模式、循环经济开发模式、碳汇贸易开发模式、异地开发模式、生物产业开发模式、生态友好型开发模式都是基于生态友好、环境友好、资源节约持续利用的开发模式。这些模式具有的共性是都是绿色产业开发模式。这些模式的运行，既有利于怒江流域经济的发展，又有利于流域自身生态环境的维持与改善。绿色产业发展必须在产业结构生态化的基础上运行。据产业经济学理论，一个国家或地区要获得经济持续稳定的发展，其中非常重要的一环就是要具有适时适宜地推动产业结构的动力，也就是产业结构的转换能力。产业结构的转换能力本质上是适时选择产业结构的变动导向。主导产业是产业结构的核心和结构演化主角选择合理与否，不仅关系到主导产业本身的发展，而且决定着整个怒江流域的经济发展。产业结构生态化是实现怒江流域经济发展与环境保护的根本途径，是协调怒江流域人与环境关系的调和剂，符合产业结构演进的基本趋势，为了实现经济发展与环境（生态）保护的协调发展，实现经济效益、环境效益和社会效益的统一，构建生态化的产业结构体系是怒江流域的必然选择。

第八章　配套政策与措施

第一节　建立生态特区

一　建立生态特区的现实困境和科学依据

（一）现实困境：生态保护与经济发展

前面章节是对怒江流域环境保护和经济发展冲突的分析。在其流域内，处于怒江流域中下游的怒江州，由于其特殊的地理环境，其生态保护与民族发展出现了严重矛盾。怒江流域不仅是"三江并流"世界自然遗产的腹心地区，而且高黎贡山国家级自然保护区覆盖整个流域，并且"天然林保护""退耕还林还草"等生态保护工程都在这一流域实施。为了保护生态，凡是有损于生态保护的生产方式（如采集野生动植物活动、矿产资源开发、水电开发等）都被禁止。我们说，资源是资财之源，是人类从事生产活动的物质基础，面对这样的窘境，生活在该流域的人民不得不重新寻求经济来源，以维持其生存。

（二）科学依据：主体功能区化

区域发展不平衡是每个国家、每个地区共同面临的问题，虽然我国经过三十余年的建设，经济建设取得了巨大成就，但东部、中部和西部区域发展差距面临进一步扩大的态势。为了更加科学地解决区域协调发展问题，国家"十一五"规划提出："根据资源环境承载能力、现有开发密度和发展潜力，统筹考虑未来我国人口分布、经济布局、国土利用和城镇化格局，将国土划分为优化开发区、重点开发区、限制开发区和禁止开发区①四类主体功能区。"

　　按照主体功能分区的标准，从流域资源环境承载力出发，特别是依据流域各区段水资源和水环境的承载力及其保护和开发潜力的差异，可以把流域分为不同的区段。比如，怒江流域的源头是水源涵养区，可以划为禁止开发区；上游担负着生态屏障的功能，中游区段是生态脆弱区，可视为限制开发区；中下游地区开发潜力较大、生态环境承载力较好的部分地区可视为重点开发区。

　　依据国家"十一五"规划和云南省"十一五"主体功能区规划，处于怒江流域的怒江州属于限制和禁止开发区的面积占国土面积的58%左右。主体功能区划明确指出：各类主体功能区的发展应根据当地的资源环境条件，走"以第一、第二、第三产业的协调带动区域经济发展"的道路。"限制开发区"和"禁止开发区"，虽然不适合也不应该进行较大强度的工业化和较大规模的城镇化，但是，可以根据当地的资源环境条件适度地进行工业化和城镇化，走第一、第二、第三产业协调发展的道路，同时接受国家的财政转移支付。

二　构建怒江流域生态特区的基本思路

　　到目前为止，对于生态特区的概念，并没有统一的定义。国内一些学者提出了一些特区相关的概念，如冉光和王定祥（2003）、钟平（2004）、徐小玲和延军平（2003）、张纪南（2004）、郑易生和孙桢（2004）、郭宏（2004）、陈光炬和严立冬（2009）等。这里所说的生态特区的特定内涵，是指在怒江流域这一特定区域内，为缓解经济发展与生态保护的矛盾，保护生物物种基因的多样性，实行以生态保护为主，兼顾经济发展并辅之以特殊政策的区域（见图8-1）。具体的生态特区内涵可以表述为：建立怒江流域生态特区发展基金；建立经济发展、生态保护互动措施试点县；实施农林牧业改革，推广科技，发展农林牧经济；创建怒江流域生态网络项目区、数字"怒江流域"；

---

　　① 这里的"开发"主要是指较大强度的工业化和较大规模的城镇化。为此，限制开发区和禁止开发区的"限制"和"禁止"，并不是限制和禁止某区域的全面发展，而仅是"限制"和"禁止"资源环境条件恶劣地区的较大强度的工业化和较大规模的城镇化。

发展特色经济及旅游等其他服务业；在经济发展与环境保护的互动中，提高人口素质，控制人口数量，形成特区内人地关系的复合系统的良性循环。

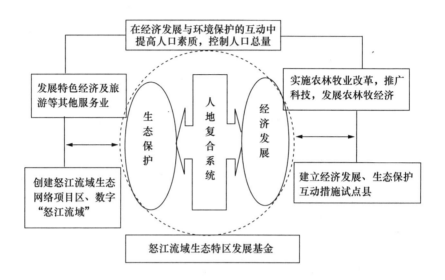

图 8 - 1　怒江流域生态特区内涵示意

在科学发展观的指导下，把怒江流域建设成为国家森林公园或中国的生物多样性保护区，由国家统一管理，把当地少数民族变成生态公民，国家给予工资补贴，探索一条生态保护与民族发展兼顾的协调可持续发展的新途径，为实现资源节约型、环境友好型社会的转变提供典范。[①] 从而达到以"园"养"员"的目的，即通过建立国家森林公园，把当地居民变为生态公民，实现居民身份角色的转换。

三　建立生态特区需解决的相关问题

为保障生态特区区域社会经济运行的稳定性和可持续性，急需加强区域内政府管理政策、产业政策、投资政策、资源开发政策、区域

---

① 郭家骥：《2007—2008 云南民族地区发展报告》，云南大学出版社 2008 年版，第 48 页。

内就业政策、保障政策的研究。

（一）政府管理职能的转变

由政绩 GDP 向环保（绿色）GDP 桎梏中走出来。政府有关部门要把生态环境目标和经济发展目标结合起来、统筹考虑，进行综合决策，适时出台相关政策，用宏观调控手段引导生态建设。

首先，建立和完善以绿色 GDP 为主的干部政绩考核机制。改革沿袭多年的忽视环境效益的 GDP 政绩考核方式，将环境保护和生态文明的指标纳入政绩考核体系，用科学的制度引导产业结构调整，经济发展方式转变，实现经济增长与资源环境的协调发展。近几年来，省各级政府大力倡导生态文明建设，坚持"既要金山银山，更要绿水青山"的发展理念，建设生态怒江，将相关工作纳入各级政府的目标管理考核体系给予考核。建立机制鼓励企业大力发展循环经济。节能降耗，提高资源利用效率，减少废弃物和污染物的排放，走出一条科技含量高、经济效益好、资源消耗低、环境污染少、人力资源优势得到充分发挥的新型工业化路子，从而减少工业生产对生态环境的影响。

其次，建立机制发展绿色科技，为生态文明建设提供科技保障。绿色科技，既能从末端治理污染，更能从源头上减少污染。只有建立起有利于生态安全的制度体系，逐步形成促进生态建设、维护生态安全的良性运转机制，才能使经济社会发展既满足当代人的需求，又对后代人的需求不构成危害，最终实现经济与生态协调发展。环境效益和经济利益一起构成政府政绩内容，在这种情况下，经济发展能够为环境的改善、保护提供必要的资金支持，从而促进环境效益的实现，实现环境、经济的"双赢"。

根据主体功能区的战略定位和生态特区的实质，牢牢把握好怒江流域生态特区的最终目标就是生态保护与民族经济的发展这条主线，如何实现流域内生态—经济—社会三者协调发展，这是政府转变管理职能之本。

（二）在怒江流域内实施生态保护与经济发展的协调——养育模式

这种养育模式，一方面是对人的"养"和"育"，即在人的能力和观念的提升中实现人口的有序流动和转移。另一方面，通过对流域内自然环境养育，使其发挥生态保护的功能，并形成特定产业开发功能。

对怒江流域生态特区的第一代人，建立专门的养老保障金，使其在养老中自然减少；对第二代人，通过专门的职业和劳务培训，开展区域合作劳务输出，到发达地区就业、定居；对第三代人，尤其是加大流域内对人口较少民族教育的投入，给予"大、中、小"学校全免的国民教育的特殊倾斜政策，实现全免的义务教育，使他们在无负担的经济压力下全身心地投入义务教育或职业教育中，获得与其相对应的就业能力和自我发展能力。这种有计划有步骤地培养人口较少民族人才，为实现国家的国民教育提供典范和经验。总之，通过养老和教育的途径，实现人口的合理有序转移，是破解怒江流域生态保护与经济发展困境的出路。对于怒江流域资源富集但生态脆弱的区域，政府需加大教育投入力度，尤其是中央政府要无条件地负担起九年义务教育乃至十二年义务教育的责任。这些地方教育肩负着扶贫和移民的功能。特别注意义务教育的聚集效应和迁移效应，"人往高处走"，中学毕业就能够在城镇以上的区域就业，逐步减少这些地区的人口压力。职业技术教育尤其具有针对性。归于环境保护的地方，通过教育使劳动力进入城镇谋生；剩余的一部分要搞生态和环境保护的教育，留下来搞生态环境建设。从环境保护的角度看，"无为而治"是最好的办法，好过盲目建设。[①] 为此，要进一步树立和强化生态怒江流域的理念，积极引进和培育骨干企业和龙头企业，注重生态技术研发和推广应用，创新生态经济发展的投融资模式，严格落实主体功能区制度，建立完善促进生态经济发展的制度和法律体系，为发展生态经济提供保障。在生态养育中建设智慧怒江。

---

① 焦建国：《转型与新农村建设：目标、路径和政策》，《财政研究》2006 年第 11 期。转自韩康《转型国家经济发展——模式、路径、问题与对策》，国家行政学院出版社 2007 年版，第 382—389 页。

第二节　健全生态补偿与生态转移制度

一　构建生态补偿与生态转移制度的宏观背景

（一）生态补偿和生态转移制度出台背景

2005 年 5 月通过的《国务院实施〈中华人民共和国民族区域自治法〉若干规定》第八条第二款规定："国家加快建立生态补偿机制，根据开发者付费、受益者补偿、破坏者补偿的原则，从国家、区域、产业三个层面，通过财政转移支付、项目支持等措施，对在野生动物保护区和自然保护区建设等生态环境保护方面做出贡献的民族自治地方，给予合理补偿。"2005 年 12 月颁布的《国务院关于落实科学发展观　加强环境保护的决定》、2006 年颁布的《中华人民共和国国民经济和社会发展第十一个五年规划纲要》等关系到中国未来环境与发展方向的纲领性文件中都明确提出，要尽快建立生态补偿机制。与此同时，学术界也开展了广泛的研究，对生态系统服务功能的价值评估进行了深入研究，全国各地也开展了相应的试点进行实践探索，这些都为生态补偿机制的建立和政策设计提供了理论依据，奠定了实践基础。

2010 年 1 月，国务院将《生态补偿条例》列入了立法计划，并于 4 月下旬启动了起草工作。随着生态补偿试点工作的逐步推进，我国生态补偿立法工作已全面展开。随着生态补偿试点工作取得新进展，我国建立生态补偿机制的总体框架已初步形成。生态补偿的国家宏观政策推动，理论方针的引导，理论与实践相结合的探索，为怒江流域构建生态补偿与生态转移提供了政策依据和理论支持。生态补偿政策的核心是通过利益均衡来保证政府与公众行为的一致性，调动公众的积极性（Sachs，2004），使公众行为持续有效地趋向生态修复目标。利益均衡的实现是公众、地方政府以及中央政府博弈的最终结果（Fudenberg and Tirole，1991；Sharp et al.，1998）。生态是一种稀缺资源，对生态环境的占用、攫取是需要成本的。补偿模式的设计遵循国际上在确定补偿主体时，通常遵循经济合作与发展组织（OECD）提出的"谁保护，谁受益"原则（Provider Gets Principle，PGP）和"谁受益，谁补偿"原则（Beneficiary Pays Principle，BPP）来进行。

（二）生态补偿的内涵、补偿模式类型

1. 生态补偿内涵

生态补偿是指生态保护的受益者向生态保护者提供的补偿。生态补偿分为狭义与广义。吕忠梅认为，从狭义的角度理解，生态补偿就是指对人类经济活动给生态系统和自然资源造成的破坏及对环境造成的污染的补偿、恢复、综合治理等一系列活动的总称。广义的生态补偿还包括对因环境保护丧失发展机会的区域内的居民进行资金、技术、实物上的补偿，政策上的实惠，以及增进环境保护意识，提高环境保护水平而进行的科研、教育费用的支出。[①]

2. 补偿模式类型

一般而言，国际上通常通过环境服务或生态系统服务付费的方式，采取政府、市场、法律等手段，促进区域合作、公众参与，对水源涵养、水土调节等服务功能的付费进行了探索。政府的主导作用主要体现在制定法律规范和制度、宏观调控、政策和资金支持上，解决市场难以自发解决的资源环境问题。主要生态补偿模式如表 8-1 所示。

（三）生态补偿的理论基础及原则

生态补偿的理论基础是资源的公共物品属性、资源的有偿使用理论、外部成本内部化理论、效率与公平理论等。国内外生态补偿的原则，国外主要有 PGP 和 BPP 这两个基本原则，即生态保护者得到补偿和生态受益者付费的原则。在国内，温家宝总理在第六次全国环境保护大会上提出了"谁开发谁保护、谁破坏谁修复、谁受益谁补偿、谁排污谁付费"的原则。这些基本原则的确立为生态补偿研究和实施提供了依据。2005 年 8 月，浙江省颁布了《关于进一步完善生态补

[①] 吕忠梅：《超越与保守：可持续发展视野下的环境法创新》，法律出版社 2003 年版，第 1—20 页。

偿机制的若干意见》，在这部意见中，浙江率先提出了区域生态补偿的基本原则："受益补偿、损害赔偿"，"统筹协调、共同发展"，"多方并举、合理推进"，"循序渐进、先易后难"。

表 8 – 1　　　　　　　　　主要生态补偿模式类型

类型	内涵	特点	案例
公共支付	政府提供实施生态补偿项目基金或直接对其进行投资	生态环境服务受益众多，生态服务提供者众多；支付无形性	哥伦比亚、巴西、墨西哥的流域管理
市场贸易	以政府或公共部门确定的环境公共标准为基础，通过市场的自由交易进行补偿	环境服务可以标准化为可分割、可交易的商品形式；建立市场交易体系和规则	哥伦比亚的"森林环境支付"项目
一对一交易	自发组织的市场补偿	生态环境服务受益者较少并且比较明确；生态环境服务提供者在可控范围	法国 Vittel 供水公司与水源地农场主之间的交易
生态标记	能为以生态环境友好方式生产的产品提供可信的认证服务；间接获得补偿	生态产品认证服务具有可信性；包含了对可持续生产、发展方式的补偿	美国居民愿意每磅多花费 0.51 美元购买认证是以环境友好方式产生的咖啡

资料来源：根据许凤冉、阮本清、王成丽《流域生态补偿理论探索与案例研究》（中国水电水利出版社 2010 年版）第 9 页整理。

二　构建怒江流域生态补偿机制

（一）生态补偿机制的理论基础

生态补偿机制的探讨，其渊源可追溯到德国 1976 年实施的 Engriffs Regelung 政策以及美国 1986 年开始实施的湿地保护政策，距今已走过 30 多年历程。曹春苗、李云燕（2010）从生态学、经济学、社会公平和安全四个角度探讨了生态补偿机制的理论依据。[①] 具体来讲，从生态学角度看，是生态环境价值的内在约束；从经济学角度看，是资源优化配置的必然选择；从社会公平角度看，是代内和代际公平的双重要求；从安全角度看，是生态系统、人类自身的息息相关。我国的生态补偿机制从最初的森林生态效益补偿基金开始，对象逐渐扩大到矿产资源开发、自然保护区、生态功能区、流域等领域。2016 年 4 月，国务院办公厅印发了《关于健全生态保护补偿机制的意见》，为探索建立多元化生态保护补偿制度体系指明了方向，开启了生态补偿的新征程。

（二）生态补偿机制的内涵

为了完整理解生态补偿机制的内涵，有必要对机制这个词进行梳理。机制是从"机器"与"制动"这两个科技术语中各取一个字构成的。原意是指机器构造及其制动原理和运行规则。后来，生物学和医学借用"机制"一词来指生物体，尤其是人体的结构和功能，即它们内在运行、调节的方式和规律。20 世纪 40 年代末，在美国科学家维纳提出控制论后，人们把社会作为一个有机体，并用"机制"一词来说明社会本身的运行、调节的方式和规律。为此，在现代社会中，人们把"机制"引入社会生活，主要指的是社会机体中某些部门、领域通过建立富有生机活力的制度、体制、运行程序、规则等，使该系统健康、有序地发展。综上所述，机制基本含义包括三个方面：一是指事物各组成要素之间的联系，即结构；二是指事物在有规律性的运动中发挥作用、效应，即功能；三是指发挥功能的作用过程和作用原理。概括地说，"机制"就是带有规律性的模式。

生态补偿机制是指在生态补偿中对补偿主体、对象、内容、方式、标准等做出的制度性安排。生态补偿机制是调整保护、恢复和改善生态环境相关利益关系的一系列行政、法律和经济手段的总和。其实施生态补偿的本质是一种利益调整，宗旨是通过对生态环境保护和

---

① 曹春苗、李云燕：《生态补偿机制建立的起因和方式探讨》，《环境保护与循环经济》2010 年第 4 期。

治理的各种利益关系进行协调，达到既保护生态环境，又协调利益相关者之间的关系，从而促使破坏者放弃破坏，保护者或者更多保护环境的动力。

（三）构建怒江流域生态补偿机制的重大意义

良好的生态，是怒江流域的金字招牌，也是加快发展的看家本钱，牢固树立生态流域战略，大力发展生态经济，深入推进生态文明建设，努力把生态优势转变为发展优势。怒江流域大部分地区尤其是核心区域的怒江州，禁止（限制）开发区域在产业上的限制导致发展机会的损失，禁止（限制）开发区域为实现其主体功能而承担额外成本。生态补偿机制是主体功能区顺利实现的重要保障。以流域内的怒江州为例，天保工程实施以来，全州纳入森林管护面积84.25万公顷，投入资金57703.24万元，聘用管护人员1500多人，人均管护面积540公顷；2000—2015年，退耕还林工程累计完成5.55万公顷，总投资61750.83万元，工程覆盖全州所有乡镇206个村，惠及43496户15.8万人；2009—2015年，全州生态公益林补偿兑现生态效益补偿资金20093.21万元，惠及7.6万农户31.0万人。① 当前，怒江流域经济发展与生态环保的矛盾处于胶着的格局，环境风险正进入高发期。必须切实增强生态环境保护的危机感责任感，加快转变经济发展方式。要强化"绿水青山就是金山银山"的理念，提高推进发展与生态共赢的意识和能力。要适应主体功能区要求，健全完善绿色GDP综合考评体系，给那些为追求眼前"政绩"不惜破坏生态环境的干部戴上"金箍"。

生态补偿机制的作用体现在：一是对区域的生态资源的认定有利于区域经济增长方式的改变，从资源耗竭型、粗放型的增长方式调整为资源节约型方式的生态方式。二是有利于区域生态产业的培育，使生态公共产品的生产者得到劳动付出应有的货币化认定，推动积极性，增加资本的存量，为本区域可持续发展奠定基础。三是有利于增

① 王生：《怒江州森林生态系统服务功能价值与生态补偿研究》，《山东林业科技》2017年第2期。

强上游区域的责任感。

（四）构建怒江流域生态补偿的途径

市场是生态补偿机制有效运转的关键，其可以调动普遍的社会力量。市场手段和经济激励政策可以用来促进生态保护。从目前来看，生态补偿各方面的制度都不完善，如为什么要补偿、如何补偿、补偿的原则是什么、补偿金额的管理等方面都不明确。只有有了明确的法律规定，生态补偿才能真正走上法制化、规范化、制度化、科学化的道路。相关法律的研制和对生态环境保护的宣传，由法律宣传小组负责实施。构建怒江流域生态补偿机制，具体有如下几种方式。

（1）加强政府财政对怒江流域生态保护的转移支付。① 对怒江这样具有重价值的生态功能区，尤其是对欠发达的西部地区的西藏、云南省而言，国家应加强加大转移支付力度，拨付必要的生态建设资金。实行国家转移支付的原因有两点：一是生态环境属于公共物品的范围，本身具有非排他性和非竞争性，所以需要政府出面进行转移支付。二是怒江流域内企业数目众多，类型多样，如果要求怒江流域和每个企业都达成补偿合同需要的交易成本太大，所以选取政府为中介机构，进行统一的转移支付。就省级层面，按照主体功能区规划要求和基本公共服务均等化原则，积极实行差异化的财政政策。有效引导人口、资本、劳动力和技术从禁止开发区、限制开发区向重点开发区

---

① 财政转移支付资金的来源主要有三种：一是对生态资源的直接使用者收取生态资源税；二是对生态资源的受益者收取生态资源维护费等；三是运用政府主导的重大生态建设工程及其配套措施等"项目支持"的形式，重点发挥生态保护地区的生态移民和替代产业的发展。加大国家财政转移支付的力度，建设山川秀美的怒江流域是均衡全国发展，实现小康、和谐社会的重要任务。构建和谐社会，是实现生态安全、可持续发展的社会，对怒江流域而言，要创新发展理念、发展思路和评价标准，走生态文明、绿色发展之路，必须解决两大问题：一是经济建设对资源和生态环境产生的压力与破坏；二是资源与生态保护对经济建设的支援。经济建设和环境保护这两大问题的最终解决要依靠转变发展模式，在开发中保护，把开发与保护统一到可持续发展上来，使怒江流域实现区域经济模式由粗放式的资源开发型向保护资源、保护环境、提供环境效益产品的生态型转变，克服将保护生态环境与促进经济增长对立起来，以及为追求政绩与部门利益而对资源进行非理性开发的短视行为。

和优化开发区流动。完善生态功能区转移支付制度，健全分类指导、科学合理、互利互惠的生态补偿机制。自 2009 年以来，云南省财政累计安排生态功能区转移支付 80 多亿元，从而有力地保证了全省主体功能区建设扎实推进。

（2）向怒江流域开发利用主体征收生态补偿费。合理的补偿标准是保证生态补偿政策实施效果的重要前提。因此，生态补偿按照合理的补偿水平向因开发利用活动对流域生态可能产生不良影响的主体征收，并将其纳入财政预算，政府每年将这些收入的一部分资金返还给参与怒江生态环境建设的部门及农民。

（3）利用所征收的生态补偿费的剩余部分建立怒江流域替代产业发展基金，用于替代产业的经济扶持和技术指导，引领怒江农民参与替代产业的发展。

（4）建立怒江流域生态补偿基金。生态补偿基金可由怒江生态受益地区的政府、非政府机构或个人通过财政转移支付资金，扶持资金、国际环保非政府机构的捐款和个人环保主义者的捐款等途径筹集，主要用于怒江流域的生态恢复和增值功能。在补偿金的使用环节上，建立专款专用制度，补偿金纳入预算管理后转为用于生态环境保护的专项费用，以上工作的开展为我国建立生态补偿机制提供了实践基础。①

（5）加快建立有利于生态建设的信贷政策，由政府担保，鼓励金融机构以低息或无息贷款的形式向有利于生态环境的行为和活动提供发展生产的小额信贷，鼓励当地农民从事生态保护的工作。

（6）借助于国家和世界性的湿地基金。怒江流域的生态环境保护业已受到世界的广泛关注，可借助世界银行、亚洲开发银、大自然保护协会（TNC）、世界自然基金会（WWF）等机构和组织提供的基金和项目，保护怒江流域的生态系统。

---

① 王钦敏：《建立补偿机制保护生态环境》，《求是》2004 年第 13 期。

第三节 加强税收调节：资源税和环境税

怒江流域要兼顾经济发展与生态可持续性发展，其发展模式必须符合环境友好型的要求，对流域内的资源开发采取保护性开发政策。其目的是减少资源开采量，减轻对生态环境的影响，其实现途径是采取税收制度，即征收资源税和环境税。

一　资源税

资源税是以自然资源为课税对象的税种。自然资源税是国家对我国境内从事开发利用的单位和个人，就其资源生产和开发条件的差异而形成的差异征税的一种税。是国家税务机关凭借行政权力，依法无偿取得财政收入的一种手段。[①] 目前，我国资源税的征税范围包括7个税目的矿产品，分别为原油、天然气、煤炭、其他非金属矿原矿、黑色金属矿原矿、有色金属矿原矿和盐。按照现行的《资源税暂行条例》，资源税的应纳税额，按照应纳税产品的课税数量和规定的使用标准计算。其中原油的税额标准为每吨8—30元，天然气为每立方米2—15元，煤炭每吨0.3—5元。

我国的资源税征收始于1984年，当时对原油、天然气、煤炭等先行开征资源税，对金属矿产品和其他非金属矿产品暂缓征收。资源税实质主要是为了保护和促进国有自然资源合理开发与利用，适当调节资源级差收入而征收的一种税收。《资源税若干问题的规定》是以实际销售收入为计税依据，按照矿山企业的利润率实行超率累进征收，其宗旨是调节开发自然资源的单位因资源结构和开发条件的差异而形成的级差收入。从1994年1月1日起，截至2010年上半年，资源税一直实行从量定额征收的办法。对开采应税矿产品和生产盐的单位，开始实行"普遍征收、级差调节"的新资源税制，征收范围扩大到所有矿种的所有矿山，不管企业是否盈利，普遍

[①] 史学瀛：《环境法学》，清华大学出版社2006年版，第271页。

征收。

随着中国经济形势的变化以及人民对现实利益的诉求，中国加速了资源改革的步伐，经过十几年艰辛求索，中国资源税改革取得了实质性的突破：一是从征税内容上可将水资源、森林资源、草原资源、河流资源、湖泊资源、黄金等纳入资源税科目范围；二是资源税计征方式由从量计征改为从价计征；三是资源税种税率的变化。煤炭的资源税税率由1%上升到5%；原油、天然气的资源税税率为5%。

2010年7月6日，温家宝总理宣布，将在西部地区对煤炭、天然气等资源税由从量征收改为从价征收。这意味着，中国率先在新疆实施的资源税改革扩大到整个西部地区。资源税改革于2010年9月1日推向全国，在资源税扩大到全国时，仍然采用5%的税率。开征资源税的最大好处是，政府能够获得一笔资源税收收入。资源税有利于克服相关管理部门把管理权变为所有权的行为，而且资源所在地的税收分成有利于缩小收入分配上的地区差别。资源税的改革是中国实现低碳转型的重要措施。资源税的要义在于提高资源开采和利用效率。资源税是通过重新配置来平衡与制约稀缺性资源利用与之相关的环境问题的一种制度安排。随着资源日益稀缺和环境恶化，资源税目的逐渐转为保护自然资源生态环境。

二 环境税

（一）环境税的理论基础

欧共体将环境税定义为：若证实……当某物质被使用或释出时，会对环境造成特定的负面影响，则对其物理量（或其他替代品）课税，所以课之税即为环境税。①

1. 环境税的理论依据

环境税的理论依据包括经济学依据和税法依据两个方面。

（1）经济学依据。主要包括"公地悲剧"、庇古税、科斯定理。"公地悲剧"提出者哈丁认为，防止公地污染的对策是共同赞同的相互强制甚至政府强制。公地悲剧理论基于公共品非排他性和非竞

---

① 杜受祜：《环境经济学》，中国大百科全书出版社2008年版，第276—277页。

争性的特征，认为当资源或财产有许多拥有者时，他们每一个人都有使用权，但没有权利阻止他人使用，从而造成资源过度使用和枯竭。因此政府通过征收环境税，将环境污染的外部成本内部化，最大限度地减少"公地悲剧"的发生。庇古税的提出者庇古认为，导致市场配置资源失效的原因是经济当事人的私人成本与社会成本不一致，从而私人的最优导致社会非最优。因此，纠正外部性的方案是政府通过征税或者补贴来矫正经济当事人的私人成本。只要政府采取的措施使私人成本和私人利益与相应的社会成本和社会利益相等，则资源配置就可以达到帕累托最优。科斯认为，在完全竞争条件下，私人成本等于社会成本，而外部效应根源于商品和劳务的产权不清晰，或者叫作产权主体的缺失。科斯定理从产权角度丰富了庇古税。

（2）税法依据。主要有税收公平原则、效率原则和社会政策原则。税收公平原则。由于各纳税人对环境的占用是不均衡的，对环境污染和破坏的强度也是不均等的，环境税应体现出"污染者付费原则"的基本原理，从而以税收形式迫使污染企业外部成本内部化。这样既可以提高环境保护的调控力度，又可以纠正市场失灵，维护税收公平。税收效率原则：开征环境税的目的主要是保护自然资源，减少污染，这必然会增加企业税负，因此，环境税的设计中要体现出效率原则，坚持结构性增税和结构性减税相结合，坚持市场主导与税收政策推动相结合，促进能源资源节约和环境保护。税收社会政策原则：环境税不仅包含对环境破坏主体的征收，还包括公共的环境保护基金，环境税根据"受益者付费"原则对所有环境保护的受益者进行征税，用于应对无法确定行为主体的环境污染和破坏。

2. 开征环境税的现实意义[①]

（1）完善相关税收体系，优化税制。我国当前环境税税种的缺失，导致税收对污染、环境破坏行为的调控力度难以把握，弱化了税收的环保作用。同时，我国现有的环保政策体系里，以费居多。

---

① 李广军：《环境税的理论依据和现实意义》，《金融天地》2012 年第 3 期。

环境税的征收则可以优化我国当前的税制，提高税收用于环境保护的比例。

（2）结构调整，促进生产。产业升级环境税的征收迫使企业将环境污染和破坏的外部成本内部化，高污染高能耗的企业将承担更重的税负，因此迫使其缩减规模，采用新技术，促进结构调整。同时，环境税的专款专用，一方面致力于保护环境，弥补由环境污染带来的损失；另一方面通过对采用新技术新设备的企业进行补贴，加大战略新兴产业的发展。环境税迫使企业将要素的投入转向对劳动和技术的投入，提高全要素生产率。根据内生增长理论，将对整个产出的增长有极大的促进作用，创造更多的社会财富。

（3）提高人们的环保意识。环境税征收的对象不仅包括直接对污染环境和破坏资源的行为主体，还包括一般个人，即根据"受益者付费"的原则，征收公共环境基金。将环境保护的成本内化到每个企业和个人，明确义务主体，这将使人们充分意识到环境保护的重要性，从而达到征收环境税的目的。

（4）环境税可以实现"双重红利"，促进可持续发展。环境税不仅可以通过降低污染活动而提高社会福利，而且可以降低税收系统对收入、销售或者其他扭曲税种的依赖，从而改善税收系统。企业是"理性经济人"，其经营目标是利润最大化。在没有监管和规范的情况下，企业将只考虑成本最小化，忽视对环境的破坏和对资源的浪费。环境税的征收，使企业承担资源利用和环境污染的成本，从而发挥税收的杠杆作用。同时，征收的环境税形成财政收入，政府可以用来治理环境污染，恢复和重建生态环境破坏地区。

环境税的作用在于将外部成本内部化，以提升整体经济效益。其目标是：找到一种污染者赔钱，同时也让改善环境者赚钱以改善环境的好办法。环境税就是提供一种自我调整的机制，让经济个体自行以最有效率的方式随市场信息调整其行为。当污染固定在适当水平时，可以以最低的总成本达到既定的污染控制目标，这是因为，减量边际成本越低者（污染者）减量较多；环境税的这种静态效率是征收环境税的核心理论基础。再者，对产品征收环境税时，会提高该产品的相对价格，所以，企业或消费者有生产或使用较低污染产品的长期诱因。拉封丹在《不要惧怕经济全球化》一书中提出德国三步走的生态税改革方案：近期的生态税改革目标是：取消环境的税收规定，实行新的或提高现有的与环境有关的征税；中期的生态改革目标是：在以上的基础上要征收环境导向的特征税，并且实行环境导向的收费政策；远期的生态改革目标是：建立以生态导向的财政改革，在其前两步的基础上，进一步实现生态导向的补贴削减，以及合理地使用来自环境税的税收收入。

（二）环境税的组成

1. 排放税

排放税是根据污染与排放的质与量直接支付。如法国、德国和荷兰等国家，水污费为其水资源管理的主干。此外，在其他世界经济合作与发展组织成员国中也有不同程度的应用：法国对硫的排放课税，瑞典对氮氧化物收费，还有部分国家对航空器征收噪声税。

2. 产品税

产品税是用以提高在制造、消费或废弃处理的过程中产生的污染产品的相对价格。在世界经济合作与发展组织成员国中，产品税是环境税的重要组成部分。能源税（如针对燃料所课征的碳税、硫税）在产品税中自成一页。大多数国家把能源税（碳税）作为生态税的一部分，因为能源的使用与环境问题有紧密的联系。

（三）环境税在我国的实践

环境税作为环境经济政策的一个部分。2009 年以前，我国还没有对环境税如何征收的相关法规和内容作具体研究和部署。2010 年中国政府网公布的《国务院批转发展改革委关于 2010 年深化经济体制改革重点工作意见的通知》指出，要研究开征环境税的方案。日前，环境税征收方案已获得财政部、国家税务总局、环境保护部三部门的一致通过，目前已上报至国务院。准备于 2011 年在江西进行试点，环境税拟征收于 2013 年，征收的对象是企业。环境税包括：对直接的污染征收的税，如碳税、硫税、污水处理费、垃圾税等直接污染物；对一些可能产生污染的产品征税，如煤炭、石油、能源、汽车等。

三 建立和完善怒江流域资源与环境税的建议

资源与环境作为一种公共产品被用于人类的经济和社会发展。其产权界定不清，使对经济主体的约束失效，从而导致市场失灵，使资源无法有效配置，环境不能合理利用。

（一）建立和完善资源产权市场体系，充分体现资源所有者权益

要完善资源产权制度，健全资源市场体系，使资源有偿使用、适度竞争成为资源价格形成的市场基础，按照"归属清晰、权责明确、保护严格、流转顺畅"的现代产权制度要求，在资源领域建立一套包括产权界定、产权配置、产权流转、产权保护的产权制度。只有建立起完善的资源产权体系，让价格机制发挥其传导机制的作用，才能体现资源所有者的权益。价格机制作为社会制度安排的最基础内容就是所有权的交换，这是价格机制发挥作用的制度基础，没有明确的所有权就无法进行有效的市场交易，使价格信息无法得到保证。健全自然资源资产产权制度，明确地方政府对自然资源的所有权和使用权；健全自然资源的用途管制制度，防止地方对自然资源的破坏性利用；划定生态保护"红线"，确定地方政府生态保护和生态利用的底线；进一步完善主体功能区制度，建立健全国土空间开发保护制度，实现区域资源环境承载力与经济社会发展的平衡。

（1）资源产权制度必须是一个完整的、有机的、动态的体系，在保证国家对资源统一、有序管理的前提下，建立起明晰的资源产权关系。要建立中央与地方政府之间规范化的委托代理关系，实行资源国家统一所有，具体权能政府分级管理的制度和政策，以正确处理在资源开发和使用中央与地方、地方与地方之间的经济利益。在此基础上，建立起产权国家出让的一级市场，通过租让、协议、招标、拍卖等方式，与微观经济主体订立合约，明确微观经济主体占有、支配、使用。

（2）推进资源所有权代理市场化、资源使用权市场化等改革，注重推行资产化管理，即建立资源资产基础体系、营运体系、监督体系等资产化治理框架，以明确资源所有者、使用者、管理者各自的职能

分工后的责、权、利边界，增强所有者、管理者对使用者的监督约束力度，提高市场化改革效率。

（3）不断完善产权交易市场，完善产权市场交易制度和体系。一方面，政府要加强产权方面的立法，为政府行使对产权市场监管和调控的职能提供法律依据；另一方面，要不断健全产权市场交易和操作规范，并加强管理，实现产权按市场规则通过公开、透明和规范的程序交易流转。

（二）完善资源环境补偿制度安排

制度是经济活动的导向机制，决定着生产要素的流动与配置效率。科学制定资源性产品的完全成本的财务核算办法，将资源开发和使用过程中的环境治理和生态恢复、资源枯竭后退出和转让等成本计入资源的生产消费价格中，使产品价格正确反映其内在价值。调整和完善相关生态税费征收手段，使内部化成本（生态补偿）得以真正实现。加快资源税改革并适时开征环境税，一方面，对资源环境进行合理补偿；另一方面，鼓励企业积极主动地开发节能降耗、减排治污的技术工艺，从而促进产业结构的升级换代，延长资源开发使用期，达到更有效地使用资源。依据破坏者负担原则，建立资源开采环境治理和生态恢复的责任机制。从法律层面上明确生态环境修复治理的主体，明确企业对环境破坏及时治理的责任。环境具有的公共物品属性，国家同样是环境恢复、生态补偿的主体之一，对生态环境恢复治理的资金进行补充，积极宣传，正确引导，集各方之力募集生态基金，并主动扩展生态补偿的市场融资渠道。

（三）依靠科技进一步降低资源的相对价格，促进缓解资源环境约束

随着资源的重要性和稀缺性的增加，资源价格越来越成为构成资源性产品价格的重要部分。加快自然资源等生产要素价格的市场化改革，发挥价格传导机制的作用，将资源等上游产品价格的上涨，带给下游企业和产业相应的成本和价格上升的压力，同时形成一种倒逼机制，促使企业通过技术进步、科技创新和管理创新来提高自身综合竞

争力，逐步摆脱对低价资源和资源红利的依赖，促使资源能源价格上涨的影响尽可能多地在中间环节消化，真正走出一条内涵式和集约式的发展道路。[①] 根据可持续发展理论，当前，科学制定自然资源的单位税额是完善怒江流域自然资源税课征的难点和重点。怒江流域资源税的单位税额，应当将资源税与环境成本以及资源的合理开发、保护、恢复挂钩，同时根据资源的稀缺性，对不可再生资源的替代品开发成本，可再生资源的再生成本等因素结合，合理确定和调整资源税的单位税额。

第四节 加强民间环保组织的培育与扶持

一 非政府组织内涵

非政府组织是指非官方的、非营利的、与政府部门和商业组织保持一定距离的专业组织，它们通常围绕特定的领域或问题结成团体，有自己的利益和主张，代表社会某些集团或阶层的愿望或要求。[②] 非政府组织被称为"第三部门"，是指非政府组织独立于政府、市场之外，在社会中发挥作用的部门。这也就决定了它的两个基本特性：非政府性和非营利性。

二 非政府组织的发展

从非政府组织参与环境保护的历史进程来看，大致经历了三个阶段（见表 8 - 1）。环保非政府组织在 20 世纪前期经历艰难的起步阶段，通过集会、游行、抗议、请愿的方式参与环境保护；90 年代初期，环保非政府组织赢来发展的第一个高潮期，环境保护宣传深入人心；2000 年以后，环保非政府组织开始介入公共事物，影响政府决策；2006 年水污染地图问世，公众的环境监督

---

① 黄海燕：《完善我国资源性产品价格形成机制的对策建议》，《经济要参》2010 年第 11 期。

② 王逸舟：《生态环境与政治与当代国际关系》，《浙江社会科学》1999 年第 3 期。

权、参与权和维护自身合法环境权益的意识被唤醒。随着对环境保护组织中社会资本①利用的认识加深，这些环境保护组织有明显的发展。

表 8 – 2   非政府组织的发展历程

阶段	时间	参与方式	民主进程
第一阶段	20 世纪 70 年代前	集会、游行、抗议、请愿	组织成员（群众）处于松散状态
第二阶段	20 世纪 70 年代至 90 年代初	政治影响政党	法律化、法制化
第三阶段	20 世纪 90 年代至今	立法（环境保护法、环境影响评价法）	具体化

资料来源：根据李艳芳《公众参与环境影响评价制度研究》（中国人民大学出版社2004年版）第41页整理。

三 非政府组织在环境保护中的作用

非政府组织在推进人类环境意识的提高和普及方面发挥着重要的、不可替代的作用，是公众参与环境保护的有效渠道和重要方式。国民环境意识的强弱、公众参与环境保护程度的高低，是衡量一个国家对环境保护程度的重要标志，是其生态文明发展程度的直接体现。非政府组织通过在各种场合、运用多种形式进行环境保护的宣传活动，唤起人类环保意识和觉悟；向国际社会和舆论揭露世界各地发生的破坏生态环境的现象等，推动对环保问题的关注和解决。如美国"维护环境洁净青年组织"，通过深入中学宣传，75% 以上的美国青年

---

① 自 1920 年 Hanifan 提出社会资本定义以来，社会资本的概念得到迅速的发展，其含义包括三个方面：一是认为社会资本是由大多数非正式的和地方的横向组织组成的；二是认为社会资本不但包括那些横向组织，而且还应包括科层组织；三是认为社会资本是指塑造的社会结构，促使规范发展的社会环境和政治环境。参见李玉文、徐中民《社会资本在可持续发展中的作用》，《地球科学进展》2007 年第 6 期。

人把维护环境作为他们最光荣的事业。① 每 10 个美国人中有 8 个自称是环境保护分子。②

非政府组织加强了国际交流与合作，促使一些环境保护国际公约及协议的产生。由于全球生态环境的保护、人类生态危机的解决不可能由一个国家单独完成，所以，世界范围内的环保合作与交流、全球性环境保护法规的制定、双边或多边环境保护协议的签订十分重要。非政府组织在这些方面发挥着积极的推动和促进作用。长期以来，跨国的生态问题，经常是通过国际组织和国际性的非政府组织处理的。非政府组织通过协调世界各国、沟通南北对话、加强与联合国等国际组织的合作，从而促进各种世界公约得以产生、各种环保协议得以达成，如保护臭氧层的《维也纳公约》《里约环境与发展宣言》《21 世纪议程》等。不少专家认为，联合国是非政府组织的天然盟友，因为它们本质上都是"国际主义的"行为主体。1992 年在巴西里约热内卢召开的联合国环境与发展大会，除各国政府的正式代表外，另有 1400 个非政府组织的 4000 多人出席了这一具有里程碑意义的国际性环境盛会，与此同时，在主会场附近，还有来自 167 个国家的 25000 多名代表不同非政府组织的个人，围绕同一主题举办了"全球论坛"。在联合国经济和社会理事会上，有来自各种非政府组织的代表 978 位，一些国家的官方代表里也有部分非政府组织成员。③ 非政府组织对实现我国国家治理体系的现代化具有非常重要的意义，然而，当下大力发展环保非政府组织尤为迫切，因为环保非政府组织以环境保护为根本目的的非政府组织，积极参与到国家生态环境问题的治理中来，有利于促进社会自身的成长。环保非政府组织近年来呈快速上升的趋势，从 2007 年的 5709 家上升到 2010 年的 8031 家，年增长率

---

① 王豪：《生态·环境知识读本——生态的恶化与环境治理》（第二版），化学工业出版社 2004 年版，第 140 页。

② 吴上进、张蕾：《公众环境意识和参与环境保护现状的调查报告》，《生态环境与保护》2004 年第 9 期。

③ 王逸舟：《生态环境与政治与当代国际关系》，《浙江社会科学》1999 年第 3 期。

为 3.1%。①

四　完善和强化非政府组织的公众参与机制

环境保护是个"公共产品"，其生产过程特点显著。政府作为社会公众的代表，除了与群众一起进行环境保护，还要努力建设制度框架，以保障这个产品的生产和增值。社会民间力量以民间组织的形式介入环境保护事物，既体现了民众创造历史的伟大力量，也能使政府部门进行"公共产品"保护与增值得到广泛的支持。政府机关对环境保护的民间活动提供多方面的便利条件，充分保障了当地居民的环境保护知情权、参与权等。

美国学者唐斯在研究公众政治参与的投票行为时，提出一个著名的行为函数模型，即：

$$R = BP - C + D$$

式中，B 为投票者的行动，P 为行动者的潜在收益，C 为行动的成本（包括花费的时间、金钱、精力等），D 为行动补充的私人收益（包括投票或收集信息活动产生的额外收益，如与人接触、沟通的愉悦等）。R 为零时，表示投票者放弃；R 为 1 时，则投票者将参与投票。

唐斯模型给出了影响人们政治参与的重要变量。公众参与环保行为虽然并不等于政治参与，因为环保行动有时表现为一种纯粹的个人行为，但只要人们介入到某种群体行动中，并自觉对公共政策施加影响，那么其行为就具有政治参与的性质。为此，唐斯模型同样具有分析公众环保参与的价值，尤其是作为一种理性参与行动上，一般投票行为与环保行为无本质区别。一是公众参与环保的行为，影响到政府的环境决策，是关系到人类生存的重要活动，任何保护生态环境决策给每个人所带来的收益是明显而巨大的，即（B）是巨大的；二是任何不利于环境保护的行为或生产方式促使人们采取环境行动获益的概率（P）是较高的；三是大众传媒的普及以及非政府环境组织的出现，

———————————

① 向俊杰：《我国生态文明建设的协同治理体系研究》，中国社会科学出版社 2016 年版，第 95 页。

使人们收集信息的成本（C）降低；四是追求良好的生存环境是人们的共同愿望和内在需求，参与环保的行动不仅能达到心理的愉悦，还能获得某种道德上的满足。此外，参与环境保护行动还能得到交往上的满足，成就感、归属感的实现。为此，（D）也将增加。强化非政府组织，让公众参与决策的"宣布—讨论—设计"模式成为公共决策的标准。① 在我国经济发展掣肘于生态环境的当下，民间环保组织的培育与扶持尤为重要。民间环保组织的培育与扶持可以利用社会资本。②

第五节 实行最严格的环评制度

一 环评制度的由来及其发展历程

环境影响评价（Environmental Impact Assessment，EIA）制度来源于美国国会 1972 年制定的《国家环境政策法》所规定的环境影响报告书制度。该法的条款第 102（2）（c）条规定："美国国会授权……（2）联邦政府的所有机构应该最大限度地……（C）在任何对人类环境产生重要影响之立法及其他主要联邦决定之提案报告或建议中，必须包括由主管官员就以下问题提交的详细报告书：（a）拟议决定的环境影响；（b）实施拟议决定必然造成的环境恶果；（c）拟议决定的替代方法；（d）人类环境的地区性的短期使用和长期生产能力的维护与提高之间的关系；（e）拟议决定的实施可能对决定提案中所涉及的

① 宋锦洲：《让河川为生命奔流》，《读书》2005 年第 1 期。
② 社会资本包括信任、互惠、公共规则、社会认可、社会规范以及协会机构的连通性。国家和地区可以利用社会资本来建立环境保护组织，减少对环境的破坏或恢复生态环境。从结构型社会资本来看，人们可以利用它建立各种组织来保护环境；每个组织成员都担任了保护环境的社会角色或社会期望，在这种社会期望下，人们不但不破坏环境，而且还会自觉保护环境。从认知型社会资本来看，人们在建立环境保护组织时，有共同的目标即保护环境，在这个目标下人们都自愿保护环境。环境组织成员还宣传、传播环境保护知识，提高整体的环境保护意识。参见李玉文、徐中民《社会资本在可持续发展中的作用》，《地球科学进展》2007 年第 6 期。

资源造成的不可挽回及不可弥补之后果。"① 这一条款中体现的就是环境影响评价制度和政府对于良好环境权履行的环境义务。这一制度相继被瑞典、澳大利亚、法国、新西兰、日本、泰国、中国等国家的环境法借鉴和采用。国家机关认真履行环境影响评价管理职责,并严格按照环境标准制定国家政策,进行各项规划,以及保障公民通过法院进行环境公益诉讼,体现为国家在公民良好环境权关系中的环境义务。

二 环评制度的范围与主要内容

环境影响评价是对环境质量的预断性评估,是在进行某项人为活动之前对实施该活动可能给环境质量造成的影响进行调查、预测和估价的活动,其目的是提出相应的处理意见和对策。规划环评,是指对某个区域或某个行业的规划进行环境影响评价,分析整个区域和行业的环境容量,分析对环境的影响。

环境影响评价的范围。环境影响评价的范围包括规划的环境影响评价和建设项目的环境影响评价。规划的环境影响评价。国务院有关部门、设区的市级以上人民政府及其有关部门,对其组织编制的土地利用的有关规划,区域、流域、海域的建设、开发利用规划,应当在规划编制过程中组织进行环境影响评价,编写该规划有关环境影响的篇章或者说明。在其篇章中对规划实施后可能造成对环境影响作出分析、预测和评估,提出预防或者减轻不良环境影响的对策和措施,作为规划草案的组成部分一并报送规划审批机关。

建设项目的环境影响评价。根据建设项目对环境的影响程度,对建设项目的环境影响评价实行分类管理。可能造成重大环境影响的,应当编制环境影响报告书,对产生的环境影响进行全面评价;可能造成轻度环境影响的,应当编制环境影响报告表,对产生的环境影响进行分析和评价;对环境影响很小、不需要进行环境影响评价的,应当填报环境影响登记表。环境影响评价的内容。环境影响评价的具体内

---

① [美]罗杰·W. 芬德利、丹尼尔·A. 法伯:《环境法概要》,杨广俊、刘予华、刘国明译,中国社会科学出版社 1997 年版,第 14 页。

容，就是环境影响报告书中填写的内容。

环境监测是环境评价的基础，它是环境影响评价的重要组成部分，贯穿了环境影响评价的全过程。环境监测是以污染物控制为主要内容的各类控制标准、规章制度。主要目的是使环境管理逐步实现从定性管理向定量管理、单向治理向综合整治、浓度控制向总量控制转变。环境监测是环境信息的捕获、传递、解析、综合的过程。[①] 只有对环境信息的解析和综合，才能揭示环境监测的内涵，直接为环境管理、环境保护服务。而这些定量化的环境信息只有通过环境监测才能得到。

三　环评制度实施保障

（一）设立流域环境法庭

我国流域立法滞后，尤其是进入 21 世纪以来，伴随经济的高速增长，对能源的需求急速上升，经济增长是以生态环境的破坏、能源的消耗为代价的。举国上下出现跑马圈式的流域开发，流域开发的主体（政府、企业集团）采取"先上车、后买票"的方式，绕过层层关卡在未经有关主管部门审批、专家环评论证基础上盲目开发，严重破坏了生态环境。这种惯性思维是与我国流域开发与管理的体制休戚相关的，流域立法势在必行。反观发达国家流域开发，无一不是在流域开发立法的基础上成功运行的。例如，美国开发密西西比河，设立密西西比河流域开发局，下设相关机构来协调有关流域开发与管理事宜。面对我国经济发展掣肘于生态环境的现实，如何在流域开发中实现生态（环境）与经济的融合，这是一个严肃的话题。为确保流域经济的可持续性，流域环境法庭的设立是当务之急。环境法庭的设立，使环境执法有了独立的执法体系，执法的独立性体现执法的公正性。实行环保垂直管理，跳出政府的管辖圈，独立行使环保权力。

企业是地方政府的经济命脉，产生的 GDP 体现出政府的政绩。环保部门受牵制于地方政府，在环境执法中不得不按政府的意愿办事，环保失去了独立执法的能力。环保部门的人事、财务等各项工作不受

---

① 武卉蕊：《环境监测在环境影响评价中的分析》，《科技与向导》2012 年第 35 期。

当地政府的约束，在项目审批、行政执法中能够坚持原则，认真履行环保法律法规。

（二）设立流域环保警察

由于我国的环境执法由环境行政主管部门负责，属于行政执法，在执法过程中只有监督、检查的权力，缺乏强制力。借鉴国外环保警察在环境保护中发挥的独特作用，比如专业而强势的俄罗斯"生态警察"、用法律武装的德国"环保警察"、分工明细的法国"绿色警察"等。[1] 基于中国的国情，环境保护其主要的法律依据是《中华人民共和国环境保护法》，在流域环境法庭框架下设立环保警察，环保警察隶属我国公安部并赋予较高级别，这样，可以避开行政部门权力的限制，确保环境影响评价的独立性，保证环评执法的顺利运行。

（三）推进环评公众参与机制

公众参与制度是法律赋予公众的环境知情权和参与管理权的有效途径，不仅起到了鼓励公众参与环评的热情，同时又为他们提供了法律武器。从法律角度来讲，推进环评的公众参与机制，是环境法的一个基本原则。积极推行环境信息公开化，保障公众环境的知情权。这是公众有效参与的前提和基础，它有助于提高环境决策的品质和公众的环境意识。公开政府和企业的环境行为，增加透明度。同时，疏通公众参与环境监督的渠道，加大参与力度，使公众在环保政策、规划制定和开发建设项目"三同时"过程中，以及效果评估时能发表意见。研究公众对企业行为监督的有效措施，建立公众参与保障机制。加快制定保护公众环境权益的法律和制度，明确群众的环境权益。同时对严重污染、破坏生态环境的单位和个人予以曝光，发挥新闻舆论的监督作用。[2] 我们认为，公民社会赋权的过程也就是监督模式转变的过程，公民社会权利的行使也就是监督职责的履行过程。从抗议型监督转向参与型监督是公民社会发展的必然趋势。我国自 2003 年 9

---

[1] 曾文革、陈娟丽：《国外环保警察及启示》，《环境保护》2010 年第 21 期。

[2] 陈赛：《循环经济及其对环境立法模式的影响》，《南昌航空工业学院学报》2002 年第 4 期。

月 1 日开始实施《环境影响评价法》以来，公众在环境影响评价的参与方面取得了很大进步。

（四）确保环保机构与环评独立运作

为确保对环评项目顺利实施评估和项目参与各方做出决策，这就需要确保环保机构与环评独立运作。各级环保局在组织、人事、经费等方面全面脱离地方政府，直接归属国家环保部管辖；环评机构独立于各级环保局，实行第三方环评。通过委托的方式交由有资格的第三方机构完成，一方面，可以减少政府的诸多事务性工作；另一方面，由第三方完成这些评估，可以保证评估结果的相对公正，减少各政府部门与机构之间的相互掣肘与不信任。

第六节　实行生态移民

一　生态移民的内涵

生态移民，也称环境移民，葛根高娃、乌云巴图（2003）认为，"生态移民是指由于生态环境恶化，导致人们的短期或长期生存利益受到损害，从而迫使人们更换生活地点，调整生活方式的一种经济行为"。[1] 本书把生态移民定义为：主要是生活在如高寒山区、石山区、荒漠化地区等环境极为脆弱或敏感地区的农民向生存条件更好的地区转移，在帮助贫困农民脱贫的同时，促进生态脆弱区的生态保护和恢复。生态移民是完全由政府购买的生态服务补偿项目，补偿标准的高低直接关系到移民的未来生活以及政府购买的生态服务补偿机制的建立。生态移民使生态脆弱区的生态环境得到改善，解决了农牧民对脆弱地区的生态环境压力。但移民后，农牧民的生产、生活方式发生了重大变化，政府需要帮助农牧民建立起新的、可替代的生计来源，以确保移民不再返回迁出地继续对迁出地的生态环境造成过度开发和

---

① 葛根高娃、乌云巴图：《内蒙古牧区生态移民的概念、问题与对策》，《内蒙古社会科学》2003 年第 2 期。

破坏。

二 怒江流域生态移民的相关问题

（一）树立以人为本的理念

科学发展观的核心是以人为本，科学发展观提出了为谁发展和怎样发展的价值理念。人类在寻求自身生存发展的同时，面临经济发展和生态环境保护的双重约束，为改善生态环境而进行的主体功能区划，对生态环境区划管理提出了明确的具体要求，在生态脆弱区进行生态移民。生态移民是为了更好地优化人类的生存环境，而不能随便降低移民的生产和生活水平。

（二）突出民生改善的目标

进行生态移民的主要目的是缓解人口与资源环境的矛盾，这就要求不能为了解决环境问题而影响到移民的生存发展问题。我们深知生态环境状况深刻地影响到人们的生存条件，为此，移民的生存和发展就必须得到进一步保障和改善，同时迁入区居民的民生状况也不得降低。将生态移民与改善民生紧密结合起来，处理好生态保护、民生改善和促进发展之间的关系，充分考虑移民的民生问题，使移民掌握新的生产技能，发展新的有利于生态环境改善的相关产业，在发展经济中实现环境与经济的融合。让移民在生态环境改善进程中加快致富的步伐。

（三）提升移民的生存能力

生态移民不是"位移式"移民，移民搬迁后面临与原有区域状况、生产生活方式不相适应的新的变化，这就要求增强移民自我发展的能力以适应新的环境。从某种程度上讲，生态移民是一种不得已的行为，虽然能避免生态破坏、环境污染等所带来的一系列问题，但又会产生新的问题。生态移民会对移民心理、精神产生影响。这就要求政府采取宏观决策，将移民的职业技能纳入移民的系统工程内，让技能教育成为提高移民自我发展能力的有效途径。对移民进行职业技能培训，结合移民以往的生产技能和迁入区的产业发展状况，向移民提供系统的职业教育，提升移民转业的再生产能力。兼顾长远的生态利益和切实的群众利益的民心工程，能够有效地提高移民的人力资本水平，使移民在迁入区能够获得持续的收入水平，实现经济与生态效益的"双赢"，增强生态民心工程的向心力，为经济的发展注入稳定的发展动力。

（四）发挥政府的保障作用

生态移民是为了保护生态环境，将生态环境脆弱地区分散的居民有组织、有计划地转移出来，使他们集中居住在新的村镇的行为，其目的是改善移民人群的生存条件。基于当前我国居民自发的生态移民没有形成规模和具有代表性的现实困境，目前的生态工程移民主要由政府主导推进。生态移民不仅仅是移民群体自己的事，每个生态功能区环境的改善都关系到整体生态环境的改进。从生态环境产品属性来讲，生态移民工程受益对象是全体国民及其子孙后代。生态移民成本理应由政府财政通过转移支付进行负担，这是现实条件下效率与公平和谐统一的必然诉求。

第七节　加强国际环境合作

一　国际合作的历史基础和现实诉求

从历史到现实，怒江与萨尔温江一直是维系同饮一江水的中缅泰三国人民一条友谊的纽带。明朝时期，西南地区边患无穷，云南巡抚陈用宾曾设立了八关二十四屯，以防范和消弭边患，确实起到了作用，而这些关屯，几乎都设置在伊洛瓦底江流域，怒江流域几乎没有一关一屯。良好的国家政治关系，为怒江流域的开发与管理奠定了坚实的基础，同时随着经济全球化、地区经济一体化的纵向深入发展，实现各国之间地缘政治与地缘经济的互动，加强流域间各国的经济往来是流域各国的现实诉求。再者，怒江是一条国际河流，同时怒江所流经中下游地区是三江并流自然文化遗产区的主体部分，加强国际合作尤为重要，这是怒江现实的处境与未来发展的抉择。

二　国际合作机制的总体思路

总体构想是：借鉴发达国家流域开发与治理的经验，建立中缅怒江流域管理局，下设怒江流域管理委员会，管理委员会由中国、缅甸两国共同组成，负责怒江流域的开发与保护决策。

中缅泰怒江流域管理局的原则、宗旨和目标是：原则：平等协商、共同发展、共同繁荣；宗旨：实现怒江流域经济社会与生态环境的协调发展，实现流域内各国人民生活水平的提高；目标：实现怒江流域的可持续发展。

具体构想是：加强流域立法，是解决流域管理中面临的各种难题的关键。我国流域立法起步于 20 世纪 80 年代中期，经过二十多年的艰辛探索，取得了一定的成效，主要表现在：流域管理有关的法律、法规、规章及其他规范文件初步形成体系；流域防洪抗旱、水资源管理及流域管理中的一些问题基本有法可依，极大地推进了相关流域管理工作的开展；流域立法项目储备初步形成，立法前期工作不断深化，立法后评估逐步开展。由于我国流域立法的滞后，目前国家还没有专门的《流域法》。建议尽快启动我国《流域法》的起草工作，尽快出台我国的《流域法》以规范流域的开发与管理工作。可考虑在大湄公河次区域合作①的框架下来加强怒江流域的开发与管理合作。中期：设立怒江流域管理局，负责流域规划管理；远期：成立中国、缅甸、泰国等多国合作的怒江流域国际委员会负责流域的管理。

三 国际合作机制的途径

制度是一系列被制定出来以约束行为主体福利或效用最大化的个人行为的规则、守法程序、道德和伦理的行为规范。② 制度化合作是

---

① 大湄公河次区域经济合作（Great Mekong Subregion Coopertion，GMS）于 1992 年由亚洲开发银行发起，涉及流域内的 6 个国家有中国（云南省）、缅甸、老挝、泰国、柬埔寨和越南，旨在通过加强各成员国间的经济联系，促进次区域的经济和社会发展。大湄公河次区域经济合作建立在平等、互信、互利的基础上，是一个发展中国家互利合作、联合自强的机制，也是一个通过加强经济联系，促进次区域经济社会发展的务实的机制。合作内容包括交通、能源、电讯、环境、旅游、人力资源开发以及贸易与投资。该合作机制分为两个层次：一是部长级会议，自 1992 年起每年一次。二是司局级高官会议和各领域的论坛（交通、能源、电讯）和工作组会议（环境、旅游、贸易与投资），每年分别举行会议，并向部长级会议报告。

② ［美］道格拉斯·C. 诺思：《制度、制度变迁与经济绩效》，剑桥大学出版社 1990 年版，第 32 页。

国际合作机制化的重要途径。所谓制度化合作，即通过制度安排，建立国际制度来实现合作。具体合作的途径如下：

（1）建立中国、缅甸、泰国参加的流域管理委员会，作为流域协商与对话的有效平台，委员会制定议事规则和章程，并设有处理日常管理事务的秘书处。定期地会晤、协调，增加认同和合作的机会。

（2）建立协作与信息交流机制。建立强制性的水环境信息公开和披露机制。一方面使各地区和各机构之间的信息能够共享，为决策服务；另一方面能使公众得到有关的信息，从而监督政府和企业的环境行为。当怒江流域上游发生洪水时，上游相关部分可以以最快的速度通知下游；当怒江流域上游发生突发性污染，下游国家的监测站能够在第一时间采取预警措施。

（3）订立国际公约。怒江流域沿岸各成员国在充分协商的基础上订立保护、开发和管理等方面的公约，各成员国都应从流域的整体利益出发，执行签署的各项公约和保护怒江流域管理委员会所作出的决定。

（4）公众参与流域管理。公众能够对怒江流域管理的政策法规、水文、生态、环境信息等，能够即时查询，并参与决策过程，监督各成员国履行公约的情况，以便更好地发挥公众参与流域管理的职能，使流域的管理更加科学化、民主化、决策化。

（5）建立跨行政区的生态补偿机制。探索通过扩大中央财政转移支付，建立流域基金、制定流域上下游之间补偿原则的多种途径，建立跨行政区污染的经济补偿机制及流域开发与保生态护之间的补偿机制，以实现流域上游经济的发展与流域水环境改善的"双赢"。历史和现实表明，环境保护只有逗号，没有句号。在今后怒江流域经济发展与环境保护的问题上，环境保护仍将是一条布满障碍的艰难道路，经济发展战略，必须转变经济发展方式，改变只追求 GDP 增长为中心的粗放型工业化模式，转向经济、社会和环境的协调发展。

参考文献

一 著作类

1. 李小云等：《环境与贫困：中国实践与国际经验》，社会科学文献出版社 2005 年版。

2. 徐中民、张志强、陈国栋：《生态经济学理论方法与应用》，黄河水利出版社 2003 年版。

3. 冯建昆、何耀华：《"三江"水能开发与保护》，社会科学文献出版社 2006 年版。

4. 汪习根：《法治社会的基本人权——发展权法律制度研究》，中国人民公安大学出版社 2002 年版。

5. 闫敏：《循环经济比较研究》，吉林出版集团股份有限公司 2015 年版。

6. 张坤民：《可持续发展论》，中国环境科学出版社 1997 年版。

7. 赵媛、郝郦莎：《可持续发展案例教程》，科学出版社 2006 年版。

8. 胡涛、陈同斌：《中国的可持续发展研究：从概念到行动》，中国环境科学出版社 1995 年版。

9. 刘思华：《绿色经济学》，同心出版社 2004 年版。

10. 李向前、曾莺：《绿色经济》，西南财经大学出版社 2001 年版。

11. 张坤民、潘家华、崔大鹏：《低碳经济论》，中国环境科学出版社 2008 年版。

12. 戴星翼、俞厚未、董梅：《生态服务的价值实现》，科学出版社 2005 年版。

13. 黄光成：《澜沧江怒江传》，河北大学出版社 2004 年版。

14. 栾贵勤：《发展战略概论》，上海财经大学出版社 2006 年版。

15. 俞海山：《可持续消费模式》，经济科学出版社 2002 年版。

16. 曹东等：《经济与环境：中国 2020》，中国环境科学出版社 2005 年版。

17. 傅春：《中外湖区开发利用模式研究——兼论鄱阳湖开发战略》，社会科学文献出版社 2009 年版。

18. ［印］阿马蒂亚·森：《以自由看待发展》，中国人民大学出版社 2002 年版。

19. 吴靖平：《科学的资源开发模式——走出"资源诅咒"的怪圈》，中央党校出版社 2010 年版。

20. 张兵生：《绿色经济学探索》，中国环境科学出版社 2005 年版。

21. ［美］汤姆·泰坦伯格：《环境与自然经济学》，严旭等译，经济科学出版社 2003 年版。

22. 丁四保等：《区域生态补偿方式的探讨》，科学出版社 2010 年版。

23. 张惠君、陈铁军、和润培：《怒江峡谷经济》，云南人民出版社 1997 年版。

24. ［美］迈克尔·M. 塞尼：《移民与发展》，施国庆译，河海大学出版社 1996 年版。

25. 邹东涛：《中国西部大开发全书》，人民出版社 2000 年版。

26. 郭家骥：《2007—2008 云南民族地区发展报告》，云南大学出版社 2008 年版。

27. 杜受祜：《环境经济学》，中国大百科全书出版社 2008 年版。

28. ［美］罗杰·W. 芬德利、丹尼尔·A. 法伯：《环境法概要》，杨广俊、刘予华、刘国明译，中国社会科学出版社 1997 年版。

29. 王豪：《生态·环境知识读本——生态的恶化与环境治理》（第二版），化学工业出版社 2004 年版。

30. 亚历山大·基斯：《国际环境法》，法律出版社 2000 年版。

31. 于法稳、胡剑锋：《生态经济与生态文明》，社会科学文献出版社 2012 年版。

32. 孙家良：《观念、决策、思路：地方经济发展的若干问题》，浙江大学出版社 2007 年版。

33. 王来喜：《资源转换论》，中国经济出版社 2006 年版。

34. 张维迎：《产权、政府与信誉》，生活·读书·新知三联书店 2000 年版。

35. 庄贵阳：《低碳经济：气候变化背景下中国的发展之路》，气象出版社 2007 年版。

36. 卢正惠：《区域经济发展战略的理论与模式》，经济科学出版社 2012 年版。

37. 张培刚：《新发展经济学》，河南人民出版社 1990 年版。

38. ［美］W. W. 罗斯托：《从起飞进入持续增长的经济学》，四川人民出版社 2000 年版。

39. 洪银兴、高波等：《可持续发展经济学》，商务印书馆 2000 年版。

40. 刘学敏等：《国外典型区域开发模式的经验与借鉴》，经济科学出版社 2010 年版。

41. 沈满洪：《生态经济学》，中国环境科学出版社 2008 年版。

42. ［美］伊恩·莫法特：《可持续发展——原则、分析和政策》，经济科学出版社 2002 年版。

43. ［美］保罗·R. 伯特尼：《环境保护的公共政策》，张蔚文、黄祖辉译，上海三联书店 2005 年版。

44. 张文合：《流域开发论——兼论黄河流域综合开发与治理战略》，中国电力出版社 1994 年版。

45. 沈荣华、金海龙：《地方政府治理》，社会科学文献出版社 2006 年版。

46. 沈荣华：《中国地方政府学》，社会科学文献出版社 2006 年版。

47. 陈仲常：《产业经济理论与实证分析》，重庆大学出版社 2005 年版。

48. 钱易：《清洁生产与循环经济——概念、方法和案例》，清华出版社 2006 年版。

49. 吴承业：《环境保护与可持续发展》，方志出版社 2004 年版。

50. 赵黎青：《非政府组织与可持续发展》，经济科学出版社 1998 年版。

51. 于秀玲：《循环经济简明读本》，中国环境科学出版社 2008 年版。

52. ［美］伯特尼、史蒂文斯：《环境保护的公共政策》（第 2 版），穆贤清、方志伟译，上海人民出版社 2004 年版。

53. 曹孟勤：《人性与自然：生态伦理哲学基础反思》，南京师范大学出版社 2004 年版。

54. 黄贤金：《循环经济：产业模式与政策体系》，南京大学出版社 2004 年版。

55. 赵海霞：《经济发展、制度安排与环境效应》，中国环境科学出版社 2009 年版。

56. 毛健：《经济增长理论探索》，商务印书馆 2009 年版。

57. 陈亚颦、明庆忠：《旅游解说系统的理论与实践》，云南大学出版社 2007 年版。

58. 李国春：《民族发展与民族平等》，云南大学出版社 2009 年版。

59. 杨毓才：《云南各民族发展史》，云南民族出版社 1989 年版。

60. Keba M'Baye, Le droit au developement come undroit de l'home. Revue des droits deI' homme 5（1972）p. 530 Cited in *Africa Human Rights and the Global System*, Green Wood Press, 1994.

61. Karel Vasak, A 30-year Struggle, UNESCO Courier, Novermber 1977, Cited in Karelde Vey Mestdagh, The Right to Development；From Evolving Pinciple of Legal Righ, in *International Commission of Jurists*, *Development*, *Human Right and the Rule of Law*. New York：Pergamon Press, 1981.

62. Michael Niemann, Regional Integration and the Right to Development in Africa. *Africa Human Rights and the Global System*, Greenwood Press, 1994.

63. John P. Holdren, Gretchen C. Ddily, Paul R. Ehrlich, The Meaning of Sustainability：Biogeophysical Aspects, Defining and Measuring Sustainability, The Gephysical Foundations, New York, 1996.

二 期刊类

1. 黄金川、方创林：《城市化与生态环境交互耦合机制与规律性分析》，《地理研究》2003 年第 3 期。

2. 徐迅雷：《生态保护需要制度安排》，《浙江经济》2009 年第 11 期。

3. 程国栋：《黑河流域可持续发展的生态经济学研究》，《冰川冻土》2002 年第 4 期。

4. 周立华、王涛等：《内陆河流域的生态经济问题与协调发展模式》，《中国软科学》2005 年第 1 期。

5. 朱永华、夏军等：《海河流域与水相关的生态环境承载力研究》，《兰州大学学报》2005 年第 4 期。

6. 陈晓景、董黎光：《流域立法新探》，《郑州大学学报》2006 年第 3 期。

7. 水博：《水电开发是抢救和保护怒江流域脆弱生态环境的唯一选择》，《云南电业》2006 年第 2 期。

8. 胡腾：《我国少数民族的发展权略论》，《西南民族学院学报》（哲学社会科学版）2002 年第 7 期。

9. 李海林：《经济公平分类及其相互关系》，《北京工商大学学报》（社会科学版）1990 年第 S1 期。

10. 胡平生：《试论经济公平与社会公平问题》，《内蒙古财经学院学报》1996 年第 4 期。

11. 陈仕伟：《什么是公平》，《团结》2005 年第 6 期。

12. 侯旭平：《正确认识市场经济条件下的经济公平》，《船山学刊》2005 年第 3 期。

13. 潘玉君、武友德等：《区域可持续发展概念的试定义》，《中国人口·资源与环境》2002 年第 4 期。

14. 靳乐山：《关于环境污染问题实质的探讨》，《生态经济》1997 年第 3 期。

15. 吕力：《论环境公平的经济学内涵及其与环境效率的关系》，《生产力研究》2004 年第 11 期。

16. 赵海霞、王波等：《江苏省不同区域环境公平测度及对策研究》，《南京农业大学学报》2009 年第 3 期。

17. 张长元：《环境公平释义》，《中南工学院学报》1999 年第 3 期。

18. 王忠武：《论当代环境道德建设的方法论原则》，《福建论坛》2000 年第 2 期。

19. 朱玉坤：《西部大开发与环境公平》，《青海社会科学》2002 年第 6 期。

20. 李培超、王超：《环境正义刍议》，《吉首大学学报》（社会科学版）2005 年第 4 期。

21. 洪大用：《环境公平：环境问题的社会学视点》，《浙江学刊》2001 年第 4 期。

22. 文同爱、李寅铨：《环境公平、环境效率及其与可持续发展的关系》，《中国人口·资源与环境》2003 年第 4 期。

23. 钱水苗：《环境公平应成为农村环境保护法的基本理念》，《当代法学》2009 年第 1 期。

24. 汪习根：《发展权主体的法哲学分析》，《现代法学》2002 年第 1 期。

25. 徐玉高、侯世昌：《可持续的、可持续性与可持续发展》，《中国人口·资源与环境》2000 年第 1 期。

26. 张田勘：《"兽道"与"人道"》，《记者观察》2004 年第 9 期。

27. 郝明金：《论发展权》，《山东大学学报》1995 年第 1 期。

28. 姜素红：《论发展权的实现途径》，《河北法学》2006 年第 3 期。

29. 庄贵阳：《中国低碳经济发展的途径与潜力分析》，《国际技术经济研究》2005 年第 3 期。

30. 冯之俊、牛文元：《低碳经济与科学发展》，《中国软科学》2009 年第 8 期。

31. 方时姣：《绿色经济视野下的低碳经济发展新论》，《中国人口·资源与环境》2010 年第 4 期。

32. 陈仲新、张新时：《对中国生态效益的价值研究》，《中国科学通报》2000 年第 1 期。

33. 曹新：《经济发展与环境保护的关系研究》，《社会学辑刊》2004 年第 2 期。

34. 唐建光：《中国 NGO：我反对》，《中国新闻周刊》2004 年第 24 期。

35. 王晶：《积极建设有机农业，践行我国可持续农业发展战略》，《经济视角》2010 年第 3 期。

36. 魏蔚：《中国农业领域的环境治理与低碳发展模式》，《经济要参》2010 年第 19 期。

37. 孟凡乔：《有机农业的环境保护作用》，《世界环境》2008 年第 1 期。

38. 卞显红：《环保旅游的概念、实质及其实现途径初探》，《江西社会科学》2001 年第 8 期。

39. 刘国华、傅伯杰、方精云：《中国森林碳动态及其对全球碳平衡的贡献》，《生态学报》2000 年第 5 期。

40. 黄海燕：《完善我国资源性产品价格形成机制的对策建议》，《经济要参》2010 年第 11 期。

41. 王逸舟：《生态环境与政治与当代国际关系》，《浙江社会科学》1999 年第 3 期。

42. 冯芸：《云南怒江傈僳族自治州实施异地开发与生态移民的障碍分析及对策》，《新疆农垦经济》2009 年第 30 期。

43. 吴上进、张蕾：《公众环境意识和参与环境保护现状的调查报告》，《生态环境与保护》2004 年第 9 期。

44. 王逸舟：《生态环境与政治与当代国际关系》，《浙江社会科学》1999 年第 3 期。

45. 宋锦洲：《让河川为生命奔流》，《读书》2005 年第 1 期。

46. 曾文革、陈娟丽：《国外环保警察及启示》，《环境保护》2010 年第 21 期。

47. 陈赛：《循环经济及其对环境立法模式的影响》，《南昌航空工业学院学报》2002 年第 4 期。

48. 史培军、潘耀忠、陈云浩：《多尺度生态资产遥感综合测量的技术体系》，《地球科学进展》2002 年第 2 期。

49. 潘耀忠、史培军、朱文泉等：《中国陆地生态系统生态资产遥感测量》，《中国科学》2004 年第 4 期。

50. 吴臣辉：《论晚清民国时期怒江流域的茶叶种植》，《农业考古》
    2015 年第 5 期。

51. 高玉娟、王兆君：《我国库区生态环境问题的管理路径研究——
    以松嫩平原西部库区为例》，《学术交流》2008 年第 4 期。

52. 祝传兵、王伶俐：《云南怒江流域河谷岸坡结构特征及稳定性评
    价》，《工程地质学报》2012 年第 20 期。

53. 高玉娟、刘雅晶、柏晓东：《政府行为对伊春生态旅游产业发展
    影响作用的思考》，《中国林业经济》2012 年第 3 期。

54. 杨毅、王晓珠：《南诏、大理国对云南怒江流域的经略》，《思想
    战线》2000 年第 3 期。

55. 高玉娟、张儒：《公众参与环境保护调查问卷剖析》，《商业经济》
    2009 年第 4 期。

56. 高玉娟、王兆君、洪亚军：《库区经济社会生态效益评价指标体
    系设计探讨》，《水生态学杂志》2009 年第 1 期。

57. 李斌、张耀光、岳兴建等：《怒江流域大型底栖动物资源状况》，
    《淡水渔业》2011 年第 3 期。

58. 吴臣辉：《试论近代怒江流域鸦片种植及其对"三农"的影响》，
    《云南农业大学学报》（社会科学版）2016 年第 2 期。

59. 吴臣辉：《晚清民国时期怒江流域经济发展的差异性因素探
    析——"历史时段"理论视阈下的解读》，《广西社会科学》2015
    年第 2 期。

60. 高玉娟、王兆君：《我国库区生态环境问题的管理路径研究——
    以松嫩平原西部库区为例》，《学术交流》2008 年第 4 期。

61. 高玉娟、刘思源：《小兴安岭生态旅游产业转型中政府行为研
    究》，《安徽农业科学》2016 年第 8 期。

62. 杜军、房世波、唐小萍、石磊：《1981—2010 年西藏怒江流域潜
    在蒸发量的时空变化》，《气候变化研究进展》2012 年第 1 期。

63. 杨晴：《关于我国西南地区少数民族贫困地州水利扶贫开发工作
    的思考》，《中国水利》2015 年第 23 期。

64. 吴臣辉：《近代怒江流域外向型经济发展探究》，《保山学院学报》2015 年第 2 期。

65. 王晓艳：《近代以来怒江流域怒藏民族关系发展特点》，《广西民族大学学报》（哲学社会科学版）2013 年第 2 期。

66. 吴臣辉：《近代以来怒江流域森林破坏的历史原因考察》，《贵州师范学院学报》2015 年第 7 期。

67. 黄玉婧、刘为：《傈僳族国家级非物质文化遗产建档保护研究》，《档案管理》2017 年第 2 期。

68. 吴臣辉：《论清代汉族移民对怒江流域经济发展的作用》，《贵州师范学院学报》2014 年第 10 期。

69. 中国人民银行怒江州中心支行：《怒江兰坪金融扶贫见成效》，《时代金融》2017 年第 4 期。

70. 解德宏、龙亚芹、张翠仙等：《怒江流域杜果种质资源果实性状评价与分析》，《热带农业科学》2014 年第 2 期。

71. 朱昳橙、李益敏、魏苏杭：《怒江州滑坡地质灾害气象预警模型研究》，《云南大学学报》（自然科学版）2016 年第 4 期。

72. 姬信昌、张琳、王青霞：《怒江州民生问题的特殊性及应对策略》，《中共云南省委党校学报》2013 年第 3 期。

73. 张立江、付文敏、张琳：《怒江州农民收入可持续增长问题探究》，《中共云南省委党校学报》2013 年第 7 期。

74. 王生：《怒江州森林生态系统服务功能价值与生态补偿研究》，《山东林业科技》2017 年第 2 期。

75. 徐大伟、荣金芳、李亚伟、李斌：《生态补偿标准测算与居民偿付意愿差异性分析——以怒江流域上游地区为例》，《系统工程》2015 年第 5 期。

76. 李益敏：《生态脆弱地区农业结构优化研究——以云南省怒江州为例》，《江苏农业科学》2015 年第 11 期。

77. 李益敏、张丽香、王金花：《资源环境约束下的怒江州农业产业结构调整研究》，《生态经济》2015 年第 2 期。

78. 中共怒江州委党校课题组：《怒江州漆树产业发展问题研究》，

《中共云南省委党校学报》2016 年第 1 期。

79. 张立江：《怒江州生态文明建设面临的困难及对策》，《中共云南省委党校学报》2012 年第 6 期。

80. 郝性中、李益敏：《怒江州致贫因素分析及对策探讨》，《云南大学学报》（自然科学版）2007 年第 S1 期。

81. 刘红：《峡谷旅游可持续发展的思考——以滇西怒江州为例》，《南方论刊》2014 年第 3 期。

82. 孙威、胡望舒、闫梅、吕晨：《限制开发区域农户薪柴消费的影响因素分析——以云南省怒江州为例》，《地理研究》2014 年第 9 期。

83. 李川南、韩明春：《易地搬迁与怒江州扶贫开发》，《中共云南省委党校学报》2012 年第 1 期。

84. 唐春云、罗丽、赵廷松：《云南省怒江州核桃产业发展现状调查与分析》，《绿色科技》2016 年第 3 期。

85. 朱眹橙、李益敏：《云南省怒江州土地利用的时空变化及其驱动力》，《贵州农业科学》2016 年第 3 期。

86. 徐会、孙世群、王晓辉：《基于主体功能区划的环境政策框架设计》，《环境科学与管理》2008 年第 9 期。

87. 赵秀梅：《中国 NGO 对政府的策略》，《开放时代》2004 年第 6 期。

88. 黄红：《实现科学技术与环境保护的双赢》，《清远职业技术学院学报》2009 年第 3 期。

89. 段超红：《科学技术发展的生态思考》，《淮阴师范学院学报》2004 年第 4 期。

90. 李玉文、徐中民：《社会资本在可持续发展中的作用》，《地球科学进展》2007 年第 6 期。

91. 柳华文：《人权：环境保护与发展权》，《人权》2013 年第 1 期。

92. 李艳芳：《论环境权及其与生存权和发展权的关系》，《中国人民大学学报》2000 年第 5 期。

93. 李红勃：《发展权与环境权的冲突与平衡——基于中国的视角和

思考》，《人权》2017 年第 1 期。

94. 陆德生：《简论生存权和发展权是首要的基本人权》，《安徽行政学院学报》2013 年第 2 期。

95. 于忠龙：《区域发展权：欠发达地区跨越发展的法权需求》，《理论参考》2013 年第 7 期。

96. 曾诗鸿、秦路：《清洁发展机制与碳排放权研究》，《经济研究参考》2013 年第 20 期。

97. 徐莉萍、孙文明：《主体功能区生态预算系统合作机理研究》，《中国工业经济》2013 年第 7 期。

98. 陈乃新：《论区域发展权法律标准及其责任形式》，《黑龙江社会科学》2011 年第 6 期。

99. 赵翔：《规范与现实：贵州少数民族环境权保护》，《贵州民族研究》2013 年第 2 期。

100. 霍洪宝：《关于环境权的理论基础研究》，《法制与社会》2013 年第 17 期。

101. 刘静暖、代栓平：《对循环经济的再认识——从"3R"到"5R"原则》，《税务与经济》2006 年第 3 期。

102. 包智明：《关于生态移民的定义、分类及若干问题》，《中央民族大学学报》（哲学社会科学版）2004 年第 6 期。

103. 马边防、梁贞：《环境问题新视角：环境公平》，《黑河学院学报》2011 年第 5 期。

104. 朱步楼：《经济全球化进程中的环境公平问题探析》，《江苏行政学院学报》2005 年第 6 期。

105. 杨云红：《怒江州扶贫机制调整问题探究》，《中共云南省委党校学报》2013 年第 2 期。

106. 陈赛：《循环经济及其对环境立法模式的影响》，《南昌航空工业学院学报》2002 年第 4 期。

107. 葛根高娃、乌云巴图：《内蒙古牧区生态移民的概念、问题与对策》，《内蒙古社会科学》2003 年第 2 期。

108. 吴迪、李晓林：《生态移民攻坚计划》，《中国民族》2012 年第

6 期。

109. 李林、李涛等：《宁夏生态移民自杀意念现况及其影响因素分析》，《中华疾病控制杂志》2014 年第 7 期。

110. 胡婷莛：《中国环保非政府（ENGO）组织发展初探》，《环境科学与管理》2009 年第 9 期。

111. 朱庆华、王旭东：《清洁发展机制：利用外资的新模式》，《烟台大学学报》（哲学社会科学版）2003 年第 4 期。

112. 郭中伟、甘雅玲：《关于生态系统服务功能的几个科学问题》，《生物多样性》2003 年第 1 期。

113. 杨海霞：《应对气候变化发展低碳经济》，《中国投资》2010 年第 2 期。

114. 张超武、邓晓峰：《低碳经济时代企业的社会责任》，《科学技术学院学报》2011 年第 3 期。

115. 杨玉坡：《全球气候变化与森林碳汇作用》，《四川林业科技》2010 年第 1 期。

116. 王璟珉：《环境资源约束下的可持续消费》，《山东大学学报》2007 年第 2 期。

117. 易培强：《低碳发展与消费模式转变》，《武陵学刊》2011 年第 1 期。

118. 杨志、马玉荣、王梦友：《中国"低碳银行"发展探索》，《广东社会科学》2011 年第 1 期。

119. 诸大建：《关于可持续发展的几个理论问题》，《自然辩证法研究》1995 年第 12 期。

120. 丁远方：《被歪曲的"怒江故事"》，《资源与人居环境》2009 年第 7 期。

121. 刘江宜：《大坝与可持续发展》，《经济管理》2009 年第 1 期。

122. 潘水晶、姬金凤：《基于预防为主原则对怒江水电开发的思考》，《重庆科技学院学报》（社会科学版）2009 年第 5 期。

三　其他文献

1. 邵文杰：《小鱼能否胜大坝》，《光明日报》2004 年 1 月 12 日。

2. 罗晖：《怒江水电开发失误不得，也耽误不得》，《科技日报》2004年10月28日。

3. 水利部长江委员会：《正确处理保护与开发的关系　合理开发怒江流域水能资源》，《人民长江报》2005年3月5日第3版。

4. 李冬雷：《发展权在欧洲联盟的发展》，硕士学位论文，吉林大学，2007年。

5. 梁新明：《试论发展权及其实现》，硕士学位论文，山东大学，2008年。

6. 黄一琨、闫婷、栾国磊：《怒江工程再博弈》，《经济观察报》2004年11月22日。

7. 姜素红：《论发展权与当代中国法制改革和创新》，硕士学位论文，湖南师范大学，2003年。

8. 胡永平：《民族发展权的法律保障制度研究》，硕士学位论文，石河子大学，2007年。

9. 李剑：《经济公平与经济法的作用》，硕士学位论文，西南政法大学，2002年。

10. 张瑞芳、王永刚：《何祚麻陆佑楣司马南等赴怒江考察时呼吁——徐荣凯等与专家座谈》，《云南日报》2005年4月10日第1版。

11. 张长浩、韩燕：《给你开发怒江的理由——访全国人大代表欧志明》，《中国电力报》2004年3月14日第1版。

12. 李福寿：《怒江的出路就在"怒江"》，《光明日报》2004年3月18日。

13. 郑义：《水电开发是怒江的必然选择》，《中国县域经济报》2010年1月25日第7版。

14. 周斌：《理性看待怒江水电开发》，《经济日报》2005年4月27日第16版。

15. 冯之俊：《循环经济是个大战略》，《光明日报》2003年9月22日。

16. 张叶：《绿色经济的起源》，《中国水利报》2004年4月17日。

17. 章轲：《神农架：求解"富饶的贫困"》，《第一财经日报》2008
    年6月30日第A003版。

18. 郭少峰：《两院士上书建议开发怒江水电》，《新京报》2005年10
    月23日。

19. 刘恩东：《社会转型期利益集团对地方政府善治的双重意义》，
    《学习时报》2007年6月14日。

20. 欣华：《怒江："基地"与"品牌"齐飞》，《云南经济日报》
    2005年4月2日第2版。

21. 旷宏飞：《"五个一"产业脱贫模式助力云龙精准扶贫》，《大理日
    报》2016年5月14日第A02版。

22. 丁磊：《怒江水电开发对当地人地关系的影响研究》，硕士学位论
    文，昆明理工大学，2010年。

23. 张强：《怒江州水电产业发展研究》，硕士学位论文，昆明理工大
    学，2010年。

24. 高翰星：《构建怒江循环经济模式的思考》，《云南经济日报》
    2007年5月8日第B03版。

25. 刘为民：《大力扶持农村专业合作经济组织　怒江打造特色经济
    产业体系》，《云南日报》2008年8月11日第002版。

26. 江涛：《流域生态经济系统可持续发展机理研究》，博士学位论
    文，武汉理工大学，2004年。

27. 赵洁：《流域管理中公众参与机制探讨》，硕士学位论文，西北农
    林科技大学，2009年。

28. 韩艳梅：《我国流域水环境生态补偿法律机制研究》，硕士学位论
    文，西北农林科技大学，2010年。

后 记

  本书是在我博士学位论文基础上修改而成。在本书即将付梓之际，我有诸多的话要说，但又不知从何说起。怒江一向是遥远和无闻的，是三江并流世界遗产的申报、怒江水电开发的论战，使这个边陲之地成为国人、世人关注的焦点。一边是流走的你／一边是无奈的我／地越种越瘦／人越过越穷／什么时候你才滋润我啊／怒江——／我的母亲河！

  这首诗表达了怒江流域各族人民对环境无奈的选择和对发展强烈的渴望。怒江开发还是保护问题，争论多年，一直未有定论。我来自云南山区的一个小山村，1996 年怒江的一次旅游，怒江资源富集的贫困和怒江人民的热情淳朴深深地震撼了我的心灵。自 2003 年我读硕士研究生以来，一直关注此问题，时至今日，已有 14 年之久。通过理论学习和思想探索，在硕士毕业选题的那段时间，怒江问题一直萦绕在我的心头，但基于诸多因素，未能如愿。

  自 2003 年怒江开发大讨论以来，我一直关注怒江发展的态势，探寻解决怒江问题之道，多少个日日夜夜，梦魂牵绕着我对怒江问题的求索。在我思想的血脉里已深深地注入了对怒江的热爱，我虽不是怒江土生土长的怒江人，但我对怒江经济发展与生态保护的困境深感忧虑与彷徨。随着时间的推移，2008 年 9 月我有幸考入西南财经大学攻读人口、资源与环境专业的博士研究生，在与导师刘成玉教授的交流过程中，他也很关注这个问题，于是把我的毕业论文主题确定在怒江开发问题上，经过一段时间对资料的收集和整理，经过思想与心灵的碰撞、交锋，最后把论文选题定格在兼顾发展权与可持续性的怒江流域开发模式研究上。对怒江流域这类生态地位显赫、生态本底脆弱的经济欠发达地区，好的环境不是靠消极守护能维持的，必须有强大的经济实力作支撑，发展不能以牺牲环境为代价，环境恶化发展也难以持之。本书提出了"基于生态补偿的绿色开发模式"，即主要依靠外界支持（生态补偿）来发展区域内的生态产业，如生态旅游、生物医药、绿色能源等，也算是我对怒江人民的一个交代。

本书的出版，除让人们分享我多年对怒江流域发展的思考外，更希望通过这本书与关心边疆民族地区社会和经济问题的人们进行一次沟通和交流。由于本人研究水平有限，书中难免会存在疏漏和不足，希望广大的读者和专家学者不吝批评指正。

此外，我要特别感谢为本书最终出版付出辛勤劳动的中国社会科学出版社的各位编辑。

蔡定昆

2017 年 8 月